国際貿易論の理論と日中貿易

寺町信雄 編著
Nobuo Teramachi

成文堂

序　文

　本著『国際貿易論の理論と日中貿易』はタイトルから想起いただけるように、国際貿易論の理論分析を扱った論文6編（以下、第1部と呼称）と、国際貿易の実証分析に関わる日中貿易の実証分析を扱った論文4編（以下、第2部と呼称）から構成する研究書である。1985年から2015年の約30年間、私の研究テーマであった「国際貿易論の理論分析と実証分析の研究」のもとに、作成してきた諸論文から10編を選択したものである。

　第1部（第1章から第6章まで）の内容について順に述べる。第1章「国際貿易と直接投資：理論の潮流」は、林原正之先生との共著で、日本国際経済学会編（2002）『IT時代と国際経済システム―日本国際経済学会の成果を踏まえて―』有斐閣にChap.16-Ⅱとして掲載されたものである。日本国際経済学会の全国大会が2000年10月で第60回となることを記念して出版された。日本国際経済学会誌『国際経済』にそれまで蓄積された「近代経済学」の国際貿易論の理論の大きな潮流を概観したものである。第2章「直接投資とリカード貿易モデル―小島理論について―」は、同じく林原正之先生との共同研究の1つを掲載したものである。小島清先生は、投資国から受入国への直接投資には、貿易への効果の違いにより「順貿易志向型直接投資」と「逆貿易志向型直接投資」の二つがあるとされ、投資国は前者の直接投資を行うことが望ましいと提言されて来られました。本章は、直接投資に関する「小島理論」について、リカード貿易モデルの枠組で2つの直接投資の経済的意味の検討を試みたものである。第3章「2財3要素の生産構造」は、R.W. Jones, 高山晟、鈴木克彦といった著名な先生方が取り組まれた2財3要素モデルを扱ったものである。2財3要素モデルは国際貿易論では重要なモデルであるので、先学の分析を弾力性表示に統一して自分なりに整理をしたものである。第4章「マーシャル的収穫逓増による貿易パターンと貿易利益」は、この分野の基本文献でありEconometricaに掲載されたEthier論文（1982）を再検討したものである。2010-2011年度に、京都産業大学大学院経済学研究科の

院生であった三宅啓之氏と共同研究を行なった成果でもある。第5章「国際労働移動が受け入れ・送り出し国に及ぼす影響」は、ゲストワーカーとしての外国人労働者の国際移動を扱った論文である。また、寺町の名古屋市立大学の経済学部のゼミの指導教授であった金子敬生先生の追悼論文集に投稿した論文でもある。そして第1部最後の第6章「労働者最低生活水準の下での生産、貿易パターンおよび貿易利益」は、2財2要素の国際貿易モデルをベースに労働者の最低生活水準の制約を設定した場合の理論分析である。1990年代までに議論されてきた国際貿易の理論分析の研究蓄積を概観した大学院生向けテキストに、J.N. Bhagwati, A. Panagariya and T.N. Srinivasan（1998）*Lectures on International Trade*, 2nd edition, MIT Press がある。そこには、本書の第5章と第6章で扱っているテーマに深く関連した議論がそれぞれなされている。

　1980年代の前半以降、国際貿易論の世界では、従来の完全競争市場の理論分析に加えて、不完全競争市場の理論分析が大きな潮流として押し寄せてきた。E. Helpman and P.A. Krugman（1985）*Market Structure and Foreign Trade*, MIT Press は重要な基本文献となり、現在でもさらなる議論の展開が継続されている。本書の第2部は、そのような理論分析を背景にした実証分析を含むものであり、特に日中貿易というテーマにおいて、産業内貿易に関連する実証分析を扱った論文などが含まれている。以下にその内容について順に述べる。

　私立大学学術研究高度化推進事業であるオープン・リサーチ・センター整備事業（Open Research Center：ORCと呼称）の支援を受けて、2001-2007年度の7年間、「中国経済の市場化・グローバル化」というプロジェクトに参画した。第7章「中国野菜輸入増加に関わる経済利害を中心にして」は、ORCプロジェクトの研究成果の1つである。日本政府は、2001年4月、ねぎ・生しいたけ・畳表の対中農産物輸入3品目に対して、WTOセーフガード暫定措置を200日間発動した。中国野菜輸入増加に関わるステークホルダーの経済利害の得失を議論したものである。第8章「日中韓ASEANの対米輸出構造の比較―関論文の分析方法を用いて―」は、2008-2009年度の期間、京都産業大学大学院経済学研究科の院生であった朱立峰氏との共同研究である「日中

韓 ASEAN の対米輸出構造の比較」の成果の一部である朱・寺町（2011）論文を掲載している。産業別の貿易パターンの時間的推移を議論する雁行形態論に対して、製造業の貿易品目すべてを扱いながら時間的推移をみる「付加価値指標」（詳細は第8章を参照のこと）を用いた「雁行形態論」を展開している。第9章「純輸出比率曲線について」は、ある国（あるいは地域、例えば ASEAN）の貿易相手国（あるいは対世界、対地域）との財の貿易構造を図示することによって、議論を容易にするために開発された「純輸出比率曲線」について説明したものである。学部等の国際経済学の講義などに利用していただければ幸いである。そして第2部最後の第10章「日本の対中貿易構造の特徴：1996年-2010年」は、SITC ver3 の5桁番号の3115品目の貿易データを用いて、産業別業種・用途別財・それに両者の組合せの側面から、日本の対中貿易構造の推移を1996年から2010年の15年の期間において議論している。

　名古屋市立大学の学部時代では金子敬生先生に、大学院時代では柴田裕先生にご指導をいただいた。第1部の論文は柴田先生の影響を、第2部の論文は金子先生の影響を受けているように思われる。これまでの研究生活を継続できたのも両先生のご指導の賜物である。本書のタイトルは、「国際貿易論の理論」「日中貿易」といういささか奇異な組み合わせとなっているのは、個人的な研究経過を反映しているためである。大学院より研究生活に入った際には、国際貿易論の理論の勉学がすべてであった。金子先生からは、君の論文は細かい理論分析に片寄りすぎている。もう少し現実の経済を対象とする実証的な研究にも関心をもってはどうかと言われ続けてきた。研究方法に変化をもたらした契機は、2001-2007 の7年間、「中国経済の市場化・グローバル化」というプロジェクトに参画したことであった。実証分析といっても計量経済学的な分析アプローチではなく、貿易データを加減乗除して加工する記述統計的アプローチに留まっている。しかし金子先生にはやっと先生の苦言に少しは応えることができたのではと思っている。

　勤務先であった京都産業大学には長きにわたり個人研究費である基礎費のご支援をいただいてきた。ここに感謝の意を表します。また、多くの方々からご指導とご教示をいただいてきた。日本国際経済学会の関西部会の先生方との研究会での議論、京都産業大学経済学部の先生方との議論からは大きな

刺戟を受けることができた。故人となられた先生も含めて、特に、青木浩治、阿部顕三、阿部茂行、天野明弘、井川一宏、池本清、池間誠、石田修、入谷純、上河泰男、内田和男、江川育志、大橋英夫、大山広道、岡地勝二、岡本久之、岡本光治、小田正雄、川越吉孝、菊池徹、厳善平、小島清、佐竹正夫、下村耕嗣、岑智偉、鈴木克彦、高山晟、多和田眞、中兼和津次、中西訓嗣、根津永二、林原正之、原正行、広瀬憲三、八木三木男、劉徳強、山田健治、山田正次、山本繁綽、渡辺太郎の諸先生方には多岐にわたりご指導とご教示をいただきました。ここに感謝いたします。

　今日の厳しい出版事情にもかかわらず、本書の出版を快くお引き受け下さいました成文堂の代表取締役社長阿部成一氏と、事務的に多大のご尽力をいただきました同編集部の飯村晃弘氏と松田智香子氏に対して、心より深くお礼申し上げます。

　最後に、数十年間の勤務先の大学での行事・会議・部活顧問などの業務、演習を含む学部・大学院の講義、そして国際経済学特に国際貿易論に関わる研究と、私なりに多忙な日々であった。このようなことに特化した生活が可能だったのは、家族からの忍耐強い支援と協力があったからである。妻敬子それに二人の娘には「ありがとう」と感謝の言葉を伝えたい。

2015年3月31日

京都上賀茂本山

寺町　信雄

目　次

序　文

第1部　国際貿易論の理論分析

第1章　国際貿易と直接投資：理論の潮流……………………………3
1　はじめに……………………………………………………………3
2　国際分業論…………………………………………………………4
3　自由貿易論…………………………………………………………8
4　貿易政策論………………………………………………………11
5　国際資本移動と海外直接投資…………………………………14
6　おわりに…………………………………………………………17

第2章　直接投資とリカード貿易モデル
　　　　──小島理論について──……………………………20
1　はじめに…………………………………………………………20
2　潜在的比較生産費と直接投資…………………………………21
3　交易条件、貿易量および厚生水準の変化……………………26
4　小島論文（1990）と大山論文（1990）について……………30
5　おわりに…………………………………………………………34

第3章　2財3要素の生産構造……………………………………37
1　はじめに…………………………………………………………37
2　2財3要素モデルの基本構造…………………………………38
3　行列 $G \equiv [\partial log W / \partial log V]$ と行列 $L \equiv [\partial log X / \partial log P]$ の成分の符号……………………………………………………45
4　行列 $J \equiv [\partial log W / \partial log P]$ と行列 $K \equiv [\partial log X / \partial log V]$ の符号：一般的なケース………………………………………49
5　第4節の特殊ケース……………………………………………55

　　　　6　2財3要素モデルにおける比較優位 …………………………62

第4章　マーシャル的収穫逓増による貿易パターンと貿易利益
　　　　………………………………………………………………………65
　　　1　はじめに……………………………………………………………65
　　　2　マーシャル的収穫逓増が作用する2国2財1生産要素モデル
　　　　の枠組みとEthier（1982）のアロケーション・カーブ ………67
　　　3　7タイプの貿易パターンと安定的な貿易均衡 …………………73
　　　4　安定的な貿易均衡における貿易利益……………………………87
　　　5　Ethier（1982）など先行研究との関係 …………………………96
　　　6　おわりに…………………………………………………………100

第5章　国際労働移動が受け入れ・送り出し国に及ぼす影響……102
　　　1　はじめに…………………………………………………………102
　　　2　モデルの生産構造………………………………………………103
　　　3　需要と国際労働移動の効果……………………………………106
　　　4　厚生分析…………………………………………………………112
　　　5　長期均衡…………………………………………………………116
　　　6　おわりに…………………………………………………………118

第6章　労働者最低生活水準の下での生産、貿易パターンおよび
　　　　貿易利益………………………………………………………120
　　　1　はじめに…………………………………………………………120
　　　2　生産………………………………………………………………121
　　　3　第2財の超過需要曲線の導出 …………………………………134
　　　4　貿易パターン……………………………………………………138
　　　5　貿易利益…………………………………………………………141

目次 vii

第2部 日中貿易の実証分析

第7章 中国野菜輸入増加に関わる経済利害を中心にして……147
 1 はじめに……………………………………………………147
 2 日本の対中国野菜輸入と開発輸入……………………149
 3 中国の農業・対外貿易政策と中国野菜農業関係者……153
 4 日本の野菜国内市場……………………………………159
 5 野菜産地県と自民党農業族議員………………………163
 6 日本の対外農業政策……………………………………173
 7 余剰分析による整理と対外貿易政策の視点…………176

第8章 日中韓 ASEAN の対米輸出構造の比較
   ――関論文の分析方法を用いて――……………………186
 1 はじめに…………………………………………………186
 2 付加価値指標と輸出高度化指標………………………187
 3 工業製品における日中韓 ASEAN8 の対米輸出構造………192
 4 IT 関連製品における日中韓 ASEAN8 の対米輸出構造の算出
  結果………………………………………………………200
 5 おわりに…………………………………………………207

第9章 純輸出比率曲線について…………………………………213
 1 はじめに…………………………………………………213
 2 「純輸出比率曲線」の導出法……………………………215
 3 具体的な例：純輸出比率曲線による日本の対外貿易構造……221
 4 おわりに…………………………………………………229

第10章 日本の対中貿易構造の特徴：1996年-2010年…………234
 1 はじめに…………………………………………………234
 2 日本の対中貿易の輸出・輸入総額から見た特徴……………236

3　SITC 分類の産業別 6 業種による日本の対中国の純輸出比率曲線……………………………………………………………… 241
4　一方向貿易・双方向貿易と垂直的産業内貿易・水平的産業内貿易…………………………………………………………… 246
5　BEC 分類の用途別による日本の対中貿易構造…………… 255
6　SITC 分類産業別 6 業種と BEC 分類用途別 4 財のクロス・263
7　おわりに……………………………………………………… 268

初出一覧

　本書は、2014 年までに公表した下記の論文を基に構成されています。本書の内容には、書き下ろしの部分が一定程度あることに加えて、これまで発表した論文にもある程度の加筆・修正を行ったことをお断りしておきます。

第 1 章　寺町信雄・林原正之（2002）「国際貿易と直接投資［理論の潮流］Ⅱ」日本国際経済学会編『IT 時代と国際経済システム―日本国際経済学会の成果を踏まえて―』有斐閣，Chap. 16-Ⅱ, 292-308

第 2 章　林原正之・寺町信雄（2003）「直接投資とリカード貿易モデル―小島理論について―」『追手門経済論集』vol. 38, no. 1, September, 33-53,

第 3 章　寺町信雄（1994）「2 財 3 要素の生産構造」『世界問題研究所紀要』（京都産業大学）no. 13, March, 37-71

第 4 章　三宅啓之・寺町信雄（2013）「マーシャル的収穫逓増による貿易パターンと貿易利益」『京都産業大学論叢』（社会科学系列）第 30 号，March, 51-84.

第 5 章　寺町信雄（1993）「国際労働移動が受け入れ・送り出し国に及ぼす影響」浜田文雅編著『アジアの経済開発と経済分析』（金子敬生先生追悼論文集）文眞堂，9 月，第 2 章，25-41

第 6 章　寺町信雄（1985）「労働者の最低生活水準の下での生産、貿易パターンおよび貿易利益」『経済経営論叢』（京都産業大学経済経営学会）vol. 20, no. 2-3, Dec., 247-271

第 7 章　寺町信雄（2004）「中国野菜輸入増加に関わる経済利害を中心にして」『京都産業大学論集』社会科学系列，no. 21, March, 1-29

第 8 章　朱立峰・寺町信雄（2011）「日中韓 ASEAN の対米輸出構造の比較―関論文の分析方法を用いて―」『京都産業大学論集』社会科学系列 no. 28, March, 115-139

第 9 章　寺町信雄（2014）「純輸出比率曲線について」『京都産業大学経済学レビュー』京都産業大学通信制大学院経済学研究科，No. 1, March, 210-223

第 10 章　寺町信雄（2009）「日中間の貿易構造の特徴―1996 年―2005 年―」『経済

x　　初出一覧

　　　　学研究』（内田和男教授記念号）北海道大学大学院経済学研究科紀要，第58巻，第4号，3月，65-85

　なお、第1章と第2章の原論文は、追手門学院大学の林原正之先生との共著論文であり、第4章および第8章の原論文は、それぞれ三宅啓之氏と朱立峰氏との共著論文であります。林原先生、三宅氏および朱氏には、これら共著論文の本書への掲載についてご快諾いただきました。ここに感謝いたします。

第1部

国際貿易論の理論分析

第1章　国際貿易と直接投資：理論の潮流[1]

1　はじめに

　戦後から20世紀末までに、世界経済は順調な発展を遂げ世界貿易も拡大した。特に商品貿易の拡大は顕著であり、その内容も大きく変化した。産業間貿易に加えて、工業製品を相互に輸出輸入する産業内貿易も大きなウェイトを占めるようになった。また、商品貿易にとどまらず、資本と労働の国際移動・技術移転・海外直接投資が加わり、国際取引の網の目は一層複雑に絡み合うようになってきた。各国の貿易障壁は、GATT/WTOの国際交渉・地域間の貿易協定・二国間の貿易交渉などを通じて着実に低下してきた。特定の財の輸入急増に関わる貿易摩擦は相変わらず起きているが、グローバル化の流れは確実に深まってきた。

　このような世界経済の推移に対応する形で、国際貿易論の世界潮流は、この50年間に多くの成果をあげてきた。代表的なテキストであるWong (1995)、Bhagwati et al. (1998) にその蓄積をみることができる。完全競争を前提とした伝統的な新古典派国際貿易論は、2国2財2要素を基本モデルとし、財および要素の数、中間財・非貿易財・公共財・外部経済の導入、貿易政策・国際的要素移動・海外直接投資の要因等を考慮するモデルへと拡充が行われてきた。さらに1980年代以降における、ゲーム理論・産業組織論などの分野における新展開に対応して、不完全競争―特に独占的競争・寡占・規模の経済―を前提とした「新貿易理論」の研究が活発に行われ、議論の幅が拡張されてきた[2]。

　日本国際経済学会における国際貿易論の研究も、この世界潮流に対応する

---

[1] 本章の原論文は、寺町信雄・林原正之 (2002) である。文言を一部手直ししてここに掲載している。原文の草稿段階で、関西大学の小田正雄教授、南山大学の山田正次教授には懇切丁寧なコメントをいただいた。しかし残された誤謬はすべて執筆者に帰することは言うまでもない。

形で展開されてきた。そしてさらに、日本経済の対外政策的な意味合いを含むオリジナルな議論も試みられた。例えば、雁行形態論・合意的国際分業論・順貿易志向的海外直接投資論などがあげられる。

本章では、海外直接投資を含む「国際貿易論」を概観するとともに日本国際経済学会での理論的な面での話題を概観することを目的としている。以下において、国際分業論（第2節）、自由貿易論（第3節）、貿易政策論（第4節）、国際資本移動を含む海外直接投資論（第5節）といった4つの領域に分類して議論をまとめることとしたい[3]。

2 国際分業論

2-1 他国との違いが貿易をもたらす

なぜ貿易が行われるのか。それは各国には他国と比較して違いがあり、その違いが財相対価格差に反映し、各国は比較優位の財を輸出し比較劣位の財を輸入するからである。完全競争市場を想定する伝統的な貿易理論では、他国との違いを何に求めるかによって、リカード貿易モデルとヘクシャー＝オリーン・モデル（HOモデル）という代表的な理論がある。リカード貿易モデルでは、各財の労働生産性の相対的な違いにその原因を求める。労働生産性が相対的に高い産業では、他国よりも割安な生産費でその財を生産することが可能になるからである。他方、HOモデルでは、生産技術は同じとして生産要素の賦存比率の違いに貿易発生の原因を求める。ある生産要素が相対的に豊富な国では、その要素の報酬率が割安であることから、その要素を集約的に投入する産業において、生産費が割安となるからである。

後者のHOモデルの理論は、2国2財2要素の一般均衡モデルを基本モデルとして国際貿易論のベンチマークの役割を果たしてきた。Dixit and Norman (1980) 以来しばしば用いられてきた、2国を統合した2財2要素の「統

---

[2] 池間 (1985) は国際貿易論の世界潮流についてサーヴェイを行っている。そこでは不完全競争を前提とした議論についての言及は見られない。このことは関連の議論が短期間に急激に増加してきたことをうかがわせる。

[3] なお、参考文献は紙幅の関係で最小限にとどめた。関連する文献は本学会が出版した大山編 (2001) 所収の各論文に掲載されている参考文献を参照されたい。

合経済」を想定した図からは、財に体化した Factor Contents に注目し、貿易を通じて、資本豊富国は資本サービスを、労働豊富国は労働サービスを純流出するという考え方が定着した。

HO モデルによる要素賦存比率の考え方が現実経済をどの程度説明できるかについて、Leontief による 1947 年のアメリカ経済の貿易構造に対する実証分析が試みられた。結果は、HO 理論とは逆に、アメリカは資本豊富国であると考えられるにもかかわらず、資本集約財を輸入し労働集約財を輸出するというものであった。レオンチェフ逆説といわれ、その後の貿易パターン決定について実証面および理論面に活発な議論が展開されてきた[4]。実証面では、Leamer（1980）は、Leontief が計算したデータを利用しながら何ら逆説でないことを示し、現在でも生産的な議論が続いている（Bhagwati et al.（1998）の 8.4）。理論面では、平均的に見て、他国と比較して生産要素の報酬率が安い国は、その生産要素を商品に体化して輸出し、その報酬率が高い国は、その生産要素を商品に体化して輸入することが、より一般的な形で明らかにされた（Helpman（1984），Wong（1995）の第 3 章）。

2-2　他国との類似性が貿易をもたらす

外国との貿易には、各国によって程度の差はあるが、大きく分けて産業間貿易と産業内貿易によって構成される。前者の産業間貿易は 2-1 で述べた、異なる産業に分類された商品間の輸出入を表す。例えば、農産物と工業製品の貿易、繊維製品と機械機器の貿易である。他方、同じ産業に分類される製品が輸出されると同時に輸入もされるという産業内貿易がある。統計上の産業の分類を細かくするほど、産業内貿易は少なくなるという問題もあるが、産業内貿易は、他国との違いによる貿易と他国との類似性による貿易とに分かれる。前者は、比較優位を反映した貿易である。例えば、同じ産業に分類される部品生産と組立て生産がそれぞれ割安な国で行われる。後者は、他国との類似性による貿易であり、差別化財の貿易と寡占企業による国際的な相互貿易（4-2 参照）が該当する。以下では差別化財（同質財ではない）の貿易に

---

[4]　Jones（1979）、天野（1981）の第 2 章、鈴木（1987）の第 1 章と第 3 章を参照のこと。

ついて述べる[5]。

　自動車・電気製品・コンピュータのように、デザイン・品質・ブランドなど他社製品と区別された同種のバラエティ（銘柄製品）が市場に出回っている。製品差別化の現象である。これらバラエティは、ある程度の生産設備を確保して規模の経済を実現し平均費用を逓減させる生産方法をもつ企業によって生産される。さらに、市場は独占的競争市場という不完全競争を想定する。バラエティを販売する企業は、一方では他社のバラエティとは異なることから独自の顧客をもつという意味では「独占企業」であり、他方では他社のバラエティとは代替的であるという意味では「競争的」である。各企業は複数の競争相手の価格を所与として、自企業が直面する需要をもとに限界収入と限界費用が等しいところで生産量と価格を決める。既存企業の超過利潤がゼロになるまで、市場への自由参入と退出が行われ、平均費用と価格が等しくなるまで、既存企業の需要曲線が左方にシフトする。平均費用が逓減しているので、新規企業は既存企業と同じバラエティを生産して同じ市場をシェアすることは、別のバラエティを供給するよりは不利益になる。よって、1バラエティを1企業が供給することになる。企業にとって内部的な規模の経済が実現し、完全競争と違って限られた企業数による生産が独占的競争市場において実現する。いま貿易前において、自国では n 企業数、外国では n^* 企業数が同じ産業において生産していたとする。さらに、生産技術および需要条件は2国において同じであるとする。このとき、貿易後においては、各国の差別化財の価格は等しくなり、各国はそれぞれバラエティを n 個あるいは n^* 個を生産するが、自国のバラエティを輸出し外国のバラエティを輸入することによって、お互いに $n+n^*$ 個のバラエティを消費することが可能になる[6]。差別化財による産業内貿易である。

　Helpman and Krugman (1985) では、産業間貿易と産業内貿易が並存する議論について上述の統合経済の図を用いた一般均衡分析を行っている。

---

[5] Helpman and Krugman (1985)、大山編 (2001) の鈴木克彦論文 (第17章) を参照のこと。
[6] 差別化製品の消費については、2つのアプローチ—である Spence, Dixit and Stiglitz アプローチと Lancaster アプローチ—による説明が行われている。前者はバラエティ数の増加が効用を高めるとするのに対して、後者は理想とするバラエティに一層接近したバラエティを消費可能にするほど効用を高めるとする。ここでは立入った説明は他の文献にゆずる。

2-3　ダイナミックな貿易パターン——雁行形態論——

　貿易パターンは時間の経過とともに変化する。自国だけでなく外国の経済成長によっても貿易パターンは変化する。新古典派経済成長論の議論を用いて貿易と経済成長の相互関連の分析が行われた（鬼木＝宇沢モデル）。また、比較静学分析を用いて順・逆貿易偏向的な経済成長による交易条件の変化についても議論された。

　一方、Vernon は Product Life Cycle 論を提示し、ある工業品の新製品段階・成長段階・成熟段階のそれぞれにおいて、企業の競争状態・需要構造などがどのような特徴をもつかについて明らかにするとともに、その製品が貿易・企業の海外直接投資・技術移転・模倣を通じて他の工業国・発展途上国へ時間の経過とともに伝播されていくプロセスを明らかにした。この議論は、実証面の研究だけでなく、新製品開発国の技術が後発国に移転されていく経済的メカニズムについての理論的研究として続けられている。

　他方、1930 年代に初めて発表され、追い上げ国日本の立場から、輸入・生産・輸出という 3 段階の産業発展と産業構造の高度化、それに世界経済の異質化と同質化を内容とする「雁行形態論」が赤松（1956、1960）によって提示され、その後、小島（1973 の第 3 章、2000）・山澤（1984 の第 4 章と第 5 章）などによって拡張された。

　追い上げ国はそれぞれの時点に要素賦存比率に適した産業の移植を考え、技術導入そして輸入代替をはじめる。政府の保護貿易政策も実施される。国内生産の成長が軌道に乗り、国内需要にも支えられて生産増加が実現し、規模の経済も作用する。やがて追い上げに成功して輸出産業へと成長していく。このプロセスは輸入・国内生産・輸出の時系列のグラフとして「雁行の形」を描く。特定産業の発展は経済が発展するにつれて、労働集約財産業から資本集約財産業・知識集約財産業へとシフトしていく。輸出成長産業はやがて成熟産業へ、さらには輸入競争産業へと推移していく。その背景には、後発追い上げ国の雁行形態的産業発展の国際的伝播がある。最近では技術移転だけでなく、海外直接投資・企業内貿易という一層効果的な手段が加わり、追い上げの時間が短縮されるようになってきた。このように雁行形態論は、貿易パターン決定の議論を加味しながら、追い上げ的な経済発展を進める現

在の東アジア諸国に政策的ビジョンの示唆を与えている。最近の内生的経済成長論の研究に影響されて、産業構造の高度化と国際的波及についての理論分析が新たに試みられている。

3 自由貿易論

3-1 完全競争市場での貿易利益

アダムスミスの『国富論』(初版1776年) 以来、自由貿易が主張されてきたが、自由貿易論は無条件で支持されてきたわけではない。Irwin (1996) にみるように、自由貿易論はこれまで慎重な議論が重ねられ、例外的なケースを除けば、保護貿易よりも自由貿易を優先するというものであった。

完全競争市場での自由貿易論について見てみよう。貿易が開始され、貿易障壁・政府介入のない自由貿易均衡の状態が達成されるとき、貿易前の商品の入手可能領域に比べて、貿易後の商品の入手可能領域は拡大する。これを貿易から利益（貿易利益）をえるための十分条件として表すことができる。すなわち、自由貿易均衡での生産量ベクトルと財価格ベクトルを X、P とし、貿易前の生産量ベクトルを X^A とするとき、貿易利益のための十分条件は：

条件[*]　　$PX \geq PX^A$

となる。

しかしながら、ここでいう貿易利益は潜在的貿易利益を意味している。自由貿易均衡では条件 [*] を満たしているが、貿易前後では所得分配に変化があり、所得が上昇した人は厚生水準を高め、所得が低下した人の厚生水準は低下する。これでは、自由貿易により貿易利益がえられ、この国の厚生水準が高まると単純に主張することはできない。厚生水準が高まることを示すためには、厚生経済学の補償原理の考え方を導入する必要がある。自由貿易により損失をこうむる人と利益を受ける人に対して、所得移転スキームによって、貿易前に比べて貿易後においてどの人の厚生水準も悪化させないで、ある人の厚生水準を改善することができるとき、はじめて自由貿易は貿易利益があるということができる。すべての人々の厚生水準を所得移転スキームに

よって改善するとき、その経済には「潜在的貿易利益」があるという。自由貿易は望ましいと理論的に言えるのは、潜在的貿易利益の存在を証明することにおいてのみ可能となるのである[7]。

3-2 外部経済と合意的国際分業論

　マーシャル的な外部経済下の収穫逓増産業と外部経済がない収穫一定の産業の2産業をもつ完全競争市場の各国で、2産業の生産技術が同一であるとする。しかし、自由貿易の結果、外部経済の程度・需要の偏りの程度・要素賦存量の大きさによっては、条件[*]を満たさないで、貿易不利益を経験する国が存在しうる。このような収穫逓増産業を含む貿易については、新貿易理論の重要な一つの柱として、1980年代以降活発な議論が行われてきた[8]。

　1960年の日本国際経済学会において「合意的国際分業論」が、小島（1960）によって提示され、それ以降多くの研究者が議論に加わった[9]。小島は生産および消費の構造が類似している国々でも、相互に規模の経済をもつ産業に合意的に特化することによって、相互に貿易利益を実現することができると主張した。理論分析としては、要素賦存量・消費嗜好・2産業の収穫逓増的な生産技術が2国において同一の完全競争市場を想定し、原点に対して凸型の生産可能フロンティアを考える。貿易前の市場均衡では両国の2財相対価格は同一となり比較優位は存在しない。しかしながら、マーシャル的な外部経済をもつ2産業にそれぞれ特化し国際分業をすることによって、両国とも貿易利益を享受することができるというのである。1980年代になり、産業内貿易・差別化財の貿易・規模の経済に関連する議論が脚光を浴びるようになってきたが、合意的国際分業論は、それ以前に、生産および消費の構造が類似した国相互間での貿易の重要性を指摘したという点で特筆に値する。最近の合意的国際分業論は、外部経済をもつ産業に関わる国際分業の議論に限定せず、差別化財の貿易もその範疇に取込んで議論されている。合意的国際分業論のコアは、比較優位の理論では説明できない類似した国の間での貿易が、

---

[7] 大山（1972）、大山編（2001）の下村耕嗣論文（第13章）を参照のこと。
[8] 大山編（2001）の多和田眞論文（第18章）の第1節を参照のこと。
[9] 小島（1960）を参照のこと。1960年以降の文献として、小島（1973）第1章、小島（1982）、池間・池本編（1990）の三邊信夫論文（第7章）を参照のこと。

差別化財であろうと同質財であろうと規模の経済効果によって可能であることを示した点にある。しかし理論的には、相互に特化した両国が必ず貿易利益をえるとは限らず、場合によっては不利益を被ることもある。そのような可能性は、類似国の場合少ないとして排除することもできるが、他方、貿易不利益国に対する国際的な所得移転スキームの議論を導入することもできる。

3-3 不完全競争市場での貿易利益

ここでは独占・寡占・独占的競争の順に、貿易利益に関する議論をする[10]。先ず前提として、条件 [*] が成立して貿易利益がえられる場合を中心に考える。2国は、生産要素である資本と労働を投入して2財を生産し、また生産技術・要素賦存比率およびホモセティックな需要構造について同一であるとし、第1財産業は不完全競争市場にあり、第2財産業は完全競争市場にあるとする。

最初、第1財産業が独占企業の場合を考える。両産業とも規模に関して収穫一定であるとする。貿易前において、第1財産業が完全競争市場にある場合と比較すると、独占企業は、生産量を制限し当該財の相対価格は高いので、厚生水準は低い。独占の存在および経済規模（要素賦存量の大小でみる）を含めてまったく同一の構造を有する2国の場合、貿易後には、各国の第1財産業は統合された一つの世界市場で複占的に行動して財を供給することになる。各複占企業はクールノー的であるとすると、各国企業の第1財生産は拡大し、第1財価格の低下によりその相対価格は低下する。すなわち統合した世界市場では、企業数は1から2に増加し、第1財の生産量は増加し、各国に貿易利益をもたらす。他方、2国で経済規模だけが異なるとき、貿易開始により小規模な国は貿易利益をえるが、第1財を輸入する大規模な国は貿易不利益となる可能性がある。もちろんその場合でも、大規模な国の第1財産業の生産量が貿易開始前よりも増大するならば、貿易から利益をえることができる。

---

[10] Wong (1995) の第9章、大山編 (2001) の下村耕嗣論文（第13章）を参考のこと。

次に、2国において第1財産業が、所与の数の企業からなるクールノー的寡占産業である場合を考える。もし各国の第1財産業の企業数が、各国の経済規模に比例するならば、両国とも貿易利益をえることができる。さらに、これまでの規模に関して収穫一定の仮定を外して、内部的な規模の経済をもつ企業からなる寡占的第1財産業を仮定するとき、自由参入・退出の結果、企業数が内生的に決まり、長期均衡の利潤はゼロであり、両国は貿易により利益をえる。さらに条件を緩めた場合について、貿易利益がえられることが議論されている。

最後に、第1財産業が2-2で述べた独占的競争の場合を考える[11]。貿易利益は、各消費者が消費可能なバラエティ数の増加や自らの理想とするバラエティにより接近したバラエティを消費可能となることによって、また生産における規模の経済が実現して価格低下の効果が存在ことによってえられる。形式的には条件 [*] および貿易開始後に消費可能なバラエティ数が増加するという条件が成立するならば、貿易利益が存在することが明らかにされている。

4 貿易政策論

4-1 完全競争市場下での貿易政策

各国は自由貿易政策に総論では賛成するが、各論では消極的になる。国際貿易論では、小国における輸入関税・輸入数量制限・各種補助金などの貿易政策は、輸入競争産業の生産者に利益を与えるが、他産業の生産者および消費者には経済損失を与え、さらに「貿易利益」を減少させるとしてこれら貿易政策の正当性を認めない。加えて輸入関税の賦課によって自国の交易条件が有利化して、自由貿易のときの厚生水準よりもさらに高い厚生水準を実現する可能性があるという議論（最適関税論）がなされてきたが、貿易相手国の厚生水準の低下という犠牲をともなうこと、および貿易相手国の報復関税によって有利化の可能性が相殺されることなどが明らかにされている。また、

---

[11] 独占的競争モデルでの貿易利益の議論については、特にHelpman and Krugman (1985) の第9章および Wong (1995) の第9章を参考のこと。

財あるいは生産要素市場において、市場の失敗による「歪み」が存在するとき、パレート最適性が満たされないために、自由貿易政策がその国にとってベストな政策でないことが起きる。その場合、自由貿易よりも保護貿易が選択される傾向がみられたが、Distortion論が解答を与えてきた。その議論から得られることは、市場の「歪み」が存在するとき、保護貿易のために関税などの貿易政策に訴えるのではなく、市場の失敗をもたらしている歪みそれ自身を是正する政府介入が望ましいという結果がえられている。

戦後から1970年代まで、GATTにおける中心課題の一つは、輸入関税であった。そのこともあって輸入関税に関する理論分析が多く行われてきた。その中で日本の研究者が積極的に関わったものに「有効保護理論」がある。いま、国内の生産要素に加えて輸入中間財も投入して最終消費財を生産する輸入競争産業の保護効果についてみてみよう。当該最終消費財に輸入関税を課したとしても、輸入中間財にも輸入関税が課されているならば、最終消費財の生産コストを押し上げることから、保護効果が実現しないかもしれない。このような問題提起のもとに、課税前後における「最終消費財1単位あたりの付加価値の変化率」すなわち「有効保護率」が求められ、一般均衡分析の枠組で議論の拡充がなされた[12]。

最後に、完全競争市場における異時点間の市場の失敗に関連する議論の一つに「幼稚産業保護論」がある。学説史的には、Mill、Bastable、Kempによって検討が加えられ、動学的外部経済性が存在する（Kemp基準）ときに限り生産補助金政策の実施が必要であるという結果を導いてきた。しかし、その後動学的外部経済だけでなく動学的内部経済も含む根岸基準が新たに加えられ、産業のセットアップの議論に応用されてきた[13]。

4-2 戦略的貿易政策論[14]

寡占といった歪みを有する産業を対象として、伝統的な国際貿易論および

---

[12] 有効保護理論については大山編(2001)の岡本久之論文（第16章）を参照のこと。また、ここでは立入らなかったが、1980年代以降、輸出自主規制、アンチダンピング措置、輸入自主拡大などの貿易政策の手段が実施され、それに関する分析が不完全競争市場も想定して行われた。
[13] 根岸基準については根岸(1971)の第7章を参照のこと。
[14] 大山編(2001)の石川城太論文（第19章）を参照のこと。

政策論とは趣を異にする戦略的貿易政策論が1980年代後半以降より脚光を浴びてきた。ここではその背景やそれを可能にした理論的基礎および想定などを概観してその意義を考える。

　米国クリントン政権時代に、国としての「国際競争力」の強化が課題とされた。当時、米国の「国際競争力」の相対的低下への危機感があり、その克服のために外部経済や規模の経済をもち独占利潤を獲得すると思われる「戦略的」産業を選択し、その拡大・強化のための通商政策が実施された。他方、経済理論面でも進展があった。企業相互間の戦略的関係を意識した企業間競争の分析にゲームの理論が用いられ、産業組織論および国際貿易論の分野における議論を拡大させた。

　なぜ各国は輸出（生産）補助金政策などを行うのであろうか？　それは直接的には外国企業から自国企業へ利潤を移転するという利潤移転効果があり、その結果、当該国の厚生水準を引き上げることができると考えるためである。この利潤移転効果に焦点をあてるため、第3国市場でクールノー的複占競争を行っている自国企業と外国企業を想定したのが、Brander＝Spencer（1985）モデルと称されるものである。そこでは自国政府による自国企業への一方的補助金提供が、企業間競争で自国企業に先導者均衡の達成を可能にさせ、その利潤を増加させる。自国政府が自国企業から補助金を回収しても、自国企業の利潤は以前より多くなり、厚生水準が上昇する。すなわち1国政府が単独でその企業に補助金を提供する場合には、当該国は利益をえる。しかし、両国政府が共に補助金を提供すると、両国とも不利益となる可能性がある。

　寡占的競争を行っている自国企業と外国企業を想定しよう。それらが競争している市場の種類により、各国企業の利潤に加えて各国の厚生水準の構成要素が異なってくる。企業間の利潤移転効果に注意を集中するならば「第3国市場モデル」が、国内輸入競争市場に焦点を当てるならば「自国市場モデル」が利用可能である。同質財の産業内貿易や相互ダンピングの現象を分析するならば「分割された世界市場モデル」が、両国市場間で十分な裁定が可能ならば「世界統合市場モデル」が役立つ。政策介入により各国企業の利潤、消費者の効用、各国政府の純収入などが変化して、各国の厚生水準や世界の

厚生水準も変化する。このとき戦略的貿易政策は、（たとえ他国を犠牲にしても）当該国の厚生水準を最大化することを目標としていることに留意する必要がある。

戦略的貿易政策論の意義と限界はどのようなものであろうか。戦略的貿易政策論は、政府の積極的介入政策が当該国の厚生水準を引き上げる可能性を示すことにより、完全競争に立脚する伝統的な貿易理論や貿易政策論の限界を指摘する上で貢献した。しかしながら戦略的貿易政策論から導出され推奨される政策介入の手段や水準などは、市場構造や企業の行動様式などに大きく依存するという事実が、Eaton and Grossman（1986）をはじめとする諸研究によって明らかにされた。したがって、分析から得られる結論は限定付きで受け入れる必要がある。他方、伝統的な国際貿易論の延長線上に不完全競争や規模の経済を取り込んだ一般均衡分析や政策論の展開が進行中である。

5　国際資本移動と海外直接投資

5-1　国際資本移動

国際資本移動とは、主に預金・債券・株式などを通じた資金の国際移動（間接投資）によって、投資国の実物資本の減少・受入国の実物資本の増加となって現れることをいう。実物資本に結実するには時間を要することから長期を想定した議論が適している。本節では、国際資本移動と海外直接投資（以下、FDIと記述）を区別し、FDIについては5-2で扱う。なお、ここでは国際労働移動は扱わず、完全競争市場を前提にした国際資本移動に限って議論する。

国際間に資本報酬率差があり、資本が国際間を自由に移動できるならば、その格差がなくなるまで国際資本移動が起きる。世界レベルでの効率的な資源配分の視点から、国際資本移動は一般的に投資国および受入国の経済厚生を改善する。

国際資本移動は貿易とどのような関係をもつであろうか。HOモデルである2国2財2要素モデルにおいて、要素賦存比率は異なるが、生産技術および消費嗜好は2国で同じであるとき、Mundellは、国際資本移動と貿易が完全代替的な関係となることを示した。しかし、2財2要素から2財3要素（資

本・労働・土地）に拡張し、3要素のうち資本は国際間を自由に移動するとき、2国間の貿易パターンは、国際間を移動しない労働・土地の要素賦存比率によって決まり、国際資本移動と貿易は補完的な関係となる。また2国2財2要素モデルで、2国の違いを要素賦存比率に加えて、生産技術においても違いがあるとき、国際資本移動と貿易の関係は、国際資本移動の増加が貿易量の減少をもたらすか増加をもたらすかによって、それぞれ代替的・補完的となる[15]。

1960年代に資本自由化の議論が行われたとき、輸入関税下にある小国の資本流入は、厚生水準を悪化させるという宇沢・浜田命題が話題になった[16]。資本集約的な輸入競争産業が貿易政策（輸入関税あるいは輸入割当）によって保護されているとき、外生的あるいは自由な国際資本流入よる貿易量および厚生水準に与える効果などが議論された。さらに、輸出自主規制下の資本移動の分析も行われた。

5-2 海外直接投資

FDIとは、多国籍企業が外国企業の株式を取得して経営権を確保するとともに、製品開発・生産技術・生産管理・人事管理・販売方法・企業情報など企業特殊的な経営資源のパッケージを企業内部で国際間移転することをいい、証券投資など間接投資と区別される。FDIは、1980年代以降の国際取引の中で、各国の生産活動・貿易などに大きな影響を与えてきている。これまで企業の国際事業展開や多国籍企業は、国際経営学の分野で取扱われてきたが、最近では、産業あるいはマクロ・レベルまで積み上げて国際貿易論の枠組で議論されるようになっており、今後さらに議論の拡充が行われる分野といえる。

FDIの決定因が議論されてきたが、それまでの議論を整理したとして「折衷理論」と呼ばれる、DunningのOLI理論がある。FDIと選択的な企業行動として輸出・ライセンシングがあるが、企業はこれらを選択しないでFDIを行うのは、次の3つの優位性がそろうときである。①ユニークな無形資産で

---

[15] Wong（1995）の第4章および伊藤・大山（1985）の第5章を参照のこと。
[16] 小宮・天野（1972）の第16章3を参照のこと。

ある経営資源の所有（OwnershipのO）によって他国企業より優位であること、②受入国において、生産要素・技術基盤・インフラ・輸送費など供給面、大きな市場の存在など需要面、輸出を抑制する貿易政策の存在あるいは輸出増加による貿易摩擦可能性など、立地（LocationのL）に関わることでFDIを実施することが優位であること、③取引費用の節約のためあるいは市場支配力を強めるために、FDIによって他企業との取引を自企業内の取引へ内部化（InternalizationのI）することが優位であることがあげられる。これら優位性に関わる理論化の試みが今後も進められるであろう[17]。一つの代表的な例としてHelpman and Krugman（1985）がある。彼らは、企業の生産活動を本社サービスと工場生産の2つで構成するとして、企業の経営資源にあたる本社サービスは投資国で生産し、それを受入国に移転して、受入国の工場ラインに組み込んで製品を完成するという形で、企業のFDIの理論化を試みている。Dunningがいう所有と立地の優位性を取入れた議論と見ることができる[18]。

FDIはまた受入国の政策の影響を受ける。例えば受入国は輸入を抑えるために輸入関税政策を実施する。そのため投資国の輸出が抑えられるので受入国へのFDIが促進される。また、投資国企業に対して、受入国で一定割合以上の原材料・中間財を現地で調達することを義務付ける政策（ローカルコンテンツ規制）の効果について議論がなされている[19]。さらに、貿易代替的FDIと貿易補的FDIのモデル化、FDIによる投資国と受入国への厚生効果、貿易における産業内分業に対応して先進工業国間での相互的なFDIのメカニズム、FDIによる投資国の輸入増加に対応する産業調整問題の議論などの理論分析が試みられている。

5-3　順貿易志向型FDI

FDIが貿易に与える効果として、順貿易志向型FDIと逆貿易志向型FDIに分類することができる。順貿易志向型FDIは、投資国の比較劣位産業か

---

[17] Markusen（1995）、大山編（2001）の馬田啓一論文（第3章）、木村（2000）の第14章を参照のこと。
[18] この考え方をリカード・モデルに適用した出井（1991）の第2章と第3章を参照のこと。
[19] 大山編（2001）の原正行・中西訓嗣論文（第4章）を参照のこと。

ら受入国の比較優位産業に直接投資が行われることにより、投資国の輸入・受入国の輸出を補完することになる。これに対して、逆貿易志向型 FDI は、投資国の比較優位産業から受入国の比較劣位産業に直接投資が行われることにより、投資国の輸出・受入国の輸入を代替することになる。小島は[20]、FDI を実施する投資国は前者の FDI を行うべきであると提言する。

いま FDI の投資国と受入国の 2 国はそれぞれ 2 財を生産しているとする。貿易前に投資国は受入国の比較優位産業と比較劣位産業の両産業に FDI を行うとき、投資国では比較生産費に変化を与えないが、受入国の比較生産費には変化を与えて「潜在的比較生産費」が得られる。そして、FDI のみが行われたときの比較生産費には、2 国の比較優位を強める具体的な数値が示される。他方、FDI 前の比較生産費から比較利潤率がえられるとして、各国が比較優位をもつ産業において、各国の比較利潤率が高くなるという具体的な数値が示される。さらに、潜在的比較生産費と比較利潤率の具体的数値から、投資国の比較劣位産業は、受入国の比較優位産業に対して FDI を行うことが望ましいと結論する。

渡辺（1974）・大山（池間・池本（1990）の第 2 章）などによってコメントが出されたが、まだ議論は収束を見せていない。それは、潜在的比較生産費および比較利潤率の導出から結論に至る過程に議論の余地があることによる。貿易と FDI との相互関係として順貿易志向型 FDI の理論的説明が可能になれば、比較優位の理論の拡充となるかもしれない。

6　おわりに

1970 年代に入って展開された特殊要素モデルについて述べておく必要がある[21]。その主なものは、①各産業にとって特殊な要素が存在することを前提にした比較優位の理論や交易条件効果の分析、②財価格の変化により、産業間を flexible に移動する要素と移動しない要素を区別した分析、③FDI は特定産業に属する企業によって行われることから、特定産業の資本と経営資

---

[20] 小島（1973）の第 5 章、小島（1975）、池間・池本編（1990）の第 13 章第 3 節を参照のこと。
[21] 特殊要素モデルの説明については Jones（1979）の第 6 章と池本（1973）を参照のこと。

源をパッケージとした特殊要素の国際移動を考慮したFDIの分析などである。

　直接投資を含む国際貿易論は、多くの研究課題を提示している。とりわけ、グローバル化による新たな経済現象および経済問題に挑戦していくとともに、伝統的な国際貿易論に「新貿易理論」を取り込む方向で、国際貿易論を拡充する必要がある。

　以上、直接投資を含む国際貿易論について日本国際経済学会での議論も踏まえて述べてきた。本章で扱わなかった事項として、地域統合、貿易摩擦、GATT/WTOの経済分析、地球環境の経済分析など最近のトピカル・イシューがある。これらは、本学会による大山編（2001）で取扱われているという理由で、ここでは触れなかった。

参考文献
　赤松要（1956）「わが国産業発展の雁行形態―機械器具工業について―」『一橋論叢』11月，68-80
　赤松要（1960）「世界経済の構造的矛盾」『国際経済』11号，1-20
　天野明弘（1981）『貿易と対外投資の基礎理論』有斐閣
　Bhagwati, J.N., A. Panagariya and T.N. Srinivasan（1998）*Lectures on International Trade*, MIT Press, 2nd edition
　Brander, J.A. and B.J. Spencer（1985）"Export Subsidies and International Market Share Rivalry," *Journal of International Economics*, vol. 18, 83-100
　出井文男（1991）『多国籍企業と国際投資』東洋経済新報社
　Dixit, A. and V. Norman（1980）*Theory of International Trade : A Dual, General Equilibrium Approach*, Cambridge University Press
　Eaton J. and G.M. Grossman（1986）"Optimal Trade and Industrial Policy Under Oligopoly," *Quarterly Journal of Economics*, vol. 101, 383-406
　Helpman, E.（1984）"Factor Content of Foreign Trade," *Economic Journal*, vol. 94, 84-94
　Helpman, E. and P. Krugman（1985）*Market Structure and Foreign Trade : Increasing Returns, Imperfect Competition and the International Economy*, MIT Press
　池間誠（1985）「国際経済論の新展開」『国際経済』（日本国際経済学会）第36号，281-286
　池間誠・池本清編（1990）『国際貿易・生産論の新展開』文眞堂
　池本清（1973）「国際貿易と特殊的生産要素モデル」『国民経済雑誌』第127巻，第2号，56-70

Irwin, D.A.（1996）*Against the Tide : An Intellectual History of Free Trade*, Princeton University Press（小島清監修・麻田四郎訳（1999）『自由貿易理論史—潮流に抗して—』文眞堂）

伊藤元重・大山道広（1985）『国際貿易』岩波書店

Jones, R.W.（1979）*International Trade : Essays in Theory*, North-Holland

木村福成（2000）『国際経済学入門』日本評論社

小島清（1973）『世界貿易と多国籍企業』創文社

小島清（1982）「合意的国際分業・国際合業・企業内貿易上・下」『世界経済評論』11月・12月号

小島清（1975）「比較生産費と比較利潤率—日本型対アメリカ型直接投資の基礎モデル」『世界経済評論』7月号, 11-22

小島清（2000）「雁行型経済発展論・赤松オリジナル」『世界経済評論』3月号, 8-20

小宮隆太郎・天野明弘（1972）『国際経済学』岩波書店

Markusen, J.R.（1995）"The Boundaries of Multinational Enterprises and the Theory of International Trade," *Journal of Economic Perspectives*, vol. 9, 169-189

Leamer, E.E.（1980）"The Leontief Paradox, Reconsidered," *Journal of Political Economy*, vol. 88, 495-503

根岸隆（1971）『貿易利益と国際収支』創文社

Ohyama, M.（1972）"Trade and Welfare in General Equilibrium," *Keio Economic Studies*, vol. 9, no. 2, 37-73

大山道広（編）（2001）『国際経済理論の地平』東洋経済新報社

鈴木克彦（1987）『貿易と資源配分』有斐閣

寺町信雄・林原正之（2002）「国際貿易と直接投資［理論の潮流］Ⅱ」日本国際経済学会編『IT時代と国際経済システム—日本国際経済学会の成果を踏まえて—』有斐閣, Chap. 16-Ⅱ, 292-308

渡辺太郎（1974）「小島教授の直接投資理論」『大阪大学経済学』Vol. 24, 1-11

Wong, Kar-Yu（1995）*International Trade in Goods and Factor Mobility*, MIT Press（下村耕嗣・太田博史・大川昌幸・小田正雄訳（1999）『現代国際貿易論』多賀出版）

山澤逸平（1984）『日本の経済発展と国際分業』東洋経済新報社

第2章　直接投資とリカード貿易モデル
——小島理論について[1]——

1　はじめに

　中国を含む東アジア諸国は、日本・米国・EU など投資国からの直接投資を受け入れており、直接投資が貿易に与える効果は、投資国および受入国にとって重要な関心事の一つである。この問題に対して、すでに1970年代より小島清教授により「小島理論」として積極的に議論がなされてきた。小島教授は、投資国から受入国への直接投資には、貿易への効果の違いにより「順貿易志向型直接投資」と「逆貿易志向型直接投資」の二つがあるとされ、投資国は前者の直接投資を行うことが望ましいと提言されている。本章は、直接投資に関する小島理論について、リカード貿易モデルの枠組で検討を試みたものである。

　小島教授は、リカード貿易モデルを想定した次のような数値例(1990, p. 258)を用いる。直接投資前の2国の第1財と第2財の労働投入係数が、A国とB国にそれぞれ $(10\, l_a, 10\, l_a)$、$(30\, l_b, 20\, l_b)$ とする。この数字から各国の比較生産費は $(10/10=1<1.5=30/20)$ となり、A国は第1財にB国は第2財に比較優位をもつ。次に、A国両産業がB国への直接投資を自由化され、B国内で潜在的な労働投入係数は $(24\, l_b, 6\, l_b)$ となったとする。B国においては、直接投資前の産業より直接投資後の方が、絶対優位の状態になるとしているのである。この数字からえられるB国の比較生産費 $(24/6=4)$ を「潜在的比較生産費」とよび、A国の比較生産費 $(10/10=1)$ と比較することができる。よっ

---

[1] 本章は、2002年10月東北大学で開催された日本国際経済学会全国大会で報告した論文である寺町・林原(2002)を大幅に書きかえ、林原・寺町(2003)に掲載し、さらに文言を一部手直ししたものである。東北大学での学会報告において、討論者の石井安憲先生（早稲田大学）および小島清先生（一橋大学名誉教授）に有益なコメントをいただいた。小島清先生からはさらにその後、論文(2003)の形でコメントをいただいた。また、Jones and Ruffin (2007) は、リカード貿易モデルを用いて国際技術移転の理論モデルを展開している。彼らのモデルは、本章と類似した議論を行なっている。

て、改めて、直接投資の投資国であるA国は第1財に比較優位を、直接投資の受入国であるB国は第2財に比較優位をもつことになる。以上の数値から、直接投資の受入によって受入国は比較生産費を一層強めることになり、直接投資は投資国の比較劣位産業で行われることが望ましいと小島理論は結論する。なぜならば、直接投資前の比較優位による貿易の流れを一層促進するからである。すなわち、投資国は順貿易志向型直接投資を実施することが望ましいというのである。もちろん小島教授は数値例に加えて理論的な議論を踏まえて小島理論を展開しておられる。

　われわれは、先ず第2節において、小島（1990）と大山（1990）の議論を参考にしながら、小島理論についてリカード貿易モデルを利用したより一般的な議論をする。すなわち、2国2財のリカード貿易モデルを用いて、小島理論の核心である「潜在的比較生産費」を導入し、直接投資を実現する産業と貿易の新しい比較優位構造を連動させて議論することを明らかにする。第3節では、直接投資前後で比較優位は変わらない場合と逆になる場合、直接投資後で完全特化状態あるいは不完全特化状態になる場合とを組み合わせて、4つの可能性に分類し、2国2財1労働のリカード貿易モデルを用いて、交易条件、貿易量および厚生水準への影響について検討する。そして第4節では、小島理論についてリカード貿易モデルを用いて批判した大山（1990）とそれにリプライをした小島（1990）について前述の議論を踏まえて整理する。そして第5節では、本章の要約と残された課題について述べる。

2　潜在的比較生産費と直接投資

　2国（A国とB国）・2財（第1財と第2財）・1要素の完全競争市場を想定したリカード貿易モデルを考える。貿易前の各国は2財を生産し需給している。A国の各財の労働投入係数を a_j（$j=1, 2$）、B国の各財の労働投入係数を b_j（$j=1, 2$）とするとき[2]、2国の比較生産費の関係は、A国が第1財にB国は

---

[2] 労働投入係数は固定的と仮定する。なお、大山（1990）で議論されているように（p.28）、同一国の企業は各財について固定費用的な労働投入も考慮した同一の生産関数をもち、平均費用が最低となる労働量から導出された労働投入係数であると考えることもできる。

第2財に比較優位をもつとして、

$$(1) \quad a_1/a_2 < b_1/b_2$$

が成立していると仮定する。

　直接投資とは、投資国におけるある産業の企業が、受入国の同じ産業の地元企業にはない経営資源をもっていることにより、投資国企業が受入国の地元企業を企業組織として組み込み、現地生産および販売を行うことによって企業利潤をもたらそうとすることをいう。これをモデル分析にどのように組み込むかは大きな課題とされてきた。出井（1991a, b）は、リカード貿易モデルの枠組で生産技術を表す労働投入係数を、Helpman and Krugman（1985）にならって本社サービスと工場プラントの2種類のタイプに区分し、直接投資は本社サービスの輸出ととらえ直接投資の分析を行った。本章では、大山教授も述べておられるように（1990）、直接投資が稀少な経営資源の国際的再配分を伴うことなく実現すると考える、すなわち、投資国企業の生産効率が受入国地元企業の生産効率より高いときには、受入国へ企業進出することが利潤面で有利であるから、投資国企業は生産技術を含む技術を受入国に移転する。その結果、受入国の労働投入係数は従来の値より低くなる。直接投資を扱うのに別の方法もあると思われるが、直接投資の一次接近として有効と思われる。また、小島理論との関連で本章ではこのようなモデル化を採用することとする。よって、完全競争市場を仮定していることにより、役資国企業の生産技術を含む技術を導入しなかった地元企業は競争市場において淘汰され、投資国企業および生産効率を高めた地元企業のみが長期均衡を達成している。この場合、超過利潤はゼロとなり利潤の海外送金も存在しない。また、直接投資と述べているが、投資国企業がもつ技術が受入国企業に何らかの方法により技術移転され、受入国企業の労働投入係数が以前に比べて低くなったとする、いわゆる開発輸入などに見られる技術移転のケースもここに含めて考えることも本章では許されるであろう。

　ここで、A国のj産業の企業がB国の同じ産業に直接投資をして生産をしたときの潜在的な労働投入係数をa_j^*とし、B国の従来のj産業の地元企業の労働投入係数をb_jとするとき、

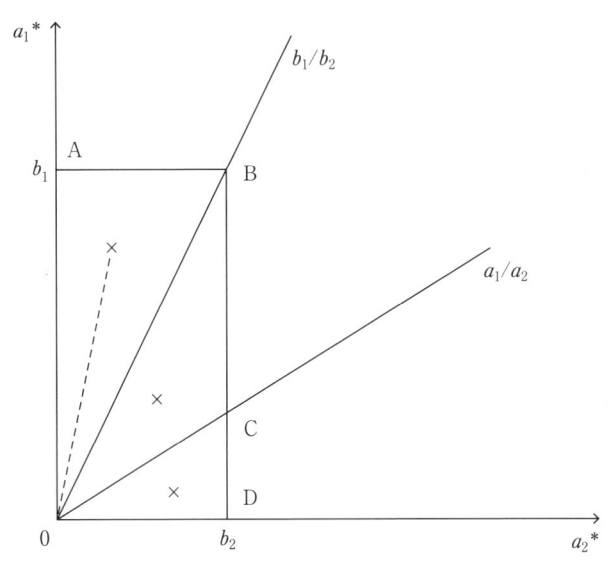

図 1 潜在的労働投入係数の点 (a_2^*, a_1^*) の位置に対応する潜在的比較生産費

(2) $\quad a_j^* \leq b_j \quad (j=1,2)$

が成立し、直接投資前の従来の j 産業より、直接投資後の j 産業の方が絶対優位の状態にあるとする。なお、本章では、各国の労働は同質ではなく、各国の国内の労働投入係数（a_j^* と b_j）は比較可能であるが、A 国と B 国の労働投入係数（a_j と b_j および a_j と a_j^*）の比較は不可能と仮定する。(2) 式の等号のときには、B 国の j 産業への直接投資が制度的な理由あるいは（および）政策的な理由により、直接投資が行われないと考えることができよう。これについては (2) 式を議論するときに説明を加える。

(1) 式と (2) 式を考慮するとき、**図 1** を描くことができる。横軸には B 国の第 2 産業の労働投入係数 b_2 と a_2^* の値をとり、縦軸には B 国の第 1 産業の労働投入係数 b_1 と a_1^* の値をとる。なお、以下では、当該産業に属する企業の労働投入係数はすべて同じであるとして、産業の労働投入係数として述べることとする。(1) 式の仮定より、原点から (b_1/b_2) と (a_1/a_2) の傾きをもつ直

線を引くことができる。さらに、図1には、(2) 式を満たす点 (a_2^*, a_1^*) を示すことができる。1産業のみ直接投資が自由化された場合には、点 (a_2^*, b_1) あるいは点 (b_2, a_1^*) によって示すことができる。

投資国Aから受入国Bへの直接投資が自由化され、B国における潜在的労働投入係数 a_j^* が図1の三角形0ABの領域の点であるとき（ただし、線分0Aを除く）、図1の点0とその該当する点を結ぶ直線の傾きの値として、「潜在的比較生産費」(a_1^*/a_2^*) を求めることができる。このとき、潜在的比較生産費と (1) 式との関係は、

(3)　　　$a_1/a_2 < b_1/b_2 < a_1^*/a_2^*$

となる。また、点 a_j^* が図1の三角形0BCの領域の内点であるとき、潜在的比較生産費を含む (1) 式との関係は、

(4)　　　$a_1/a_2 < a_1^*/a_2^* < b_1/b_2$

となる。ここでの「潜在的比較生産費」は、小島教授がはじめて導入された概念であり、そのまま採用している。

(3) 式および (4) 式より、投資国Aから受入国Bへの直接投資が可能なとき、A国は第1財にB国は第2財に比較優位をもち、直接投資前と同じ比較優位構造が成立する。しかし、(2) 式にしたがって投資国Aの2産業の直接投資が潜在的に可能であっても、(3) 式あるいは (4) 式のいずれかによって、直接投資受入国Bにおいて、国内生産が実現するのは比較優位産業である第2産業のみとなる[3]。これは、直接投資前の受入国の比較優位にしたがう貿易の流れを促進する直接投資という意味において、小島理論でいう「順貿易志向型直接投資」の実現ということができよう。

なお、図1の点Bと点Cを含まない線分BC上に点 (b_2, a_1^*) があるとき、(4) 式の関係が成立する。受入国Bは相変わらず第2産業に比較優位をもつが、$a_2^* = b_2$ であることから、投資国Aから受入国Bへの第2産業への直接投資のインセンティブは起きない。すなわち、受入国が完全特化状態のとき

---

[3] (3) 式あるいは (4) 式の場合、受入国Bが直接投資により不完全特化状態になるとき、2産業への直接投資が実現するが、受入国の比較優位構造は不変である。

には、直接投資がない場合と同じ国内生産の実現となることが確認できる[4]。

次に、投資国 A から受入国 B への直接投資が行われて、点 (a_2^*, a_1^*) が図 1 の三角形 0CD の領域の内点であるとき（ただし、点 C および点 D を除く線分 CD を含む）、潜在的比較生産費と (1) 式との関係は、

$$(5) \quad a_1^*/a_2^* < a_1/a_2 < b_1/b_2$$

となる。投資国 A から受入国 B への直接投資は、2 国間の比較優位構造を逆転させ、A 国は第 2 財に B 国は第 1 財に比較優位をもつようになる。よって、(2) 式にしたがって投資国 A の 2 産業の直接投資が潜在的に可能であっても、直接投資受入国 B において、直接投資による国内生産が実現するのは新しく比較優位産業となる第 1 産業のみである。これは、直接投資前の比較優位にしたがう貿易の流れを促進しない直接投資であることから、小島理論でいう「逆貿易志向型直接投資」の実現ということができよう。

最後に、潜在的比較生産費 (a_1^*/a_2^*) が (a_1/a_2) に等しくなる場合には、

$$(6) \quad a_1^*/a_2^* = a_1/a_2$$

となり、比較優位は消滅し、貿易パターンは不決定となる。(2) 式が成立することから、投資国 A から受入国 B への 2 産業の直接投資のインセンティブは存在する。その結果、受入国 B の潜在的比較生産費は投資国 A の比較生産費と同一となり、両国は不完全特化状態となり、貿易は需給バランスを調整する形で行われる。

(1) 式と (2) 式を仮定し、点 (a_2^*, a_1^*) が図 1 のどの領域に位置するかによって、実現する直接投資および新たな比較優位構造にもとづく貿易の流れが決まることが以上の議論から明らかになる。すなわち、直接投資の実現する産業と貿易の新しい比較優位構造との連動が示された。しかしながら、その結果は方向のみを示すにとどまっており、さらに直接投資後に受入国が完全特化状態にあるときに主に対応するが、受入国が不完全特化状態になるときには別の結果が追加されることになる。そのため、次節においては、2 国 2

---

[4] ただし、受入国が不完全特化状態にあるときには、第 1 産業の直接投資受入れのみが可能な場合もある。

財1労働のリカード貿易モデルを explicitly に用いることにより、完全特化状態と不完全特化状態の区別をし、直接投資前後の自由貿易均衡の交易条件・貿易量・厚生水準の変化について、さらに詳しくみてゆく必要がある。

3　交易条件、貿易量および厚生水準の変化

　直接投資前に両国は (1) 式の制約の下にあり、A国とB国の労働賦存量は (L, L^*) であり、A国 (B国) の1労働所得稼得者は、第1財に対して所得 w (w^*) の c (c^*) ($0 < c, c^* < 1$) の一定割合で支出すると仮定する。よって、労働者の厚生水準を表す効用関数はコブダグラス型で表すことができる[5]。

　池間 (1979) の議論にあるように、(1) 式が満たされているとしても、両国とも完全特化の状態になるとは限らず、一方国が不完全特化の状態で他方国が完全特化の状態になる貿易均衡が成立することもありうる。ここでは、直接投資がない場合の貿易均衡では、両国は完全特化の状態にあると仮定する。よって、

$$(7) \quad a_1/b_1 < \{(1-c)/c^*\}(L/L^*) < a_2/b_2$$

が成立する。この貿易均衡における各財の国際価格を (p_{10}/p_{20}) と表し、第2財で表した第1財の国際相対価格 $P_0 = p_{10}/p_{20}$ は

$$(8) \quad P_0 = \{c^*/(1-c)\}(a_1/b_2)(L^*/L) = (c^* L^*/b_2)/\{(1-c)L/a_1\}$$

となる。

　次に、投資国Aから受入国Bへの直接投資の可能性を考慮した貿易均衡を見る。そのときの各財の国際価格を (p_{11}, p_{21}) と表し、第2財で表した第1財の国際相対価格を P_1 とする。直接投資の自由化により受入国の生産フロンティアは外側に拡大するが、投資国Aおよび受入国Bへの経済効果には異なった結果(A)〜(D)がえられる。

---

[5]　ここでのリカード貿易モデルでのニュメレールは投資国Aの労働とする。よって、$w=1$ となっている。コブダグラス型の効用関数から、$U = K(w/p_1)P^{1-c} = K(w/p_2)P^c$ ところで $K = c^c(1-c)^{1-c}$ そして $P = p_1/p_2$ である。

表1 直接投資前に両国が完全特化状態にあるときの効果

	$a_1/a_2 < a_1^*/a_2^*$	$a_1^*/a_2^* < a_1/a_2$
両国完全特化の状態	(A)	(C)
$P_1 > P_0$ のとき	(＋　＋　＋　＋)	なし
$P_1 < P_0$ のとき	なし	(？　＋　－　？)
	$a_1/a_2 < a_1^*/a_2^*$	$a_1^*/a_2^* < a_1/a_2$
受入国Bが不完全特化状態	(B)	(D)
$P_1 > P_0$ のとき	(＋　＋　＋　＋)	なし
$P_1 < P_0$ のとき	(－　＋　－　－)	(？　＋　－　？)

表1は、本節での結果を予めまとめて示したものである。表の(A)〜(D)は以下の議論の(A)〜(D)に対応している。また（……）の各項目の符号は、直接投資前に比べて直接投資後の方が大きいときには（＋）、小さいときには（－）、大小が確定しないときには（？）でもって表している。（……）の各項目の順は、投資国Aの厚生水準・受入国Bの厚生水準・第2財で表した第1財の国際相対価格・投資国Aの輸入量である。

(A) $a_1/a_2 < a_1^*/a_2^*$ で、貿易均衡が両国とも完全特化の状態を保つとき：直接投資後のA国は第1財にB国は第2財に比較優位をもち、かつ $(1-c)L/a_1 > c^*L^*/a_1^*$ を満たすとき、貿易が行なわれれば両国は完全特化の状態で、投資国Aの比較劣位産業である第2産業のみ直接投資を実現する。

$$P_1 = \{c^*/(1-c)\}(a_1/a_2^*)(L^*/L) = (c^*L^*/a_2^*)/\{(1-c)L/a_1\} > P_0$$

となり、投資国Aの交易条件は有利化し、受入国Bの交易条件は不利化する。このとき、投資国Aの第1財の輸出量はコブダグラス型効用関数の性質から不変であるが、受入国Bの第2財の輸出量すなわち投資国Aの第2財輸入量は増加する。さらに、添え字の0は直接投資前の貿易均衡のときの厚生水準 U_0 を、添え字の1は直接投資後の貿易均衡のときの厚生水準 U_1 を表し、受入国Bの厚生水準には星印＊を付けて、投資国Aにはそれを付けず区別する。このとき、

28　第1部　国際貿易論の理論分析

$$U_1/U_0 = (b_2/a_2^*)^{1-c} > 1, \qquad U_1^*/U_0^* = (b_2/a_2^*)^{1-c^*} > 1$$

がえられて、直接投資は両国の厚生水準を高めることになる。

(B)　$a_1/a_2 < a_1^*/a_2^*$ で、貿易均衡が受入国Bで不完全特化の状態になるとき：$(1-c)La_1 \leq c^*L^*/a_1^*$ を満たすとき、受入国Bは不完全特化の状態になり、投資国Aの比較優位産業である第1産業の直接投資も第2産業の直接投資とともに実現する。そのときの国際相対価格 P_1 は、$P_1 = a_1^*/a_2^*$ であり、P_0 との大小関係は確定しない。$P_1 > P_0$ であれば、投資国Aの交易条件は有利化し、受入国Bの交易条件は不利化する。投資国Aの第1財の輸出量は不変であるので第2財の輸入量は増加する。厚生水準は同様の手続きで計算をすると、

$$U_1/U_0 = (P_1/P_0)^{1-c}$$
$$U_1^*/U_0^* = (b_2/a_2^*)^{1-c^*}[(c^*L^*/a_1^*)/\{(1-c)L/a_1\}]^{c^*} > 1$$

がえられ、投資国Aでは厚生水準は高まる。逆に、$P_1 < P_0$ であれば、交易条件は投資国Aで不利化し、受入国Bで有利化する。投資国Aの第1財の輸出量は不変であるが第2財の輸入量は減少する。さらに投資国Aの厚生水準は低くなる。他方受入国Bでは、交易条件に関係なく厚生水準を高める。以上(A)(B)の議論より、受入国Bは直接投資によって特化状態に関係なく、潜在的比較生産費 (a_1^*/a_2^*) が投資国Aの比較生産費 (a_1/a_2) より大である限り、厚生水準を高めることになる。他方、投資国Aにとっては、直接投資前の交易条件に比べて交易条件の有利化不利化に依存して厚生水準が高くなったり低くなったりする。

(C)　$a_1^*/a_2^* < a_1/a_2$ で、貿易均衡が両国とも完全特化の状態にあるとき：貿易パターンは逆転する。しかも直接投資後も両国は完全特化の状態ならば、$(1-c^*)L^*/a_1^* > cL/a_1$ でかつ $(1-c^*)L^*/a_2^* < cL/a_2$ を満たし、第1産業の直接投資が受入国Bで実現する。第2財で表した第1財の国際相対価格 P_1 に関して、

$$a_1^*/b_2 < a_1^*/a_2^* < P_1 = (cL/a_2)/\{(1-c^*)L^*/a_1^*\} < a_1/a_2 < P_0 < b_1/b_2$$

がえられる。貿易パターンが逆転するため、交易条件の議論は不可能になる。また、直接投資前後の貿易量の変化方向も確定しない。さらに、厚生水準については、

$$U_1/U_0 = (a_1/a_2)[P_1^{-c}]/[P_0^{1-c}]$$
$$U_1^*/U_0^* = (b_2/a_1^*)[P_1^{1-c*}]/[P_0^{-c*}] = (b_2/a_1^*)P_1(P_0/P_1)^{c*} > 1$$

で、投資国Aの厚生水準の変化方向は確定しないが、受入国Bの厚生水準は高まる。

(D) $a_1^*/a_2^* < a_1/a_2$ で、受入国Bは不完全特化の状態になるとき：(C)と同様に貿易パターンは逆転している。第2財で表した第1財の国際価格 P_1 は、$P_1 = a_1^*/a_2^* < a_1/a_2 < P_0 < b_1/b_2$ であり、直接投資前の完全特化の条件と直接投資後の不完全特化の条件として、$c^*L^*/b_2 > (1-c)L/a_2$ と $(1-c^*)L^*/a_2^* > cL/a_2$ がえられるが、貿易量および厚生水準の変化は(C)と同様に、受入国Bの厚生水準以外は明確な変化方向を確定することはできない。厚生水準についてみてみると、

$$U_1/U_0 = (a_1/a_2)[P_1^{-c}]/[P_0^{1-c}] \qquad U_1^*/U_0^* = (b_2/a_2^*)(P_0/P_1)^{c*} > 1$$

である。以上、(C) (D)のように貿易パターンが逆転するほどに、投資国Aから受入国Bへの第1産業の直接投資のインパクトが相対的に大きいとき、受入国Bが完全特化の状態になろうが不完全特化の状態になろうが、第1財の世界生産量は増加するから、第1財の国際相対価格は一層の下落をもたらし（$P_1 < P_0$）、受入国Bの厚生水準は上昇するという明確な結果がえられる。しかしながら、投資国Aの厚生水準の変化については明確な変化を確認することはできない。

さて、直接投資は貿易に与える効果によって2つのタイプに分類される。

［定義：直接投資の分類］もし投資国の貿易の流れを促進するように直接投資が実現するならば、それを「順貿易志向型」といい、投資国の貿易の流れを促進しないように直接投資が実現するならば、それを「逆貿易志向型」という。

この定義にしたがえば、(A)および(B)の $P_1 > P_0$ の場合には、投資国 A の直接投資は「順貿易指向型」ということができる。他方、(B)の $P_1 < P_0$ の場合および(C) (D)の場合には、投資国 A の直接投資は「逆貿易指向型」ということができる。(C) (D)についてであるが投資国の貿易の流れが逆の流れになるということで「逆貿易指向型」として扱うのが妥当である。

4　小島論文（1990）と大山論文（1990）について

4-1　小島論文と小島理論について

　直接投資に関する小島理論には、比較生産費と比較利潤率の対応原理の議論が登場してくるが、ここでは完全競争下のリカード貿易モデルを扱っていることもあり、比較利潤率に関する議論はない。その意味では、小島理論といってもリカード貿易モデルの枠組の中という限定的な範囲にとどまっている[6]。さて、ここでは、1990 年の大山論文へのコメントとして書かれた小島教授の議論の中で、これまでの議論の展開で関係する点について議論する。

　小島（1990）では、直接投資前の A 国と B 国の比較生産費と直接投資後の B 国の潜在的比較生産費は第 1 節に引用した数値で示され、これを小島ケースとし、順貿易志向型直接投資の例示としておられる。確かに小島ケースは (3) 式のケースであり、表1にみるように、両国の厚生水準を一般に上昇させる。投資国 A の輸入量は増加することから順貿易志向型直接投資といえる。他方、小島教授が数値例で大山ケースとしているケースは、(6) 式のケースに該当する。大山教授は「国際的な技術移転が何の障害もなく完全に実現可能なとき」と述べておられる。小島教授はこのケースはむしろ特殊なケースと考えておられるようである。われわれの議論では、2 つのケースはいずれも起こりうる可能性のうちの一部に過ぎないと位置付けている。

　さらに、「小島基準」と「直接投資の分類」の関係について述べる。投資国 A の比較生産費と受入国 B の潜在的比較生産費の大小による直接投資の選別は、「小島基準」という名称を付けることも許されよう。この基準によれ

---

[6] リカード貿易モデルに直接投資の議論を積極的に持ち込んだ論文に、出井 (1991a, b)、Itaki (1992) がある。

ば、投資国Ａの比較生産費に比べて受入国Ｂの潜在的比較生産費が小さい産業への直接投資が、同時に受入国の輸出産業として実現する。完全特化の場合にはその産業のみの国内生産が、不完全特化の場合には輸入競争産業の国内生産も実現する。これに関して、本章では直接投資が順貿易志向型か逆貿易志向型かを、直接投資前の比較優位にしたがう投資国Ａの貿易の流れが、直接投資により促進されるか否かによって定義した。

そこで、直接投資後の受入国Ｂが完全特化状態にある場合には、受入国Ｂで比較優位産業となる輸出産業への直接投資のみが実現する。貿易パターンが逆転しないときには順貿易志向型、貿易パターンが逆転するときには逆貿易志向型の直接投資ということができ、小島基準と直接投資の分類が対応している。しかしながら、直接投資によって受入国Ｂの経済規模が拡大して不完全特化状態にある場合には、受入国Ｂで比較優位産業となる輸出産業への直接投資のみでなく、比較劣位産業となる輸入競争産業への直接投資も実現する。貿易パターンが逆転するときには、逆貿易志向型となるが、貿易パターンが逆転しないときには、場合によって順貿易志向型あるいは逆貿易志向型の直接投資が起きることになる。小島基準と直接投資の分類がうまく対応しないケースがでてくることを指摘できる。

最後に、「直接投資の小島理論」は、投資国の直接投資後の比較劣位産業から、受入国の比較優位産業への受け入れによる順貿易志向型直接投資が望ましいことを結論としてもっている[7]。なぜ順貿易志向型直接投資が望ましいのか。直接投資がどの産業で自由化されようと世界の生産フロンティアは拡大する。順貿易志向型直接投資の場合には表１が示すように、投資国Ａの厚生水準は高まるが、逆貿易志向型直接投資の場合には投資国Ａの厚生水準は減少するか不明になる。このことから、「小島理論」は投資国Ａの立場

---

[7] 厳密にいえば、順貿易志向型直接投資といった場合、第２産業のみの直接投資が望ましいという結論がえられるのではなく、不完全特化状態の場合には受入国の比較劣位産業への直接投資も同時に行われていることも無視できない。小島教授は、論文の「結び」(p.272) の最後に、「貿易を拡大する方向に、一産業にのみ対外企業進出するのが、投資国、受入国双方にとって有利だということになるはずである。これが私の順貿易志向的 FDI なのである。」と述べておられるが、表１のように、両産業を受け入れる不完全特化状態においても両国の厚生水準は高まると同時に、順貿易志向型直接投資というケースがありうる。よって、直接投資を実現するのは１産業のみと限定する必要はない。もちろん、この場合には直接投資後の輸出産業は第２産業のままである。

からの主張と理解することもできる。しかしながら、順貿易志向型直接投資の場合には受入国Ｂの厚生水準も高くなるので、一概に投資国Ａの立場からの主張だと決め付けることはできない。両国とも厚生水準が高くなるならば、順貿易志向型直接投資は両国にとって推奨されるということもできる。他方、逆貿易志向型直接投資の場合には、投資国Ａにとっては良い結果はえられないが、受入国Ｂの厚生水準は高まる結果がえられる。このことから、逆貿易志向型直接投資は、投資国Ａにとっては推奨される直接投資ではないが、受入国Ｂにとっては順貿易志向型とともに推奨される直接投資であるということができる。われわれは以上の議論から順貿易志向型と逆貿易志向型のうちどちらが望ましいかという議論は余り実り多い議論とはいえないと考える。どういうタイプの直接投資が実現するかは、直接投資による受入国へのインパクトの程度と市場のメカニズムによって決定されるものと理解すべきである。ただし、順貿易志向型直接投資が望ましいとする小島理論の主張点を批判することよりは、直接投資の実現する産業と新しい貿易の比較優位構造が潜在的比較生産費を通じて連動して決定されるところに小島理論の核心を見出すことの方が重要であると考える。

4-2 大山論文について

　大山論文は小島理論についてリカード貿易モデルを用いて議論を展開し、順貿易志向型直接投資が望ましいという小島理論の主張点を批判した。小島理論の核心について、順貿易志向型直接投資は投資国にとって厚生増大的であり、逆貿易志向型直接投資は投資国にとって厚生減少的であるとし、投資国の国益を基準とすれば、小島理論の妥当性は高いが、受入国の国益や世界全体の資源配分を基準とすれば一般に成立しないと大山教授はコメントをしておられる。われわれの結果では、順貿易志向型直接投資は投資国と受入国双方の厚生水準を高めるという結果をえている。これに対して、大山教授は、窮乏化成長のケースをあげ、受入国が直接投資によって経済拡張したとしても厚生水準を低下させる場合があることを理由に、順貿易志向型は投資国にとっては望ましいが、受入国にとっては望ましいとは限らないとして順貿易志向型に消極的な見解を示された。われわれが用いたコブダグラス型効用関

数では、このケースは排除されているからというわけではないが、窮乏化成長のケースは special case であると考える。よって順貿易志向型は一般には両国の厚生水準を高めることから、世界全体からみでも望ましいといえよう。さらに、逆貿易志向型直接投資は、受入国の厚生水準を高めるが、投資国の厚生水準を常に低めるとはいえず、貿易パターンが逆転するときには不明という結果をえている。よって、逆貿易志向型直接投資も投資国にとって厚生減少的と断定するのはきつ過ぎるように思われる。

大山教授が順貿易志向型直接投資として図例で示しているケースは、$a_1^* = b_1, a_2^* < b_2$ の場合である。われわれの図1では、点Aと点Bを除く線分AB上の点 (b_1, a_2^*) であり、投資国Aの比較劣位産業であり、受入国Bの比較優位財産業である第2産業のみの直接投資が自由化されかつ実現していると理解でき、(3) 式に対応し、受入国は第2財に完全特化するケースとなる。

他方、大山教授が逆貿易志向型直接投資として図例で示しているケースは、$a_1^* < b_1, a_2^* = b_2$ の場合である。われわれの図1では、点Bと点Cを除く線分BC上の点 (a_1^*, b_2) であり、しかも直接投資後では受入国Bは不完全特化状態にあり、第1産業のみの直接投資が実現しているケースとなる[8]。このケースはわれわれの (4) 式に対応するケースである。しかし、(4) 式を満たす図1の三角形0BCの内点の場合には、受入国Bの2つの産業への直接投資も可能であるけれども、潜在的比較生産費を介することによって、受入国Bが完全特化の状態になるときには、第2産業への直接投資のみ実現し、受入国Bが不完全特化の状態になるときには、両産業の直接投資が実現することになる。したがって、大山教授が例示するケースは、本来なら第2産業への直接投資も実現するはずであるが、制度的および政策的な事情で第2産業の直接投資は実現できず、不完全特化の状態で輸入競争産業である第1産業のみが直接投資を実現できたという special case であるといえる[9]。この場合には、(4) 式と不完全特化の条件が成立し、$P_0 > P_1$ となり、直接投資後の第1財国際相対価格は低下することがわかる。各国の厚生水準の変化は、$U_1/U_0 = (P_1/P_0)^{1-c} < 1$、$U_1^*/U_0^* = (P_0/P_1)^{c^*} > 1$ より、投資国Aで低下し受入国Bで

---

[8] もちろん、労働投入係数 a_1^* が十分に小さいときには、図1の点Cと点Dを除く線分CD上の点となり、貿易パターンが逆転する可能性もあるが、ここではこれについては言及しない。

は上昇することがわかり、表1の結果と一致する。交易条件の不利化を通じて投資国Aの第2財輸入量は減少することからも逆貿易志向型直接投資であることに間違いない。これに関連して、小島教授のコメント（1990, pp. 267-270）に触れておきたい。① $a_1/a_2 < P_0 < a_1^*/b_2 < b_1/b_2$ で完全特化の場合には、第1産業の直接投資は実現しない。よって直接投資前の貿易均衡がそのまま実現する。②第1産業のみの直接投資が実現するには、上述したように不完全特化の状態にならねばならない。その場合には、$P_0 > P_1$ が成立する。$P_0 = P_1$ の状態はありえない。③ $a_1^*/b_2 < a_1/a_2$ の可能性もあるので、$a_1^*/b_2 = a_1/a_2$ であることが、技術移転に何の障害もない場合かどうかは不明である。

最後に、$a_1/a_2 = a_1^*/a_2^*$ のケースについて議論をする。この状態にあるとき、受入国Bの生産フロンティアは両財において外側に拡大する。図1では、点0と点Cを除く、線分0C上の点において実現していると理解できる。われわれは、各国における労働投入係数の比較は可能であるが、相手国の労働投入係数との比較はできないと仮定している。よって、投資国Aの技術移転に何の障害もない場合には、大山教授のように、$a_j^* = a_j$ となることを想定することはできない。よって、このケースは企業進出が可能な場合の直接投資の収束先としてみることはできない。むしろ例外的に起きるに過ぎないケースとみることができる。

5 おわりに

本章のまとめと残された課題について述べて結びとしたい。直接投資は投資国による順貿易志向型直接投資が望ましいという「小島理論」について、

9　大山教授は、直接投資前の自由貿易均衡を出発点として投資国Aの進出企業が直接投資の可能性を予想すると論文（1990）で想定しておられる。そして、逆貿易志向型直接投資の議論において投資国Aの第1産業の進出企業が受入国Bで正の利潤がえられる条件から、(15)式を導いておられる（1990, p. 32）。この式をわれわれの記号で表せば、$P_0(1/a_1^*) > 1/b_2$ であり、本章の(8)式の P_0 の右辺を代入して式を整理すると、受入国Bの不完全特化の条件式がえられる。すなわち、大山論文では、われわれの(2)式にあたる(14)式に加えて、(15)式が自由貿易均衡において満たされているとして示されている。これは、逆貿易志向型直接投資として第2産業ではなく第1産業のみの直接投資を実現するためには受入国Bが不完全特化の状態になっていることが必要であり、その条件として(15)式が関係していると理解できる。なお、両産業の直接投資の可能性を考えるならば、大山教授より一般的な議論が可能となる。

リカード貿易モデルを用いて検討した。
1．従来の直接投資理論の議論は、投資国のある産業の企業が受入国の同じ産業の企業よりも絶対優位であることを条件に、直接投資が実施されるとして議論が展開され、それが投資国と受入国の貿易パターンにどのような影響を及ぼすかについては、二次的な議論として追加されるに過ぎなかった。これに対して、小島理論は、直接投資がなされたときの「潜在的比較生産費」という概念を導入することによって、潜在的比較生産費の値から直接投資が実現可能な産業の選別が行われ、それと同時に新しい貿易の比較優位構造が連動して決定されることを明らかにしてくれる。これは、小島理論の核心であり重要な貢献である。
2．直接投資前後で比較優位は変わらず、完全特化状態も維持されるとき、直接投資は順貿易志向型となる。この場合には、世界の生産フロンティアは拡大するだけでなく、両国にとっても厚生水準が高まることを意味し、投資国は直接投資前の比較劣位産業を直接投資することが望ましいという「小島理論」をサポートする結果をえる。
3．しかしながら、直接投資前後の比較優位は変わらないが、直接投資後には受入国が不完全特化状態になる場合には、2．の結果はえられない場合がある。
4．潜在的比較生産費の値によっては、貿易パターンは逆転し、受入国Bの直接投資受入産業の主力が第1産業に変更されることが起きる。これも逆貿易志向型直接投資とみることができる。

　さて、「直接投資の小島理論」といっても、本章はリカード貿易モデルの範囲の議論に限っている。これを、2国2財2要素モデルに拡張し、より一般的な議論が可能かについて検討を加える仕事が残されている。その場合には、潜在的比較生産費に加えて比較利潤率との関係も加わってくることが予想される。

参考文献
出井文男（1991a）「技術格差と多国籍企業—絶対優位が対称な場合—」『多国籍企業と国際投資』東洋経済新報社，第2章

出井文男（1991b）「全般的技術優位と多国籍企業」『多国籍企業と国際投資』東洋経済新報社，第3章

林原正之・寺町信雄（2003）「直接投資とリカード貿易モデル—小島理論について—」『追手門経済論集』vol. 38, no. 1, 33-53, September

Helpman, E. and P.A. Krugman（1985）*Market Structure and Foreign Trade : Increasing Returns, Imperfect Competition, and the International Economy*, MIT Press

Jones, W, R. and R. Ruffin（2007）"International Technology Transfer : Who gains and Who Loses?" *Review of International Economics*, vol. 15, no. 2, 209-222

池間誠（1979）『国際貿易の理論』ダイヤモンド社

Itaki, M.（1992）"The International Rent and the Comparative Advantage Theory of Foreign Direct Investment in a Simple Ricardian Model,"『立命館国際研究』（立命館大学）第4巻第3号

小島清（1985）『日本の海外直接投資—経済学的接近—』文眞堂

小島清（1990）「海外直接投資のマクロ効果—大山教授の批判に答う—」池間・池本編『国際貿易・生産論の新展開』文眞堂，第13章第3節

小島清（2003）「貿易・直接投資の小島命題—PRO-FDI対ANTI-FDI—」『駿河台経済論集』（駿河台大学）第12巻第2号

大山道広（1990）「直接投資と経済厚生—小島理論をめぐって—」池間・池本編『国際貿易・生産論の新展開』文眞堂，第2章

寺町信雄・林原正之（2002）「直接投資とリカード貿易モデル—小島理論について—」京都産業大学大学院オープンリサーチセンター，Discussion Paper Series No. CHINA-03

第3章　2財3要素の生産構造[1]

1　はじめに

　Jones（1965）に代表されるヘクシャー＝オリーン貿易モデルは、2財2要素のフレームワークのもとに展開されてきた。その後、2財2要素モデルの拡張として、Jones（1971）に代表される特殊要素モデルが展開された。さらにそれの一般型として、Batra and Casas（1976）によって2財3要素モデルが展開された。この論文を契機に、2財3要素モデルの性質が明らかにされてきた。これは、ただ単に要素の数がプラス1になったというだけではない。貿易パターン、資本あるいは/および労働の国際移動についての理論分析をさらに充実させるのに貢献するだけでなく、実証分析の理論的背景を提供してくれるのである。2要素から3要素に増加することにより、要素間の関係が代替関係だけでなく補完関係になる可能性も考慮しなければならないし、3要素間の要素集約性にも考慮しなければならない。これらの要因が加わることにより、従来の貿易理論でえられた結論に修正が加えられることになるのである。ここで主に取り上げる論文は、Jones and Easton（1983）、鈴木（1987）、Takayama（1982）である。第1論文では、「弾力性表示」による幾何学的分析がなされ、第2・3論文では、「微分表示」による数学的分析がなされている。本論文は、後者の議論を前者の方式で展開することを目的とするものである。

　第2節では、2財3要素モデルの生産構造の基本について「弾力性表示」で説明がなされる。第3節では、要素賦存量の変化が要素報酬率の変化に、また財価格の変化が財生産量の変化に、どのような影響を及ぼすかを表した「弾力性表示」の行列の成分の符号について議論される。第4節では、ストル

---

[1] 本章の原論文は、寺町（1994）である。文言の一部および誤字などを手直して、ここに掲載している。

パー＝サミュエルソン効果といわれる財価格の変化が要素報酬率の変化に及ぼす効果について、またリプチンスキー効果といわれる要素賦存量の変化が財生産量の変化に及ぼす効果について一般的な議論がなされ、Thompson (1985) とは別の方法で、ここでの効果の符号の可能性を少なくすることが明らかにされる。第5節では、第4節の議論の特殊なケースについて、これまでの議論を参考にしながら整理される。第6節では、2財3要素モデルにおける比較優位について議論される。ここでの議論は、2財2要素モデルのもとで展開された貿易・貿易政策・国際資本移動・国際労働移動の分析を2財3要素モデルに拡張適用するのに役立てることができると思われる[2]。このことは、別の機会にゆずるとして、本章では、2財3要素モデルの生産構造を「弾力性表示」にして議論することに限られる。

2　2財3要素モデルの基本構造

2財3要素の生産構造について、鈴木 (1987)、Takayama (1985) を参考にしてまとめることができよう。異なる財を生産する2産業の各生産量 (X_1, X_2) の列ベクトルを X とし、産業間を自由に移動する3要素の賦存量 (V_1, V_2, V_3) の列ベクトルを V とし、第 j 財の1単位生産量に対する第 i 要素の必要投入量である投入係数 a_{ij} の3×2の行列を $A \equiv [a_{ij}]$ とする。このとき、3要素市場の完全雇用均衡の条件より、

(1) 　　$AX = V$

ところで、

$$A \equiv \begin{bmatrix} a_{11} & a_{12} \\ a_{21} & a_{22} \\ a_{31} & a_{32} \end{bmatrix}$$

が成立する。また、完全競争均衡における財価格 (P_1, P_2) の列ベクトルを P

---

[2] 資本移動下の国際労働移動について拡張適用したものに、寺町 (1995) がある。

とし、要素報酬率 (W_1, W_2, W_3) の列ベクトルを W とし、係数行列 A の転置行列を A' とする。このとき、完全競争市場における利潤極大の条件より、

$$(2) \quad A'W = P$$

が成立する。ここでは、X, V, W, P については、正であるとする。

各産業の生産関数は、3要素の投入に関して、増加的で、連続で、2度微分可能で、1次同次で、強い準凹関数である。この生産関数のもとで、1単位の第 j 財を生産するのにかかる単位コストを最小にする最小問題の1階の条件より、$a_{ij} = a_{ij}(W)$ となり、しかも a_{ij} は W について0次同次関数となる。よって、第 j 産業の要素代替行列を S^j とし、その (i,j) 成分は、$s^j_{ik} \equiv \partial a_{ij}/\partial W_k (j=1,2; i,k=1,2,3)$ であるとき、

$$(3) \quad S^j W \equiv [\partial a_{ij}/\partial W_k] W = 0 \qquad j=1,2$$

がえられる。また、第 j 産業の要素代替行列 S^j は同産業の単位コストのヘシアン行列に等しく、S^j は半負値定符号の対称行列になる。さらに、各産業の単位コストはレギュラー・ミニマムをもつと仮定するとき、行列 S^j の階数は要素の数3から1を引いた2に等しく、$s^j_{ii} < 0 (i=1,2,3)$ となる。加えて、$s_{ik} \equiv X_1 s^1_{ik} + X_2 s^2_{ik}$, $S \equiv X_1 S^1 + X_2 S^2 (i=1,2,3; k=1,2,3)$ とおくと、

$$(4) \quad SW = 0$$

であり、行列 S は半負値定符号の対称行列で、行列 S の階数は2に等しく、$s_{ii} < 0 \ (i=1,2,3)$ となる。ところで、行列 S は、次のようである。

$$S \equiv X_1 \begin{bmatrix} s^1_{11} & s^1_{12} & s^1_{13} \\ s^1_{21} & s^1_{22} & s^1_{12} \\ s^1_{31} & s^1_{32} & s^1_{33} \end{bmatrix} + X_2 \begin{bmatrix} s^2_{11} & s^2_{12} & s^2_{13} \\ s^2_{21} & s^2_{22} & s^2_{12} \\ s^2_{31} & s^2_{32} & s^2_{33} \end{bmatrix}$$

(1)と(2)において、外生変数である要素賦存量 V と財価格 P が変化したとき、内生変数である要素報酬率 W と財生産量 X の変化をみるために、(1)と(2)を全微分して整理すると、

40　第1部　国際貿易論の理論分析

$$(5) \quad \begin{bmatrix} S & A \\ A' & 0 \end{bmatrix} \begin{bmatrix} dV \\ dX \end{bmatrix} = \begin{bmatrix} dV \\ dP \end{bmatrix}, \quad \begin{bmatrix} S & A \\ A' & 0 \end{bmatrix} \equiv H$$

をえる。(5)が一意の解をもつための必要十分条件は、行列Hが逆行列をもつことであり、そのための必要十分条件は、鈴木(1987)によれば、n財r要素で、$r \geq n$についてすでに求められている。それを用いれば、行列Sの階数が要素の数($r=3$)から1を引いた2のとき、行列Aの階数が財の数2($n=2$)に等しいことである。ここで3要素が2財に投入される集約性について次の仮定をおくことにする。第1要素は第1財に集約的に投入され、第2要素は第2財に集約的に投入され、第3要素は各財において集約的に投入されている要素に比べてそれほど集約的ではない要素であるとする。これらをそれぞれ「第1財集約要素」「第2財集約要素」「中間要素」ということにする。式で表せば、

$$(6) \quad (a_{11}/a_{12}) > (a_{31}/a_{32}) > (a_{21}/a_{22})$$

と仮定する。(6)より行列Aの階数は、2であることが確かめられる。

(5)の行列Hの逆行列H^{-1}とするとき、

$$(7) \quad \begin{bmatrix} dW \\ dX \end{bmatrix} = H^{-1} \begin{bmatrix} dV \\ dP \end{bmatrix}$$

ところで、

$$H^{-1} \equiv \begin{bmatrix} S & A \\ A' & 0 \end{bmatrix}^{-1} \equiv \begin{bmatrix} B & C \\ E & F \end{bmatrix} \equiv \begin{bmatrix} \partial W/\partial V & \partial W/\partial P \\ \partial X/\partial V & \partial X/\partial P \end{bmatrix}$$

となる。行列Bは、3×3の要素代替行列$[\partial W/\partial V]$であり、行列Cは、3×2のストルパー＝サミュエルソン行列$[\partial W/\partial P]$であり、行列Eは、2×3のリプチンスキー行列$[\partial X/\partial V]$であり、最後の行列Fは、2×2の$[\partial X/\partial P]$である。そこで、$HH^{-1}=I$であることから、

(8) $$\begin{bmatrix} S & A \\ A' & 0 \end{bmatrix} \begin{bmatrix} B & C \\ E & F \end{bmatrix} = \begin{bmatrix} I_3 & 0 \\ 0 & I_2 \end{bmatrix}$$

と表すことができる。I_3 は、3×3の単位行列、I_2 は、2×2の単位行列である。Takayama (1982) の定理7 (p.10) では、n 財 r 要素で、$r \geqq n$ のケースについての基本的な結果がまとめられている。2財3要素モデルについて、ここでの記号を用いて、証明は省略して、結果のみを引用する。Takayama (1982) の定理7:

(9) 行列 B ($\equiv [\partial W/\partial V]$) は、半負値定符号の3×3の対称行列で、階数は要素の数3から財の数2を引いた1に等しい。

(10) 行列 F ($\equiv [\partial X/\partial P]$) は、半正値定符号の2×2の対称行列で、階数は財の数2から1を引いた1に等しい。

(11) サミュエルソンの「相互関係」が成立することから、$[\partial W/\partial P]' = [\partial X/\partial V]$ となり、$C' = E$ となる。

(12) $[\partial W/\partial V] V = BV = 0$

(13) $[\partial W/\partial P] P = CP = W$

(14) $[\partial X/\partial V] V = C'V = X$

(15) $[\partial X/\partial P] P = FP = 0$

(16) すべての第 i 要素 ($i = 1, 2, 3$) に対して、$(\partial W_i/\partial V_i) < 0$ である。

(17) すべての第 j 財 ($j = 1, 2$) に対して、$(\partial X_j/\partial P_j) > 0$ である。

さて、(5) と (7) に対応する「弾力性表示」の式を求めることにする。ある変数 x の変化率 (dx/x) を $\hat{x}$ というように、変数の上に (^) 印を付けるこ

42　第1部　国際貿易論の理論分析

とにする。(1)の第i要素V_iの市場均衡の式を変化率の形で表すと、次のようになる。

$$(18) \quad \sum_{j=1}^{2} \lambda_{ij}(\hat{a}_{ij} + \hat{X}_j) = \hat{V}_i$$

ところで、$\lambda_{ij} \equiv a_{ij} X_j / V_i$であり、第$i$要素の賦存量のうち第$j$財に投入されている割合を表した「要素投入割合」である。なお、E_{ik}^{j}を第j財における第i要素投入の第k要素報酬率に対する要素代替弾力性とするとき、a_{ij}は、

$$(19) \quad \hat{a}_{ij} = \sum_{k=1}^{3} s_{ik}^{j}(W_k/a_{ij})\hat{W}_k = \sum_{k=1}^{3} E_{ik}^{j} \hat{W}_k$$

となり、σ_{ik}を、第j財の要素代替弾力性E_{ik}^{j}と、要素投入割合λ_{ij}で、「加重平均した経済全体での第i要素投入の第k要素報酬率に対する要素代替弾力性」とするとき、

$$(20) \quad \sum_{j=1}^{2} \lambda_{ij}\hat{a}_{ij} = \sum_{k=1}^{3} (\lambda_{i1}E_{ik}^{1} + \lambda_{i2}E_{ik}^{2})\hat{W}_k = \sum_{k=1}^{3} \sigma_{ik}\hat{W}_k$$
$$i = 1, 2, 3$$

となる。(20)を(18)に代入すると、

$$(21) \quad \sum_{k=1}^{3} \sigma_{ik}\hat{W}_k + \sum_{j=1}^{2} \lambda_{ij}\hat{X}_j = \hat{V}_i \quad i = 1, 2, 3$$

がえられる。次に、(2)における第j財の利潤極大の条件式を変化率の形で表すと、次のようになる。

$$(22) \quad \sum_{i=1}^{3} \theta_{ij}\hat{a}_{ij} + \sum_{i=1}^{3} \theta_{ij}\hat{W}_i = \hat{P}_j \quad j = 1, 2$$

ところで、θ_{ij}は、第j財価格における第i要素投入コストの割合を表す。すなわち、$\theta_{ij} \equiv a_{ij}W_i/P_j$となる。(22)の第1項に(19)を代入して整理すると、

$$(23) \quad \sum_{i=1}^{3} \theta_{ij}\hat{a}_{ij} = \sum_{k=1}^{3} (\sum_{i=1}^{3} \theta_{ij}E_{ik}^{j})\hat{W}_k \quad j = 1, 2$$

をえる。さらに、行列S^jは対称行列であることより、

$$(24) \quad \theta_{ij}E_{ik}^{j} = \theta_{kj}E_{ki}^{j}$$

となり、他方（3）より、

$$(25) \quad \sum_{i=1}^{3} s_{ki}^{j} W_i = 0 = (\sum_{i=1}^{3} s_{ki}^{j} W_i)/a_{kj} = \sum_{i=1}^{3} E_{ki}^{j}$$

であるから、

$$(26) \quad \sum_{i=1}^{3} \theta_{ji} E_{ik}^{j} = \sum_{i=1}^{3} \theta_{jk} E_{ki}^{j} = \theta_{jk} (\sum_{i=1}^{3} E_{ki}^{j}) = 0$$

となり、(23) はゼロとなる。よって、(22) は、

$$(27) \quad \sum_{i=1}^{3} \theta_{ij}/\hat{W}_i = \hat{P}_j \qquad j=1, 2$$

となる。以上のことより、(21) と (27) より、

$$(28) \quad \begin{bmatrix} \sigma & \lambda \\ \theta & 0 \end{bmatrix} \begin{bmatrix} \hat{W} \\ \hat{X} \end{bmatrix} = \begin{bmatrix} \hat{V} \\ \hat{P} \end{bmatrix}$$

がえられる。ところで、

$$\boldsymbol{\sigma} \equiv [\sigma_{ik}] \equiv \begin{bmatrix} \sigma_{11} & \sigma_{12} & \sigma_{13} \\ \sigma_{21} & \sigma_{22} & \sigma_{23} \\ \sigma_{31} & \sigma_{32} & \sigma_{33} \end{bmatrix}, \qquad \boldsymbol{\lambda} \equiv [\lambda_{ik}] \equiv \begin{bmatrix} \lambda_{11} & \lambda_{12} \\ \lambda_{21} & \lambda_{22} \\ \lambda_{31} & \lambda_{32} \end{bmatrix}$$

$$\boldsymbol{\theta} \equiv [\theta_{ij}] \equiv \begin{bmatrix} \theta_{11} & \theta_{21} & \theta_{31} \\ \theta_{12} & \theta_{22} & \theta_{32} \end{bmatrix}$$

であり、$\lambda_{ik} \equiv \sum_{j=1}^{2} \lambda_{ij} E_k^j \equiv [\sum_{j=1}^{2} X_j (\partial a_{ij}/\partial W_k)](W_k/V_i) \equiv s_{ik} W_k/V_i$
であることと、列ベクトル V と P を対角行列にしたものを下付き (d) を付けると、

$$(29) \quad \begin{bmatrix} \sigma & \lambda \\ \theta & 0 \end{bmatrix} = \begin{bmatrix} V_d^{-1} & 0 \\ 0 & P_d^{-1} \end{bmatrix} \begin{bmatrix} S & A \\ A' & 0 \end{bmatrix} \begin{bmatrix} W_d & 0 \\ 0 & X_d \end{bmatrix}$$

となる。なお、行列 σ、行列 λ、行列 θ については次の性質がえられる。

$$(30) \quad \sigma_{i1} + \sigma_{i2} + \sigma_{i3} = 0 \qquad i=1, 2, 3$$

(31) $\sigma_{21} = (\theta^1/\theta^2)\sigma_{12},$ $\quad \sigma_{3k} = (\theta^k/\theta^3)\sigma_{k3}$
$\theta^k \equiv W_k V_k / Y \quad k = 1, 2, 3 ; \quad Y \equiv \sum_{j=1}^{2} P_j X_j$

(32) $\sum_{i=1}^{3} \theta^i \sigma_{ik} = 0 \quad k = 1, 2, 3$

(33) $\sum_{j=1}^{2} \lambda_{ij} = 1 \quad i = 1, 2, 3$

(34) $\sum_{i=1}^{3} \theta_{ij} = 1 \quad j = 1, 2$

(30) については、

$$\sum_{k=1}^{3} \sigma_{ik} = (\sum_{k=1}^{3} s_{ik} W_k) / V_i = 0$$

であることからえられる。(31) については、行列 S が対称行列であることから、$s_{ik} = s_{ki}$ となることからえられる。(32) については、(25) の結果を用いることによりえられる。(33) と (34) は、容易に確かめられる。

さて、(28) より、$\hat{W}$ と $\hat{X}$ を求めるには、

(35) $\begin{bmatrix} \hat{W} \\ \hat{X} \end{bmatrix} = \begin{bmatrix} \sigma & \lambda \\ \theta & 0 \end{bmatrix}^{-1} \begin{bmatrix} \hat{V} \\ \hat{P} \end{bmatrix}$

となる。ところで、(35) の逆行列は、

(36) $\begin{bmatrix} \sigma & \lambda \\ \theta & 0 \end{bmatrix}^{-1} \equiv \begin{bmatrix} G & J \\ K & L \end{bmatrix}$

$= \begin{bmatrix} W_d^{-1} & 0 \\ 0 & X_d^{-1} \end{bmatrix} \begin{bmatrix} S & A \\ A' & 0 \end{bmatrix}^{-1} \begin{bmatrix} V_d & 0 \\ 0 & P_d \end{bmatrix}$

$= \begin{bmatrix} W_d^{-1} & 0 \\ 0 & X_d^{-1} \end{bmatrix} H^{-1} \begin{bmatrix} V_d & 0 \\ 0 & P_d \end{bmatrix}$

$= \begin{bmatrix} W_d^{-1} B V_d & W_d^{-1} C P_d \\ X_d^{-1} C' V_d & X_d^{-1} F P_d \end{bmatrix}$

$= \begin{bmatrix} \partial \log W / \partial \log V & \partial \log W / \partial \log P \\ \partial \log X / \partial \log V & \partial \log X / \partial \log P \end{bmatrix}$

となる。よって (36) の逆行列がえられる必要十分条件は、(5) の行列 H の逆行列をもつことである。ここで、(36) の行列の部分行列の性質について見てみる。3×3 の行列 $G \equiv [\partial logW/\partial logV]$ の行和は、(12) において、$BV=0$ であることよりゼロとなる。すなわち、行列 G の (k,i) 成分について、$G_{ki} \equiv (\partial logW_k/\partial logV_i)$ とすると、

$$(37) \quad G_{k1}+G_{k2}+G_{k3}=0 \qquad k=1,2,3$$

となる。次に、3×2 の行列 $J \equiv [\partial logW/\partial logP]$ の行和は、(13) において、$CP=W$ であることより、1に等しくなる。すなわち、行列 J の (i,j) 成分について、$J_{ij} \equiv (\partial logW_i/\partial logP_j)$ とすると、

$$(38) \quad J_{i1}+J_{i2}=1 \qquad i=1,2,3$$

となる。さらに、2×3 の行列 $K \equiv [\partial logX/\partial logV]$ の行和は、(14) において、$C'V=X$ であることより、1に等しくなる。すなわち、行列 K の (j,i) 成分について、$K_{ji} \equiv (\partial logX_j/\partial logV_i)$ とすると、

$$(39) \quad K_{j1}+K_{j2}+K_{j3}=1 \qquad j=1,2$$

となる。最後に、2×2 の行列 $L \equiv [\partial logX/\partial logP]$ の行和は、(15) において、$FP=0$ であることより、ゼロに等しくなる。すなわち、行列 L の (j,h) 成分について、$L_{jh} \equiv (\partial logX_j/\partial logP_h)$ とすると、

$$(40) \quad L_{j1}+L_{j2}=0 \qquad j=1,2$$

となる。(37)-(40) の結果は、Egawa (1978) の定理 A.2 と一致している。

3　行列 $G \equiv [\partial logW/\partial logV]$ と行列 $L \equiv [\partial logX/\partial logP]$ の成分の符号

2財3要素モデルの生産構造をもった経済において、外生変数の変化によって内生変数がどのように変化するかをみる比較静学分析は、興味あるところである。ここでは、行列 $G \equiv [\partial logW/\partial logV]$ と行列 $L \equiv [\partial logX/$

$\partial logP$] の成分の符号からみていくことにするが、その前に、(36) における逆行列の各成分の分母 (以下では、$\varDelta$ という記号を用いる) について述べておく必要である。(36) において、

$$
\begin{aligned}
(36)' \quad & \begin{bmatrix} \sigma & \lambda \\ \theta & 0 \end{bmatrix} \begin{bmatrix} \sigma & \lambda \\ \theta & 0 \end{bmatrix}^{-1} \\
&= \begin{bmatrix} V_d^{-1} & 0 \\ 0 & P_d^{-1} \end{bmatrix} H \begin{bmatrix} W_d & 0 \\ 0 & X_d \end{bmatrix} \begin{bmatrix} W_d^{-1} & 0 \\ 0 & X_d^{-1} \end{bmatrix} H^{-1} \begin{bmatrix} V_d & 0 \\ 0 & P_d \end{bmatrix} \\
&= \begin{bmatrix} \sigma & \lambda \\ \theta & 0 \end{bmatrix} \begin{bmatrix} G & J \\ K & L \end{bmatrix} = \begin{bmatrix} I_3 & 0 \\ 0 & I_2 \end{bmatrix}
\end{aligned}
$$

であることから、(36) の逆行列の各成分の分母 $\varDelta$ は、行列 H^{-1} の各成分の分母に等しく、行列式 $|H|$ となる。しかも、$|H|$ の符号は、Takayama (1982) (p. l6) で議論されているように、負値となる。よって、(36) の逆行列の各成分の分母 $\varDelta$ は、

(41)　　$\varDelta < 0$

となる。

そこで、次に (35) における行列 G すなわち $[\partial logW/\partial logV]$ の成分の符号についてみてみる。このためには、行列 G の各成分をクラメールの公式にしたがって計算すればよい。行列 $[\lambda_{ij}]$ および行列 $[\theta_{ji}]$ において、

$$
(42) \quad
\begin{aligned}
\alpha_1 &\equiv \begin{vmatrix} \lambda_{21} & \lambda_{22} \\ \lambda_{31} & \lambda_{32} \end{vmatrix}, \quad
\alpha_2 \equiv -\begin{vmatrix} \lambda_{11} & \lambda_{12} \\ \lambda_{31} & \lambda_{32} \end{vmatrix}, \quad
\alpha_3 \equiv \begin{vmatrix} \lambda_{11} & \lambda_{12} \\ \lambda_{21} & \lambda_{22} \end{vmatrix} \\
\gamma_1 &\equiv \begin{vmatrix} \theta_{21} & \theta_{31} \\ \theta_{22} & \theta_{32} \end{vmatrix}, \quad
\gamma_2 \equiv -\begin{vmatrix} \theta_{11} & \theta_{31} \\ \theta_{12} & \theta_{32} \end{vmatrix}, \quad
\gamma_3 \equiv \begin{vmatrix} \theta_{11} & \theta_{21} \\ \theta_{12} & \theta_{22} \end{vmatrix}
\end{aligned}
$$

とおくと、計算によって、

(43)　　$G_{ki} \equiv (\partial logW_k / \partial logV_i) = \alpha_k \gamma_i / \varDelta \qquad k, i = 1, 2, 3$

をえる。ここで、集約性条件の仮定である (6) を用いて、

(44) $\quad(\lambda_{11}/\lambda_{12}) > (\lambda_{31}/\lambda_{32}) > (\lambda_{21}/\lambda_{22})$
$\quad\quad\lambda_{11} > \lambda_{31} > \lambda_{21}, \quad\quad \lambda_{12} < \lambda_{32} < \lambda_{22}$

(45) $\quad(\theta_{11}/\theta_{12}) > (\theta_{31}/\theta_{32}) > (\theta_{21}/\theta_{22})$
$\quad\quad(\theta_{11}/\theta_{12}) > 1, \quad\quad (\theta_{21}/\theta_{22}) < 1, \quad\quad (\theta_{31}/\theta_{32}) \gtreqless 1$

の関係をもとめることができる。(44) と (45) を用いるとき、

(46) $\quad\alpha_1 < 0, \quad\quad \alpha_2 < 0, \quad\quad \alpha_3 > 0$
$\quad\quad\gamma_1 < 0, \quad\quad \gamma_2 < 0, \quad\quad \gamma_3 > 0$

をえる。(41) と (46) を考慮して、(43) の符号が定まり、行列 G の各成分である第 k 要素報酬率 W_k の第 i 要素賦存量 V_i に対する弾力性の符号は、

$$(47) \quad sign[G_{ki}] = \begin{bmatrix} - & - & + \\ - & - & + \\ + & + & - \end{bmatrix}$$

となる。なお、(37) の結果より、行列 G の行和はゼロになることより、(47) の各行の成分には、必ず正符号と負符号の成分が少なくとも一つは存在しなければならない。(47) の成分は、このことを満たしていることが確認できる。(47) において注目すべきことは、まず、対角成分は負符号になっていることである。これは、ある要素の賦存量が増加すると、その要素の報酬率は下落することを意味している。別の注目すべきことは、一つの集約要素の賦存量が増加すると、二つの集約要素の報酬率は下落し、中間要素の報酬率は逆に上昇する。また、中間要素の賦存量が増加すると、中間要素の報酬率の変化とは逆に、二つの集約要素の報酬率は上昇する。これは、二つの集約要素の報酬率への効果は、同方向に変化し、中間要素の報酬率への効果とは逆方向に変化することを意味している。

ところで、「特殊要素モデル」は、2 財 3 要素モデルの特殊な生産構造をもっているといえる。すなわち、

$a_{12} = a_{21} = 0$
$a_{11} > 0$, $a_{22} > 0$, $a_{31} > 0$, $a_{32} > 0$

となっていて、ここでの二つの集約要素が「特殊要素」であり、中間要素が「一般要素」となっている。このように変更を加えるのみで、(47)でえられた結果は、「特殊要素モデル」においても同じになる。

(47)の結果について次のことがいえる。ある集約要素の賦存量が増加すると、その要素供給は増加するために超過供給になり、その要素の報酬率は下落する。下落により、集約産業での需要が高まり、他産業からこの産業へ要素が移動するのである。この移動により、他産業の集約要素は相対的に過剰をもたらすことにより、他産業の集約産業の報酬率も下落することになる。他方、中間要素は、相対的に稀少になり、その報酬率は上昇することになる。ここでの結果は、小国における国際要素移動の効果を議論するときに参考になると思われる。

(47)の結果についてもう一つ述べることがある。標準的なヘクシャー＝オリーン貿易モデルである2財2要素モデルにおける行列 G ($\equiv [\partial \log W / \partial \log V]$) はゼロ行列になり、2財3要素モデルにおける結果とは大きく異なるということである。2財2要素モデルでは、要素の賦存量の増加は、要素の報酬率を変化させず、リプチンスキー効果として各財生産量のみに影響を与える生産構造になっている。しかも要素の報酬率が変化するのは、ストルパー＝サミュエルソン効果として財価格の変化を通じてのみ可能になっているのである。これに対して、2財3要素モデルの生産構造をもつ経済においては、要素の賦存量の変化は、各財生産量（リプチンスキー効果）のみならず、要素の報酬率にも影響を与えるのであり、財価格の変化を通じてのみ要素の報酬率に影響を与える（ストルパー＝サミュエルソン効果）だけではない。しかも、行列 G における効果は、(43)からわかるように、要素代替性からは独立であり、要素集約性のみによって決定されているのである。

最後に、(36)における行列 $L \equiv [\partial \log X / \partial \log P] \equiv [L_{jh}]$ の各成分の符号についてみてみる。L_{jh} は、第 j 財生産量 X_j の第 h 財価格 P_h に対する弾力性である。すでに、ある財価格の変化はその財生産量を同方向に変化させると

第3章　2財3要素の生産構造　49

いうことを示した（17）と、供給の価格弾力性の行列 L の行和はゼロであるということを示した（40）がえられている。よって、（48）をえる。

$$(48) \quad sign[L_{jh}] = \begin{bmatrix} + & - \\ - & + \end{bmatrix}$$

この結果は、2財2要素モデルのときの結果と同じであることがわかる。

4　行列 $J \equiv [\partial log W / \partial log P]$ と行列 $K \equiv [\partial log X / \partial log V]$ の符号：一般的なケース

第2節の（11）のサミュエルソンの相互関係より、$(\partial W_i / \partial P_j) \equiv (\partial X_j / \partial V_i)$ であることより、（7）の逆行列 H^{-1} の部分行列である行列 C の転置行列 C' は行列 E に等しくなる、これに対して、「弾力性表示」で表した行列 J と行列 K は、（36）より、

$$(49) \quad J = W_d^{-1} C P_d, \qquad K = X_d^{-1} C' V_d$$

となることより、$J \neq K'$ となっている。しかし、各行列の各成分の符号については、$W > 0, P > 0, X > 0, V > 0$ と仮定していることより、同じになる。すなわち、

$$(50) \quad sign J = sign K'$$

となっている。ここで、断りのない限りは、行列 J のみの各成分の符号について言及することにする。

行列 J の行和は、第2節の（38）より1に等しいので、行列 J の各行の二つの成分のうち少なくとも一つの成分は正値をもち、二つの成分とも負値をもつことはない。また、（36）' において、$\theta J = I_2$ であるので、

$$\sum_{i=1}^{3} \theta_{i1} J_{i2} = 0, \qquad \sum_{i=1}^{3} \theta_{i2} J_{i1} = 0$$

となり、さらに行列 θ は、$\theta \geq 0$ であることより、行列 J の各列の三つの成分のうちすべてが正値あるいは負値をもつことはない。行列 J の成分の符号に

50　第1部　国際貿易論の理論分析

ついて、以上の二つの性質を考慮するとき、次の12の可能性[3]がある。

(51)

① $\begin{bmatrix} + & - \\ - & + \\ + & + \end{bmatrix}$ ② $\begin{bmatrix} + & - \\ - & + \\ - & + \end{bmatrix}$ ③ $\begin{bmatrix} + & - \\ - & + \\ - & - \end{bmatrix}$ ④ $\begin{bmatrix} + & + \\ - & + \\ + & - \end{bmatrix}$ ⑤ $\begin{bmatrix} + & - \\ + & + \\ - & - \end{bmatrix}$ ⑥ $\begin{bmatrix} + & - \\ - & - \\ - & + \end{bmatrix}$ ⑦ $\begin{bmatrix} - & + \\ + & + \\ + & - \end{bmatrix}$

①' $\begin{bmatrix} - & + \\ + & - \\ - & - \end{bmatrix}$ ②' $\begin{bmatrix} - & + \\ + & - \\ + & - \end{bmatrix}$ ③' $\begin{bmatrix} - & + \\ + & - \\ + & + \end{bmatrix}$ ④' $\begin{bmatrix} - & - \\ + & - \\ - & + \end{bmatrix}$ ⑤' $\begin{bmatrix} - & + \\ - & - \\ + & + \end{bmatrix}$ ⑥' $\begin{bmatrix} - & + \\ + & + \\ + & - \end{bmatrix}$ ⑦' $\begin{bmatrix} + & - \\ - & - \\ - & + \end{bmatrix}$

(51)を一目して気付くことがある。2財2要素モデルにおけるストルパー＝サミュエルソン効果を表す2×2の行列Jの各成分については、対角成分は1より大の正値をもち、非対角成分は負値をもつ。しかしながら、2財3要素モデルにおけるストルパー＝サミュエルソン効果では、上記のように、第j財価格の第j産業集約要素の報酬率に対する弾力性を表すJ_{11}およびJ_{22}の符号は必ずしも正値をもつとは限らないし、さらに、第j財価格の他産業集約要素の報酬率に対する弾力性を表すJ_{12}およびJ_{21}の符号も必ずしも負値をもつとは限らない。

(51)の12の可能性を少なくすることを議論する。Jones & Easton (1983)では、$\hat{W}_i$と$\hat{P}_j$の関係をランキング式(以下では、「WPランキング」という)に表している。(51)の行列Jの成分の符号(以下では、「J符号パターン」という)と「WPランキング」との間に対応する関係を見出すことができる。例として、(51)の「J符号パターン」①について見てみよう。①の第1列の各成分は、$\hat{P}_2=0, \hat{V}_i=0$ ($i=1,2$) のとき、

$$(\partial log W_1/\partial log P_1)>1, \qquad (\partial log W_2/\partial log P_1)<0,$$
$$0<(\partial log W_3/\partial log P_1)<1$$

となっている。$\hat{P}_1>0$のときと、$\hat{P}_1<0$のときは、それぞれ

---

[3] (51)では、⑥⑦と⑦'⑥'は同じものであるが、後の議論の関係で、並べてあるので注意されたい。

(52) $\quad \hat{W}_1 > \hat{P}_1 > \hat{W}_3 > 0 = \hat{P}_2 > \hat{W}_2$

(53) $\quad \hat{W}_2 > \hat{P}_2 = 0 > \hat{W}_3 > \hat{P}_1 > \hat{W}_1$

となる。他方、①の第2列の各成分は、$\hat{P}_1 = 0$, $\hat{V}_i = 0$ ($i=1,2$) のとき、

$(\partial log W_1 / \partial log P_2) < 0,\quad (\partial log W_2 / \partial log P_2) > 1,$
$0 < (\partial log W_3 / \partial log P_2) < 1$

となっている。$\hat{P}_2 < 0$ のときと、$\hat{P}_2 > 0$ のときは、それぞれ

(54) $\quad \hat{W}_1 > 0 = \hat{P}_1 > \hat{W}_3 > \hat{P}_2 > \hat{W}_2$

(55) $\quad \hat{W}_2 > \hat{P}_2 > \hat{W}_3 > 0 = \hat{P}_1 > \hat{W}_1$

となる。よって、(52)と(54)、(53)と(55)から、それぞれ「WPランキング」がえられる。

(56) $\quad \hat{W}_1 > \hat{P}_1 > \hat{W}_3 > \hat{P}_2 > \hat{W}_2$

(57) $\quad \hat{W}_2 > \hat{P}_2 > \hat{W}_3 > \hat{P}_1 > \hat{W}_1$

以上のことより、「J符号パターン」①に対応する「WPランキング」は、(56)と(57)の二つであることがわかる。(57)は、(56)の不等式に(-1)を乗ずることによってえられる。これは、(W_1, P_1)と(W_2, P_2)を入れかえることを意味している。「J符号パターン」①-⑦に対して(57)に対応する「WPランキング」をAグループといい、Aグループの「WPランキング」に(-1)を乗じたものをBグループということにし、Aグループのみを列記すると次のように9本の「WPランキング」の式となる。なお、「WPランキング」の式に付けられている番号は、「J符号パターン」①-⑦の記号に対応している。また、a, bが付いているのは、同じ番号で二つの可能性があることを示している。

52　第1部　国際貿易論の理論分析

Aグループ：
① 　　　　$\hat{W}_1 > \hat{P}_1 > \hat{W}_3 > \hat{P}_2 > \hat{W}_2$
②a　　　 $\hat{W}_1 > \hat{W}_3 > \hat{P}_1 > \hat{P}_2 > \hat{W}_2$
②b　　　 $\hat{W}_3 > \hat{W}_1 > \hat{P}_1 > \hat{P}_2 > \hat{W}_2$
③a　　　 $\hat{W}_1 > \hat{P}_1 > \hat{P}_2 > \hat{W}_3 > \hat{W}_2$
③b　　　 $\hat{W}_1 > \hat{P}_1 > \hat{P}_2 > \hat{W}_2 > \hat{W}_3$
④　　　　$\hat{W}_3 > \hat{P}_1 > \hat{W}_1 > \hat{P}_2 > \hat{W}_2$
⑤　　　　$\hat{W}_1 > \hat{P}_1 > \hat{W}_2 > \hat{P}_2 > \hat{W}_3$
⑥　　　　$\hat{W}_1 > \hat{W}_2 > \hat{P}_1 > \hat{P}_2 > \hat{W}_3$
⑦　　　　$\hat{W}_3 > \hat{P}_1 > \hat{P}_2 > \hat{W}_1 > \hat{W}_2$

さらに、(51)には、①-⑦の「J符号パターン」の各行列において、第1列と第2列を入れかえた①'-⑦'の「J符号パターン」がある。これは、第1産業の集約要素がV_2であり、第2産業の集約要素がV_1であることを意味している。よって、①'-⑦'の「J符号パターン」に対応する「WPランキング」をもとめるには、A・Bグループの「WPランキング」の各式の$\hat{P}_1$と$\hat{P}_2$を入れかえることによってえられる。これらを、A・Bグループに対応してA'グループ・B'グループということができる。

このように、「J符号パターン」では、12の可能性を7つのパターンをもった二つのグループに整理することができ、各グループ(①-⑦と①'-⑦')には、それぞれA・BグループとA'・B'グループの「WPランキング」の式が対応していることになる。したがって、基本型は、①-⑦の「J符号パターン」とそれに対応するAグループの9本の「WPランキング」の式が導かれる。そして、12の「J符号パターン」を7つの可能性に少なくすることができる。ここでの7つに対してさらに経済的な条件、例えば、要素代替弾力性σ_{ih}および中間要素の集約性に、ある条件を加えることによって、「J符号パターン」をさらに特定化することができる。これについては、次節で扱う。

最後に、次節との関連で、行列Jと行列Kについてさらにみていく。3×2の行列$J = [J_{ij}] = [\partial \log W_i / \partial \log P_j]$の各成分をもとめるには、(35)をクラメールの公式にしたがって計算すればよい。それは、

$$
(58) \quad [J_{ij}] \equiv (1/\Delta) \begin{bmatrix} \lambda_{22}m_3 - \lambda_{32}m_2 & -\lambda_{21}m_3 + \lambda_{31}m_2 \\ -\lambda_{12}m_3 + \lambda_{32}m_1 & \lambda_{11}m_3 - \lambda_{31}m_1 \\ \lambda_{12}m_2 - \lambda_{22}m_1 & -\lambda_{11}m_2 + \lambda_{21}m_1 \end{bmatrix}
$$
$$
= (1/\Delta)[M_{ij}]
$$

のようにえられる。ところで、Δ は行列式 $|H|$ に等しく、(41) のように負値をもち、(58) m_i ($i=1, 2, 3$) は、

$$
(59) \quad m_i = \sum_{k=1}^{3} \sigma_{ik}\gamma_k
$$

である。(58) の行列 $[M_{ij}]$ に (30)-(34)、(59) を代入して整理をし、行列 $[M_{ij}]$ の各列を M_j ($j=1, 2$) とすると、

$$
(60) \quad \begin{aligned} M_1 &\equiv \begin{bmatrix} M_{11} \\ M_{21} \\ M_{31} \end{bmatrix} \\ &= \begin{bmatrix} -\lambda_{32}(\theta^1/\theta^2) & \lambda_{22}(\theta^1/\theta^3) & \lambda_{22}(\theta^2/\theta^3) + \lambda_{32} \\ -\lambda_{32} & -\lambda_{12}(\theta^1/\theta^3) - \lambda_{32} & -\lambda_{12}(\theta^2/\theta^3) \\ \lambda_{12}(\theta^1/\theta^2) + \lambda_{22} & \lambda_{22} & -\lambda_{12} \end{bmatrix} \begin{bmatrix} b_1 \\ b_2 \\ b_3 \end{bmatrix} \\ M_2 &\equiv \begin{bmatrix} M_{12} \\ M_{22} \\ M_{32} \end{bmatrix} \\ &= \begin{bmatrix} \lambda_{31}(\theta^1/\theta^2) & -\lambda_{21}(\theta^1/\theta^3) & -\lambda_{21}(\theta^2/\theta^3) - \lambda_{31} \\ \lambda_{31} & \lambda_{11}(\theta^1/\theta^3) + \lambda_{31} & \lambda_{11}(\theta^2/\theta^3) \\ -\lambda_{11}(\theta^1/\theta^2) - \lambda_{21} & -\lambda_{21} & \lambda_{11} \end{bmatrix} \begin{bmatrix} b_1 \\ b_2 \\ b_3 \end{bmatrix} \end{aligned}
$$

$$
(61) \quad \begin{aligned} & b_1 \equiv \sigma_{12}c_1, \quad b_2 \equiv \sigma_{13}c_2, \quad b_3 \equiv \sigma_{23}c_3 \\ & c_1 \equiv \gamma_1 - \gamma_2 = -(\gamma_2 - \gamma_3) + (\gamma_1 - \gamma_2) = \theta_{32} - \theta_{31} \gtreqless 0 \\ & c_2 \equiv \gamma_1 - \gamma_3 = (\gamma_2 - \gamma_3) + (\gamma_1 - \gamma_2) = \theta_{21} - \theta_{22} < 0 \\ & c_3 \equiv \gamma_2 - \gamma_3 = (\gamma_1 - \gamma_2) - (\gamma_1 - \gamma_3) = \theta_{12} - \theta_{11} < 0 \\ & c_3 \equiv c_2 - c_1, \qquad c_1 > c_2 \end{aligned}
$$

がえられる。行列 J の各成分の符号は、(60) の列ベクトル M_j $(j=1,2)$ の各成分の符号がどうなっているかをみればよい。

他方、2×3 の行列 $K = [K_{ji}] = [\partial logX_j / \partial logV_i]$ の各成分については、同様にしてもとめることができる。

$$
(62) \quad [K_{ji}] = (1/\Delta)\begin{bmatrix} \theta_{22}n_3 - \theta_{32}n_2 & -\theta_{12}n_3 + \theta_{32}n_1 & \theta_{12}n_2 - \theta_{32}n_1 \\ -\theta_{21}n_3 + \theta_{31}n_2 & \theta_{11}n_3 - \theta_{31}n_1 & -\theta_{11}n_2 + \theta_{21}n_1 \end{bmatrix}
$$
$$
= (1/\Delta)[N_{ji}]
$$

ところで、(62) の行列 $[K_{ji}]$ の n_k $(k=1,2,3)$ は、

$$
(63) \quad n_k = \sum_{i=1}^{3}\sigma_{ik}\alpha_i
$$

である。(62) の行列 $[K_{ji}]$ に (30)-(34)、(63) を代入して整理をし、行列 $[N_{ji}]$ の各行を N_j $(j=1,2)$ すると、

$$
(64) \quad \begin{aligned} N_1 = (N_{11}, N_{12}, N_{13}) &= \begin{bmatrix} -\theta_{32} & \theta_{22} & 1-\theta_{12} \\ -\theta_{32} & -(1-\theta_{22}) & -\theta_{12} \\ 1-\theta_{32} & \theta_{22} & -\theta_{12} \end{bmatrix}\begin{bmatrix} d_1 \\ d_2 \\ d_3 \end{bmatrix} \\ N_2 = (N_{21}, N_{22}, N_{23}) &= \begin{bmatrix} \theta_{31} & -\theta_{21} & -(1-\theta_{11}) \\ \theta_{31} & 1-\theta_{21} & \theta_{11} \\ -(1-\theta_{31}) & -\theta_{21} & \theta_{11} \end{bmatrix}\begin{bmatrix} d_1 \\ d_2 \\ d_3 \end{bmatrix} \end{aligned}
$$

$$
(65) \quad \begin{aligned} & d_1 \equiv \sigma_{12}e_1, \quad d_2 \equiv \sigma_{13}e_2, \quad d_3 \equiv \sigma_{23}e_3 \\ & e_1 \equiv \alpha_1 - (\theta^1/\theta^2)\alpha_2 \gtreqless 0, \quad e_2 \equiv \alpha_1 - (\theta^1/\theta^2)\alpha_3 < 0, \\ & e_3 \equiv \alpha_2 - (\theta^2/\theta^3)\alpha_3 < 0, \quad e_3 \equiv (\theta^2/\theta^1)(e_2-e_1), \quad e_1 > e_2 \end{aligned}
$$

がえられる。行列 $[K_{ji}]$ の各成分の符号は、(64) の行ベクトル N_j の各成分の符号がどうかをみることになる。なお、(60) と (64) の各ベクトル M_1 と N_1、M_2 と N_2 の対応する行列の符号に注目すると、それぞれ

(66) $\begin{bmatrix} - & + & + \\ - & - & - \\ + & + & - \end{bmatrix}, \begin{bmatrix} + & - & - \\ + & + & + \\ - & - & + \end{bmatrix}$

となっている。対応する各成分の符号が反対になっていることがわかる。

5 第4節の特殊ケース

　第4節において、第 j 財価格の変化が第 i 要素報酬率の変化にどのような影響を及ぼすかをみるストルパー＝サミュエルソン効果を表す行列 J の符号について、(51) の①-⑦の「J 符号パターン」がもとめられた。本節では、さらに条件を加えることによって、「J 符号パターン」の特定化が行われる。(50) においてみるように、$\text{sign}\,J = \text{sign}\,K'$ であることより、第 j 財生産量の変化にどのような影響を及ぼすかをみるリプチソスキー効果を表す行列 K の符号も同時に明らかになることに留意されたい。

　以下の議論で重要な役割をする第 i 要素投入の第 k 要素報酬率に対する要素代替弾力性 σ_{ik} について述べておきたい。σ_{ik} は、(20) にみるように、第 j 財要素代替弾力性 E_{ik}^j を要素投入割合 λ_{ij} で加重平均した経済全体での要素代替弾力性であり、各産業の生産量が一定のとき、第 k 要素報酬率の変化が第 i 要素投入を増やすか減らすかを経済全体でみたものである。すなわち、

(20)'　　　$\sigma_{ik} \equiv \sum_{j=1}^{2} \lambda_{ij} E_{ik}^j$

である。もし $k=i$ であるならば、第 j 財における第 i 要素投入の第 i 要素報酬率に対する要素代替弾力性 E_{ii}^j については負値をもつ。これは、要素代替行列 S^j の性質より、$s_{ii}^j<0$ であることからえられる。よって、$\sigma_{ii}<0$ となる。

　他方、第 i 要素と第 k 要素の間の関係が「代替的」であるか「補完的」であるか「独立的」であるかについては、第 j 財要素代替弾力性 E_{ik}^j の符号によって定義される。もし $i \neq k$ であり、E_{ik}^j ($j=1,2$) が正値をもつならば、すなわち、第 k 要素報酬率 W_k の上昇が第 i 要素投入 a_{ij} を増加させるならば、第 i 要素と第 k 要素は「代替的」であるという。もし $i \neq k$ であり、E_{ik}^j ($j=1,2$) が負

値をもつならば、すなわち、第 k 要素報酬率 W_k の上昇が第 i 要素投入 a_{ij} を減少させるならば、第 i 要素と第 k 要素は「補完的」であるという。もし $i \neq k$ であり、E_{ik}^j $(j=1,2)$ がゼロをもつならば、すなわち、第 k 要素報酬率 W_k の上昇が第 i 要素投入 a_{ij} を変化させないならば、第 i 要素と第 k 要素は「独立的」であるという。よって、(20)′より、第 i 要素と第 k 要素の間の関係 $(i \neq k)$ は、

(67)
$\sigma_{ik} > 0$ ならば、「代替的」
$\sigma_{ik} < 0$ ならば、「補完的」
$\sigma_{ik} = 0$ ならば、「独立的」

であると定義することができる。なお、要素代替行列 S が対称行列であることより、$i \neq k$ であるとき、σ_{ik} の符号と σ_{ki} の符号は同じになる。このことは、(31) の式からも確かめることができる。さらに、第 i 要素と第 k 要素の間の関係は、

(68)　　　$\sigma_{ik} = \sigma_{ki}$ ならば、「完全補完的」

であると定義する。これは、Jones and Easton (1983) の定義にならうものであり、他には別の定義がされている。例えば、鈴木 (1987) は、第 j 財の第 i 要素の投入係数 a_{ij} が第 j 財の第 k 要素の投入係数 a_{kj} の定数倍になる関係があるとき、すなわち、$a_{ij} = \beta_j a_{kj}, \beta_j > 0$ のとき、第 i 要素と第 k 要素とは「完全補完的」であると定義している。

以上の準備のもとに、以下において「J 符号パターン」の特定化の議論をするが、その際に要素代替弾力性行列 $[\sigma_{ik}]$ の符号を明らかにし、さらに、それを用いて (61) における c_i および b_i $(i=1,2,3)$ の符号を明らかにし、最終的には、行列 $[J_{ij}]$ の符号をもとめることにする。ここでの議論は、Jones and Easton (1983) に多くを負うている。

ケース A：「特殊要素」モデル

「特殊要素」モデルでは、$a_{12} = a_{21} = 0$ になっていることより、$\sigma_{12} = \sigma_{21} = 0$ となる。このことより、行列 $[\sigma_{ik}]$ の符号は、

$$sign[\sigma_{ik}] = \begin{bmatrix} - & 0 & + \\ 0 & - & + \\ + & + & - \end{bmatrix}$$

となる。このとき、(61)における b_i $(i=1,2,3)$ の符号は、

$$b_1 = 0, \quad b_2 < 0, \quad b_3 > 0$$

となる。これに加えて $\lambda_{12} = \lambda_{21} = 0$ を用いるとき、(60)より、(51)の「J 符号パターン」の①がえられる。

ケース B：二つの集約要素が「独立的」である

(67)より、σ_{12} と σ_{21} ゼロ値（$\sigma_{12} = \sigma_{21} = 0$）をもつことである。このとき、行列 $[\sigma_{ik}]$ の符号についても同じになる。しかしながら、$\lambda_{12} = \lambda_{21} = 0$ とならない点がケース A と異なる。このために、(60)における J_{31} と J_{32} の符号は定まらず、

$$(69) \quad sign[J_{ij}] = \begin{bmatrix} + & - \\ - & + \\ ? & ? \end{bmatrix}$$

となる。よって、(51)における「J 符号パターン」のうち①, ②, ③が可能性として該当することになる。

ケース C：二つの集約要素 (V_1, V_2) は「補完的」である

例えば、物的資本・熟練労働・未熟練労働の 3 要素を考え、物的資本と熟練労働とが集約要素とし、しかも「補完的」であるとして議論することができる。ここでのケースでは、σ_{12} と σ_{21} は負値（$\sigma_{12} < 0, \sigma_{21} < 0$）をもつ。よって、行列 $[\sigma_{ik}]$ の符号は、

$$sign[\sigma_{ik}] = \begin{bmatrix} - & - & + \\ - & - & + \\ + & + & - \end{bmatrix}$$

となる。このとき、(61)における b_i (1, 2, 3) の符号は、

$$b_1 \gtreqless 0, \qquad b_2 < 0, \qquad b_3 < 0$$

となる。これを用いるとき、行列 $[J_{ij}]$ の符号は、ケースBと同じく (69) となる。二つの集約要素が「補完的」であるのに加えて、両要素が「完全補完的」であるとしよう。すなわち、$\sigma_{1k} = \sigma_{2k}$ ($k=1,2,3$) とするとき、(46) と (59) より、$m_1 = m_2 > 0$ となり、(44) より、$\lambda_{12} < \lambda_{22}$ であることより、J_{31} と J_{32} の符号は正値となる。よって、「J 符号パターン」は①に確定することになる。

ケースD：中間要素の集約性が 2 産業において同じである

中間要素の集約性を表す θ_{31} と θ_{32} の大小関係が確定しないために、ケースCのように、(60) の b_1 の符号が定まらないことがおき、行列 $[J_{ij}]$ の符号が決まらないということが考えられる。その要因を明らかにするために、ここでは、中間要素の集約性が 2 産業において同じであるとする。これは、$\theta_{31} = \theta_{32}$ であることを意味し、(61) の b_1 はゼロ値をもち、(61) における c_1 もゼロ値をもつ。しかしこれだけでは不十分である。さらに制約条件を加えなければならない。「第 1 要素と第 3 要素、第 2 要素と第 3 要素はそれぞれ「代替的」である ($\sigma_{13} > 0, \sigma_{23} > 0$) とき、行列 $[\sigma_{ik}]$ の符号は、

$$sign[\sigma_{ik}] = \begin{bmatrix} - & ? & + \\ ? & - & + \\ + & + & - \end{bmatrix}$$

となる。このとき、行列 $[J_{ij}]$ の符号は、ケースBと同じく (69) となる。さらに符号を特定化するならば、

(70) 　　　$\sigma_{13} = \sigma_{23} > 0$ ならば、「J 符合パターン」①
　　　　　$\sigma_{13} > \sigma_{23} > 0$ ならば、「J 符合パターン」①と②
　　　　　$\sigma_{23} > \sigma_{13} > 0$ ならば、「J 符合パターン」①と③

が可能性として該当する。

ケースE：集約要素と中間要素が「完全補完的」である

第 i 要素を集約要素とするとき、

(71) 　　　　$\sigma_{ik} = \sigma_{3k}$ 　　　$i = 1, 2, 3 ;$ 　　　　$k = 1, 2, 3$

を意味する。第 i 要素が V_1 のときと、V_2 のときのそれぞれの行列 $[\sigma_{ik}]$ の符号は、

(72) 　　　$sign[\sigma_{ik}] = \begin{bmatrix} - & + & - \\ + & - & + \\ - & + & - \end{bmatrix}$, 　　$sign[\sigma_{ik}] = \begin{bmatrix} - & + & + \\ + & - & - \\ + & - & - \end{bmatrix}$

となる。行列の成分の下付き番号の1を2に、2を1にすれば、左の行列の符号の配列は右の行列の符号の配列に変更することができる。よって、ここでは、集約要素 V_1 と中間要素 V_3 とが「完全補完的」な場合についてみることにする。(61)において、c_1 の符号さらには b_1 の符号が定まらないので、「中間要素は、第2財産業の方が第1財産業より集約的である（$\theta_{32} \geq \theta_{31}$）」という条件[4]を加えると、$c_1 > 0$ となる。よって、$c_1 > 0$, $c_2 > 0$, $c_3 > 0$ がえられる。この結果と、(30)-(32)、(71)、(72)を用いると、(51)の「J 符号パターン」の⑤がえられる。

同様にして、集約要素 V_2 と中間要素 V_3 とが「完全補完的」な場合には、追加的な条件として、「中間要素は、第1財産業の方が第2財産業より集約的（$\theta_{31} \geq \theta_{32}$）である」を加えるとき、(51)の「$J$ 符号パターン」の④がえられる。

以上のことより、「J 符号パターン」の④と⑤は、これまでのケースA〜ケー

---

[4] 鈴木（1987）は、$a_{ij} = b_j a_{3j}$ として、$\theta_{32} \geq \theta_{31}$ の条件は付けずに議論をしている。

スDの場合では可能性としてえられなかったパターンであることがわかる。

ケースF：すべての要素が「代替的」である

要素代替弾力性の行列 $[\sigma_{ik}]$ の対角成分は負値をもち、非対角成分は正値をもつ場合である。

$$sign[\sigma_{ik}] = \begin{bmatrix} - & + & + \\ + & - & + \\ + & + & - \end{bmatrix}$$

これは、ケースDに関係するケースである。ケースFは、ケースDのように、中間要素の集約性が2産業において同じであるという条件と要素間の代替性を部分的に与えるという条件をおかない代わりに、2産業間の中間要素の集約性の条件とすべての要素が「代替的」であるという条件をおいている。しかしながら、この条件のもとでは、行列 $[J_{ij}]$ の符号は、

$$\theta_{31}>\theta_{32} \text{ のとき} \begin{bmatrix} ? & ? \\ - & + \\ ? & ? \end{bmatrix}, \qquad \theta_{32}>\theta_{31} \text{ のとき} \begin{bmatrix} + & - \\ ? & ? \\ ? & ? \end{bmatrix}$$

のようになり、(51) の「J 符号パターン」における可能性としては、前者については、①-④と⑦となり、後者については、①-③、⑤と⑥がえられる。これに条件をさらに加えるとき、前者は、

$$\sigma_{31}>\sigma_{21}>0, \; \sigma_{13}>\sigma_{23}>0 \text{ のとき} \begin{bmatrix} + & ? \\ - & + \\ + & ? \end{bmatrix}$$

となり、後者は、

$$\sigma_{32}>\sigma_{12}>0, \; \sigma_{23}>\sigma_{13}>0 \text{ のとき} \begin{bmatrix} + & - \\ ? & + \\ ? & + \end{bmatrix}$$

第 3 章　2 財 3 要素の生産構造　　61

となる。よって、「J 符号パターン」は、この場合には、それぞれ、①、②、④と①、③、⑤に可能性が狭められることになる。

以上の議論を表にしてまとめると次のようになる。「J 符号パターン」①-⑦の可能性とここでのケース A～F の場合の対応をみることができる。

①	②	③	④	⑤	⑥	⑦
$A\ B\ C$	$B\ C$	$B\ C$				
$D\ \ \ F$	$D\ \ \ F$	$D\ \ \ F$	$E\ F$	$E\ F$	F	F

これより、行列 J でいえば、J_{11} と J_{22}、また行列 K でいえば、K_{11} と K_{22} の符号は、2 財 2 要素の場合のように、2 財 3 要素の場合でも正値になる可能性が大きいと思われるが、「J 符号パターン」⑥と⑦を除くことはできない。いずれにせよ、これらの結果には、要素代替弾力性 σ_{ik} についての条件に加えて、中間要素集約性の条件が「J 符号パターン」の確定に重要な役割を果たしている。これは、Jones and Easton (1983) が指摘したところである。また、集約要素の集約性については、すでに仮定されているので議論の背後に隠れているが、ここでは重要な役割をしていることに留意すべきである。

以上の議論の他に、「J 符号パターン」の確定に関連した議論として鈴木 (1987) がある。鈴木 (1987) は、ここで仮定されている 2 財 3 要素モデルの仮定に加えて、生産関数において、生産要素の正規性を仮定する。ここでの記号を用いれば、行列 K の成分のうち、$K_{11}>0, K_{22}>0$ となることを導いている（第 2 章第 3 節）。さらに、別のケースとして、鈴木 (1987) は、園・レオンチェフの条件の意味で分離可能な生産関数を仮定する。具体的には、集約要素 V_2 が他の要素と分離可能であるとき、ここでの記号を用いれば、$K_{11}>0, K_{21}>0$ となり、他方、集約要素 V_1 が他の要素と分離可能であるとき、$K_{12}>0, K_{22}>0$ となることを導いている。各財に対するコブ・ダグラス型生産関数を仮定するときには、行列 K の符号は、「J 符号パターン」でいえば、上述の (69) のパターンがえられることを明らかにしている（第 2 章第 4 節）。

6 2財3要素モデルにおける比較優位

2財3要素の生産構造をもつ経済における比較優位はどうなるか。すでにTakayama (1982) において明らかにされている。(35) と (36) より、

$$(74) \qquad \hat{X} = K\hat{V} + L\hat{P}$$

がえられる。(39) と (40) を考慮して、

$$(75) \qquad \hat{X}_1 - \hat{X}_2 = \sum_{i=1}^{2}(K_{1i} - K_{2i})(V_i - V_3) + \sum_{j=1}^{2}L_{jj}(\hat{P}_1 - \hat{P}_2)$$

をえる。他方、需要関数として次のように与えられるとする。

$$(76) \qquad D_1/D_2 = f(P_1/P_2), \qquad f' < 0$$

対数微分をとることにより、δ を2財需要の価格弾力性とすると、

$$(77) \qquad \hat{D}_1 - \hat{D}_2 = -\delta(\hat{P}_1 - \hat{P}_2), \qquad \delta \equiv -\frac{d(D_1/D_2)}{d(P_1/P_2)} \cdot \frac{(P_1/P_2)}{(D_1/D_2)}$$

をえる。財市場が均衡するとき、$X_1/X_2 = D_1/D_2$ あることより、

$$(78) \qquad \hat{P}_1 - \hat{P}_2 = \mu \sum_{i=1}^{2}(K_{1i} - K_{2i})(\hat{V}_i - \hat{V}_3)$$

がえられる。ところで、

$$\mu \equiv -\frac{1}{\delta + \sum_{j=1}^{2}L_{jj}} < 0$$

である。(78) については、K_{1i} と K_{2i} ($i = 1, 2$) の符号がわかれば、比較優位の議論が可能となる。前節でのケースA～ケースDまでの「J 符号パターン」において、共通な点は、

$$sign\begin{bmatrix} K_{11} & K_{12} & K_{13} \\ K_{21} & K_{22} & K_{23} \end{bmatrix} = \begin{bmatrix} + & - & \cdot \\ - & + & \cdot \end{bmatrix}$$

である。このとき、(78) において、

$$K_{11}-K_{21}>0, \qquad K_{12}-K_{22}<0$$

となる。よって、ケースA〜ケースDのどれかの場合において、

(79)
$$\hat{V}_1>\hat{V}_3>\hat{V}_2 \text{ならば、} \hat{P}_1<\hat{P}_2$$
$$\hat{V}_1<\hat{V}_3<\hat{V}_2 \text{ならば、} \hat{P}_1>\hat{P}_2$$

がえられる。(79)において、自国と外国を考える。自国は外国に比べて、第1要素 V_1 が第3要素 V_3 よりも豊富に存在し、第3要素 V_3 が第2要素 V_2 よりも豊富に存在するとき、自国は第1要素集約財である第1財に比較優位をもち、外国は第2要素集約財である第2財に比較優位をもつ。他方、自国は外国に比べて、第2要素 V_2 が第3要素 V_3 よりも豊富に存在し、第3要素 V_3 が第1要素 V_1 よりも豊富に存在するとき、自国は第2要素集約財である第2財に比較優位をもち、外国は第1要素集約財である第1財に比較優位をもつ。

参考文献

Batra, R. and F. Casas (1976) "A Synthesis of the Heckscher-Ohlin and the Neoclassical Models of International Trade," *Journal of International Economics*, vol. 6, 21-38

Egawa, I. (1978) "Some Remarks on the Stolper-Samuelson and Rybcynski Theorems," *Journal of International Economics*, vol. 8, 525-36

Jones, R.W. (1965) "The Structure of Simple General Equilibrium Models," *Journal of Political Economy*, vol. 73, 557-572

Jones, R.W. (1971) "A Three-Factor Model in Theory, Trade and History," in Bhagwati, Jones, Mundell and Vanek eds., *Trade, Balance of Payments, and Growth*, North-Holland, Chapter 1

Jones, R.W. and S.T. Easton (1983) "Factor Intensities and Factor Substitution in General Equilibrium," *Journal of International Economics*, vol. 15, 65-99

鈴木克彦 (1987)「貿易と生産に関する一般均衡分析：多数要素ケース」「2財3生産要素モデルにおけるリプチンスキー定理」『貿易と資源配分』有斐閣, 第1章と第2章

Takayama, A. (1982) "On Theorems of General Competitive Equilibrium of Production and Trade : A Survey of Some Recent Developments in the Theory of International Trade," *Keio Economic Studies*, vol. 19, 1-37

寺町信雄 (1994)「2財3要素の生産構造」『世界問題研究所紀要』(京都産業大学) no. 13, March, pp37-71

寺町信雄（1995）「資本移動下の国際労働移動」『経済経営論叢』（京都産業大学），vol. 30, 128-145
Thompson, H. (1985) "Complementarity in a Simple General Equilibrium Production Model," *Canadian Journal of Economics*, vol. 18, 616-621

第4章 マーシャル的収穫逓増による貿易パターンと貿易利益[1]

1 はじめに

収穫逓増産業が貿易パターンと貿易利益に与える影響を議論する貿易モデルの1つに、マーシャル的収穫逓増を含む2国2財1生産要素モデルがある。その代表的な先行研究に、Ethier (1982) がある。Ethier (1982) は、アロケーション・カーブを提示して、異なる貿易パターンの複数個の貿易均衡が成り立つこと、さらに、マーシャル的調整メカニズムを仮定して、大国は収穫逓増財に比較優位をもち、小国は収穫一定財に比較優位をもつこと[2]、また、大国は貿易の開始によって常に貿易利益をえるが、小国は収穫逓増の程度に関するある条件のもとで貿易損失を被ることがあるという「Graham ケース」等について明らかにしている。

Ethier (1982) 論文は難解であることから、マーシャル的収穫逓増が作用する2国2財1要素モデルである Ethier モデルをさらに究明するために、菊地 (2001)・Tawada (1989b)・Uchiyama and Kiyono (2005) の先行研究が示された。菊地 (2001) では、収穫逓増財に対する需要の強さと労働賦存量の大きさの程度によって、複数個の異なる貿易パターンの貿易均衡が得られることを明らかにしている。また、小国において、貿易の開始によって収穫逓増財の生産が縮小した場合に、貿易損失が生じる「Graham ケース」の条件を示している。Tawada (1989b) では、Ethier (1982) とは異なるマーシャル的調整メカニズムを用いて、貿易パターンと貿易利益を議論し、菊地 (2001) と

---

[1] 2010-2011年度の期間、京都産業大学大学院経済学研究科での院生三宅啓之氏との共同研究の成果の一部を三宅・寺町 (2013) の論文に掲載した。本章はその論文の文言の一部を手直しして掲載したものである。三宅・寺町 (2013) は、菊地 (2001) 論文に大いに触発されて作成されたものである。

[2] ここでいう大国 (小国) は、1生産要素である労働賦存量が大きい (小さい) 国を意味する。次節においてパラメーターを使って定義する。

は一部異なる貿易パターンの貿易均衡について議論をしている。菊地(2001)・Tawada (1989b) は、Ethier (1982) に倣って、収穫逓増財に関する生産関数を特定化し、効用関数も Cobb-Douglas 型を想定している。これに対して、Uchiyama and Kiyono (2005) では、収穫逓増の性質を有する一般的な生産関数とホモセティックな効用関数を用いて、Ethier (1982) の議論をより一般的な形で同様の議論を行っている。

本章の目的は、マーシャル的収穫逓増が作用する2国2財1生産要素の貿易モデルによる貿易パターンと貿易利益に関するこれまでの先行研究の議論を総合的に整理して、主に二つのことを明らかにする。一つは複数個の貿易パターンの貿易均衡が存在するための必要条件を求め、菊地 (2001) が示した貿易パターンの図解「$\lambda-\mu$ 図」に、収穫逓増の程度の要因を考慮した新たな貿易パターンを追加する。そして、Tawada (1989a) のマーシャル的調整メカニズムを用いて、安定的な貿易均衡が成り立つ必要十分条件を示す。もう一つは、安定的な貿易均衡における貿易利益について分析し、小国が貿易損失を被る「Graham ケース」が成り立つ必要十分条件を導き、「$\lambda-\mu$ 図」との対応関係を明らかにする。

第2節では、本章の基本となるマーシャル的収穫逓増が作用する2国2財1生産要素の Ethier (1982) のモデルの枠組を説明し、閉鎖経済における均衡を明らかにする。さらに、Ethier (1982) が提示したアロケーション・カーブを説明し、労働賦存量の制約を受けたアロケーション・カーブを導くとともに、貿易パターンとの対応を明らかにする。第3節では、マーシャル的収穫逓増が作用する2国2財1生産要素モデルにおける7つのタイプの貿易パターンを明らかにし、貿易パターンの各タイプの貿易均衡が成り立つための必要条件をもとめる。そして、菊地 (2001) が必要条件の説明に用いた「$\lambda-\mu$ 図」との関係を議論する。さらに、Tawada (1989a) が議論するマーシャル的調整メカニズムを用いて、複数個の貿易均衡から安定的な貿易均衡をもとめる。そのうえ、自国が小国で外国が大国であるとき、閉鎖経済均衡から実現可能な安定的な貿易均衡は3つのタイプに集約されることを示すとともに、各タイプの貿易均衡の必要十分条件を明らかにする。第4節では、自国が小国で外国が大国であるとき、3つのタイプの安定的な貿易均衡における貿易

利益について議論する。そこではさらに、小国が貿易損失を被る「Grahamケース」について分析し、「Grahamケース」が生じる必要十分条件を明らかにする。第5節では、本章の議論でえられた結果について、先行研究との関係を議論する。そして第6節の「おわりに」では、マーシャル的収穫逓増を含む2国2財1生産要素の貿易モデルにおいて、本章が導いた貿易パターンと貿易利益に関する結果をまとめる。

2 マーシャル的収穫逓増が作用する2国2財1生産要素モデルの枠組みと Ethier（1982）のアロケーション・カーブ

2-1 モデルの設定

マーシャル的収穫逓増が作用する2国2財1生産要素の Ethier（1982）モデルの枠組を菊地（2001）の議論を参考にして説明する。2国は自国と外国とする。2財は収穫逓増財と収穫一定財とし、前者は X 財あるいは IRS 財（Increasing Return to Scale Goods）と呼称する。後者は Y 財あるいは CRS 財（Constant Return to Scale Goods）と呼称し、ニュメレール財とする。1生産要素は労働とする。

自国（外国）の労働賦存量は L（L^*）であるとし、世界全体の労働賦存量は、$\bar{L}=L+L^*$ とする。また、世界全体に占める自国の労働賦存量を表すパラメーター λ を用いて、自国（外国）の労働賦存量 L（L^*）を、それぞれ、

$$L=\lambda\bar{L}, \quad L^*=(1-\lambda)\bar{L}, \quad 0<\lambda<1$$

で表す。$0<\lambda<\frac{1}{2}$ であれば、自国は小国で外国は大国と定義する。$\frac{1}{2}<\lambda<1$ であれば、自国は大国で外国は小国と定義する。

次に、自国と外国では、生産関数と需要関数は全く同一であるとする。両国において異なるのは、労働賦存量のみとする（$L \neq L^*$；$\lambda \neq \frac{1}{2}$）。

需要面については、代表的な消費者の選好は、Cobb-Douglas 型の効用関数で、

$$u = d_X^{\mu} d_Y^{1-\mu}, \quad 0 < \mu < 1$$

と表す。ただし、d_X および d_Y は、それぞれ代表的な消費者の X 財および Y 財の消費量を表し、μ は X 財に対する支出シェアであり、$1-\mu$ は Y 財に対する支出シェアである。なお、自国の X 財および Y 財のそれぞれの総需要量は D_X および D_Y とする。

供給面については、X 財は完全競争の仮定のもと、国内の X 財部門全体の生産量に依存したマーシャル的収穫逓増が作用するとし、その生産関数は、

$$(1) \quad X = X^{\gamma} L_X = (L_X)^{\frac{1}{1-\gamma}}, \quad 0 < \gamma < 1$$

とする。ただし、生産関数 (1) 式の X^{γ} は、マーシャル的な外部効果を表し、収穫逓増の程度をパラメーター γ で示す。そして、γ の値が 1 に近いほど収穫逓増の程度が大きくなり、0 に近いほど収穫逓増の程度が小さくなる性質をもつ。また、L_X は、X 財の生産に投入される労働量を表す[3]。

他方、Y 財は完全競争の仮定は同じであるがマーシャル的収穫逓増は作用しないとし、その生産関数は、

$$Y = L_Y$$

とする。ただし、L_Y は、Y 財の生産に投入される労働量を表す。

2-2　閉鎖経済均衡[4]

自国における X 財および Y 財の個別企業の利潤関数は、それぞれ、

$$\pi_X = p_X x - w_X l_X$$
$$\pi_Y = p_Y y - w_Y l_Y$$

で与えられる。なお、x および y は、個別企業の X 財および Y 財の生産量、p_X および p_Y は個別企業が直面する X 財および Y 財の財価格、w_X および w_Y は、X 財部門と Y 財部門の名目賃金率、l_X および l_Y は、個別企業の X 財部門

---

[3]　生産関数 (1) 式は、L_X について $[1/(1-\gamma)]$ 同次となっている。菊地 (2001) の p.30 を参照。
[4]　菊地 (2001, p.29-31) の議論を参考にしている。

およびY財部門への労働投入量を表している。ここで、個別企業の利潤最大化条件を適用すると、X財およびY財の価格はそれぞれ、

$$p_X = X^{-\gamma} w_X$$
$$p_Y = w_Y$$

となる。したがって、X財の個別企業の単位費用曲線 c_X は、

$$c_X = X^{-\gamma} w_X$$

で与えられる。これを集計すると、産業全体の費用関数 C_X が得られ、

$$(2) \quad C_X = (X^{-\gamma} w_X) X$$

となる。(2) 式は、産業全体では平均費用によって価格設定が行われていると解釈できる[5]。すなわち、産業全体でのX財価格 P_X は、完全競争市場では、産業全体で見ても、個別企業から見ても、平均費用と一致し、

$$P_X = p_X = X^{-\gamma} w_X = w_X (L_X)^{\frac{-\gamma}{1-\gamma}}$$

となる。また、同様に産業全体でのY財価格 P_Y は、$P_Y = p_Y = w_Y (=1)$ となる。

経済全体でのY財市場の需給均衡式は、$(P_X X + P_Y Y)$ が自国の閉鎖経済における国民所得であることから、

$$P_Y D_Y = (1-\mu)(P_X X + P_Y Y) = P_Y Y$$

となる[6]。自国の労働市場の均衡条件は、

$$L_X + L_Y = L = \lambda \bar{L}$$

となる。また、均衡においては、X財部門とY財部門の賃金率は等しく、$w = w_X = w_Y (=1)$ である。これらの条件のもとで、閉鎖経済における自国の各財の均衡生産量、均衡価格および均衡における労働投入量はそれぞれ、

---

[5] 菊地 (2001) の p.29 を参照。
[6] なお、ワルラス法則により、X財市場においても需給が均衡し、$D_x = X$ となる。

(3) $\quad X^A = (\mu L)^{\frac{1}{1-\gamma}} = (\mu\lambda\bar{L})^{\frac{1}{1-\gamma}}, \quad Y^A = (1-\mu)L = (1-\mu)\lambda\bar{L}$

(4) $\quad P_X^A = wX^{-\gamma}, \quad P_Y^A = w$

$$L_X^A = \mu L = \mu\lambda\bar{L}, \quad L_Y^A = (1-\mu)L = (1-\mu)\lambda\bar{L}$$

となる。なお、上付の「A」は、閉鎖経済における均衡を意味している[7]。特に、均衡におけるX財価格は、次のようになる。

$$P_X^A = w(\mu L)^{\frac{-\gamma}{1-\gamma}} = w(\mu\lambda\bar{L})^{\frac{-\gamma}{1-\gamma}}$$

2-3 Ethier (1982) のアロケーション・カーブ

1) アロケーション・カーブの導出

Ethier (1982) で提示された各国のX財労働投入量 (L_X, L_X^*) の「アロケーション・カーブ」を導出する。以下では、外国の変数には「*」を付けて、自国の変数と区別する。

Y財の2国の世界市場の需給均衡式は、

$$Y + Y^* = D_Y + D_Y^*$$

であり、Cobb-Douglas型の効用関数を仮定していることより、

$$w_Y L_Y + w_Y^* L_Y^* = (1-\mu)(w_X L_X + w_X^* L_X^* + w_Y L_Y + w_Y^* L_Y^*)$$

がえられる。ところで、右辺の2番目の括弧内は世界全体の所得を表している。この式を整理すると、

(5) $\quad \dfrac{w_X}{w_Y} = \dfrac{\mu}{1-\mu} \dfrac{\bar{L} - L_X - L_X^*}{L_X + \left(\dfrac{w_X^*}{w_X}\right)L_X^*}$

がえられる。(5) 式では、Y財がニュメレール財であることから、$w_Y = w_Y^*$ と

---

[7] 自国の場合を示しているが、$\lambda\bar{L}$ を $(1-\lambda)\bar{L}$ に置き換えると、外国の閉鎖経済均衡における各財の均衡生産量、均衡価格および均衡における労働投入量がえられる。

第4章 マーシャル的収穫逓増による貿易パターンと貿易利益

なっている。

自国のアロケーション・カーブは、(5) 式において、産業間の賃金格差がなくなるように ($w_X = w_Y$)、産業間の労働投入のアロケーションが行われ、自国の X 財の供給価格 P_X^S と外国の X 財の供給価格 P_X^{*S} が、$P_X^S = P_X^{*S}$ を満たすときの[8] L_X の L_X^* に対する軌跡 (L_X, L_X^*) を意味し、次の式がえられる。

$$(6) \quad L_X^{\frac{-\gamma}{1-\gamma}} = \frac{\mu}{1-\mu} \frac{\bar{L} - L_X - L_X^*}{L_X^{\frac{1}{1-\gamma}} + L_X^{*\frac{1}{1-\gamma}}}$$

また、同様の手続きにより、外国のアロケーション・カーブの式は、次のようにえられる。

$$L_X^{*\frac{-\gamma}{1-\gamma}} = \frac{\mu}{1-\mu} \frac{\bar{L} - L_X - L_X^*}{L_X^{\frac{1}{1-\gamma}} + L_X^{*\frac{1}{1-\gamma}}}$$

図1には、自国と外国のアロケーション・カーブが描かれている[9]。自国のアロケーション・カーブは D0PGC であり、外国のアロケーション・カーブは C0QGD である。図1の縦軸の点 U と横軸の点 V は、2国の労働賦存量の合計 $\bar{L}$ を表し、所与としている。各国のアロケーション・カーブには、それぞれ頂点があり（図1の自国のアロケーション・カーブでは点 P となっている）、収穫逓増の大きさを表すパラメーター γ が大きくなると、自国の頂点は右方向に、外国の頂点は上方向に移動する。また、自国と外国のアロケーション・カーブの交点 G は、点 0 からの45度線 0R 上にある。IRS 財である X 財の2国の総消費量に対応する労働投入量は、$\mu\bar{L}$ であり、図1では、縦軸の点 D と横軸の点 C が対応している。線分 DC は、2国の X 財消費量を X 財労働投入量に直して、$L_X + L_X^* = \mu\bar{L}$ を満たす右下がりの直線であり、点 G は線分 DC の中点となっている[10]。

---

[8] $P_X^S = w_X(L_X)^{\frac{-\gamma}{1-\gamma}}$ および $P_X^{*S} = w_X^*(L_X^*)^{\frac{-\gamma}{1-\gamma}}$ として表される。
[9] 自国と外国のアロケーション・カーブの形状・性質などの厳密な分析については、Tawada (1989b, 29-34) にある。
[10] 図1には、矢印をもつ「フェイズ図」が示されている。これに関しては、第3節3-3において詳述する。

72 第1部 国際貿易論の理論分析

図1 アロケーション・カーブ

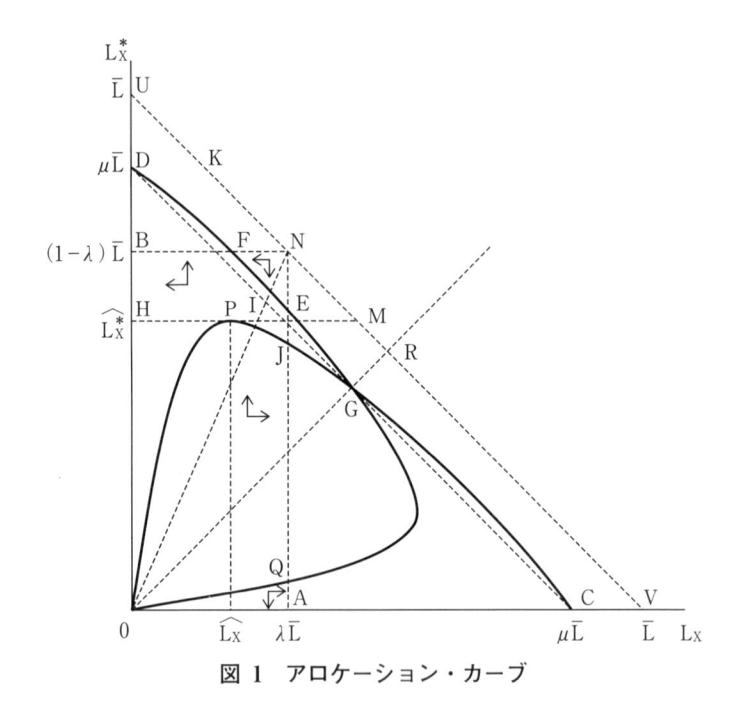

2）制約を受けたアロケーション・カーブ

　線分 UV は、$L+L^*=\bar{L}$ の関係を満たす右下がりの直線であり、線上の点は労働賦存量点を意味し、横座標は自国の労働賦存量、縦座標は外国の労働賦存量を示す。自国の労働賦存量の大きさを表すパラメーター λ が大きくなると、労働賦存量点は点 U から点 V 方向へ UV 上を移動する。$\lambda=\dfrac{1}{2}$ のときには、UV 上の労働賦存量点は点 R となる。自国と外国の労働賦存量が与えられると λ が確定する。それによって自国と外国のアロケーション・カーブは制約を受ける。制約を受けた自国と外国のアロケーション・カーブの交点は貿易均衡を表し、一般的に複数個の交点が存在する[11]。例えば、図1において、労働賦存量の線分 UV 上の点である労働賦存量点 N がえられると、

---
[11] 生産可能性フロンティアが原点に対して凸の形状となることと密接に関連している。

自国の労働賦存量は0A、外国の労働賦存量は0Bが与えられる。自国と外国のアロケーション・カーブは、労働賦存量の矩形0ANBの制約を受けることになる。自国の制約を受けたアロケーション・カーブはB0PJQAとなり、外国の制約を受けたアロケーション・カーブはA0QとJEFBとなる[12]。このとき貿易均衡を示す交点は、点A、点B、点Jおよび点Qとなる[13]。点N以外の労働賦存点についても同様に議論することにより、自国と外国の労働賦存量によって制約を受けたアロケーション・カーブがえられ、それぞれ複数個の貿易均衡となる交点がえられる。

また、図1における労働賦存量点Nに対応する自国と外国の閉鎖経済均衡の点は点Iとなる。点Iは、点Nである $(L_X, L_X^*) = (\lambda \bar{L}, (1-\lambda)\bar{L})$ と原点0を結ぶ直線 $L_X^* = \frac{1-\lambda}{\lambda} L_X$ と $L_X + L_X^* = \mu \bar{L}$ で表される線分DCとの交点として表され、$(L_X, L_X^*) = (\mu \lambda \bar{L}, \mu(1-\lambda)\bar{L})$ となっている。

3　7タイプの貿易パターンと安定的な貿易均衡

3-1　7タイプの貿易パターンの貿易均衡の必要条件
1）7タイプの貿易パターン

貿易パターンとして考えられるのは、次の7つのタイプである：

(a)自国がX財、外国がY財にそれぞれ完全特化 $(X \leftrightarrow Y^*)$
(b)自国がY財、外国がX財にそれぞれ完全特化 $(Y \leftrightarrow X^*)$
(c)自国がX財とY財に不完全特化、外国がY財に完全特化 $(X, Y \leftrightarrow Y^*)$
(d)自国がY財に完全特化、外国がX財とY財に不完全特化 $(Y \leftrightarrow X^*, Y^*)$
(e)自国がX財とY財に不完全特化、外国がX財に完全特化 $(X, Y \leftrightarrow X^*)$
(f)自国がX財に完全特化、外国がX財とY財に不完全特化 $(X \leftrightarrow X^*, Y^*)$
(g)自国も外国もX財とY財に不完全特化 $(X, Y \leftrightarrow X^*, Y^*)$

---

[12] この表現は、Ethier（1982, Figure 5, p.1251）の説明にならっている。
[13] 図1の点Gは、自国と外国のアロケーション・カーブの交点であるが、要素賦存量点が点Nのときには、制約を受けたアロケーション・カーブの交点ではないので、貿易均衡とはならない。

74　第 1 部　国際貿易論の理論分析

　タイプ a ($X \leftrightarrow Y^*$) とタイプ b ($Y \leftrightarrow X^*$)、タイプ c ($X, Y \leftrightarrow Y^*$) とタイプ d ($Y \leftrightarrow X^*, Y^*$) およびタイプ e ($X, Y \leftrightarrow X^*$) とタイプ f ($X \leftrightarrow X^*, Y^*$) は、それぞれ自国と外国を置き換えることで得られ、対の関係になっている[14]。なお、各タイプの括弧の記号は特化財を表し、自国と外国を区別するため、外国の記号には「*」印を付けている。

　以下では、タイプ b とタイプ a、タイプ d とタイプ c、タイプ g の順にそれぞれのタイプの貿易均衡の必要条件について議論し、最後にタイプ e とタイプ f の貿易均衡の必要条件について議論する。

2) タイプ b ($Y \leftrightarrow X^*$) とタイプ a ($X \leftrightarrow Y^*$) の貿易均衡の必要条件

　タイプ b ($Y \leftrightarrow X^*$) の貿易パターンは、自国が Y 財に、外国が X 財にそれぞれ完全特化するタイプである。タイプ b ($Y \leftrightarrow X^*$) の貿易均衡において、Y 財の需給均衡式は、

$$(1-\mu)\{w^b \lambda \bar{L} + w^{*b}(1-\lambda)\bar{L}\} = w^b \lambda \bar{L}$$

である。$w^{*b} \geqq w^b = 1$ を考慮して、外国の名目賃金率をもとめると、

$$w^{*b} = \frac{\mu \lambda}{(1-\mu)(1-\lambda)} \geqq 1$$

をえる[15]。これより、

　　　(7a)　　　$\mu \geqq 1 - \lambda$

がえられる。(7a) 式は、タイプ b ($Y \leftrightarrow X^*$) の貿易均衡の必要条件となる。

　他方、対となるタイプ a ($X \leftrightarrow Y^*$) については、タイプ b ($Y \leftrightarrow X^*$) の貿易パターンの逆であることから、λ と $1-\lambda$ を置き換えることによって必要条件

　　　(7b)　　　$\mu \geqq \lambda$

---

[14] 菊地 (2001) では、(a)、(b)、(c)、(d) の 4 つのタイプのみが扱われている。本稿ではさらに、(e)、(f)、(g) の 3 タイプを追加して議論する。

[15] タイプ b ($Y \leftrightarrow X^*$) の貿易均衡では、外国が X 財に完全特化することになるため、閉鎖均衡から自由貿易になることによって、外国の名目賃金率は上昇し、$w^{*b} \geqq 1$ となる。

がえられる。

3）タイプd（$Y \leftrightarrow X^*, Y^*$）とタイプc（$X, Y \leftrightarrow Y^*$）の貿易均衡の必要条件

タイプd（$Y \leftrightarrow X^*, Y^*$）の貿易パターンは、自国がY財に完全特化、外国がX財とY財に不完全特化するタイプである。タイプd（$Y \leftrightarrow X^*, Y^*$）の貿易均衡において、外国の労働市場における需給均衡式は、

$$Y^{*c} + \mu \bar{L} = (1-\lambda)\bar{L}$$

である。外国のY財生産が正である必要があることより、

(8a)　　　$\mu < 1 - \lambda$

がえられる[16]。(8a)式は、タイプd（$Y \leftrightarrow X^*, Y^*$）の貿易均衡の必要条件となる。

他方、対となるタイプc（$X, Y \leftrightarrow Y^*$）については、タイプd（$Y \leftrightarrow X^*, Y^*$）の貿易パターンの逆であることから、$\lambda$と$1-\lambda$を置き換えることによって必要条件

(8b)　　　$\mu < \lambda$

がえられる。

4）タイプg（$X, Y \leftrightarrow X^*, Y^*$）の貿易均衡の必要条件

タイプg（$X, Y \leftrightarrow X^*, Y^*$）の貿易パターンは、自国も外国もX財とY財に不完全特化するタイプである。タイプg（$X, Y \leftrightarrow X^*, Y^*$）の貿易均衡において、自国と外国の労働市場における需給均衡式は、それぞれ、

$$\frac{\mu}{2}\bar{L} + Y^g = \lambda\bar{L}, \quad \frac{\mu}{2}\bar{L} + Y^{*g} = (1-\lambda)\bar{L}$$

である。各国のY財生産が正である必要があることより、

(9)　　　$\mu < 2\lambda, \quad \mu < 2(1-\lambda)$

がえられる[17]。(9)式は、タイプg（$X, Y \leftrightarrow X^*, Y^*$）の貿易均衡の必要条件とな

---

[16] タイプd（$Y \leftrightarrow X^*, Y^*$）の貿易均衡では、自国と外国の両国でY財を生産することになるため、要素価格均等化が生じている。

る。

5) タイプ e ($X, Y \leftrightarrow X^*$) とタイプ f ($X \leftrightarrow X^*, Y^*$) の貿易均衡の必要条件

タイプ b ($Y \leftrightarrow X^*$) の貿易均衡の必要条件である (7a) 式とタイプ d ($Y \leftrightarrow X^*, Y^*$) の貿易均衡の必要条件である (8a) 式のそれぞれの両辺に 2 国の労働賦存量の合計である $\bar{L}$ を乗じるとき

$$\mu\bar{L} \geqq (1-\lambda)\bar{L}, \quad (1-\lambda)\bar{L} > \mu\bar{L}$$

をえる。$L^* = (1-\lambda)\bar{L}$ は外国の労働賦存量を、$\mu\bar{L}$ は X 財消費量の 2 国合計に対応する労働投入量を表している。これを、自国と外国のアロケーション・カーブが描かれている図 1 の縦軸に引き直すと、$L^* = (1-\lambda)\bar{L}$ は点 B、$\mu\bar{L}$ は点 D が対応している。よって、タイプ b ($Y \leftrightarrow X^*$) の貿易均衡の必要条件は、「縦軸の点 D が縦軸の点 B より上方に位置しなければならない」こと、すなわち、外国の労働賦存量が X 財消費量の 2 国合計に対応する労働投入量より小さいことであり、タイプ d ($Y \leftrightarrow X^*, Y^*$) の貿易均衡の必要条件は、「縦軸の点 D が縦軸の点 B より下方に位置しなければならない」こと、すなわち、外国の労働賦存量が X 財消費量の 2 国の合計に対応する労働投入量より大きいことであることがえられる。

図 1 におけるタイプ e ($X, Y \leftrightarrow X^*$) の貿易均衡の必要条件についてはどうであろうか。タイプ e の貿易均衡は、自国が X 財と Y 財に不完全特化、外国が X 財に完全特化の状態にあるタイプである。タイプ e ($X, Y \leftrightarrow X^*$) の貿易均衡が図 1 において実現しているときには、自国のアロケーション・カーブの頂点 P の縦軸座標 $\widehat{L_X^*}$ が外国の労働賦存量 $L^* = (1-\lambda)\bar{L}$ よりも上方になければならない[18]。$\widehat{L_X^*}$ は、(6) 式で示される自国のアロケーション・カーブの式について、$\dfrac{dL_X^*}{dL_X} = 0$ となる $(\widehat{L_X}, \widehat{L_X^*})$ を解くことによってえられる。

すなわち、

---

[17] タイプ g ($X, Y \leftrightarrow X^*, Y^*$) の貿易均衡では、自国と外国は、X 財を同量生産する。また、両国で Y 財を生産するために要素価格均等化が生じている。

[18] 図 1 において、外国の労働賦存量が点 J の縦軸座標に等しいとき、タイプ e ($X, Y \leftrightarrow X^*$) の貿易均衡の一つは点 J でえられる。

$$\widehat{L_X^*} = \frac{\mu\gamma\left\{\frac{1-\gamma}{\gamma(1-\mu)}\right\}^{1-\gamma}}{1+\mu\gamma\left\{\frac{1-\gamma}{\gamma(1-\mu)}\right\}^{1-\gamma}}\bar{L} > (1-\lambda)\bar{L}$$

となる。また、$\mu\bar{L} > \widehat{L_X^*}$ であることも考慮すると、この場合の必要条件は、

(10a) $$\mu > \frac{\mu\gamma\left\{\frac{1-\gamma}{\gamma(1-\mu)}\right\}^{1-\gamma}}{1+\mu\gamma\left\{\frac{1-\gamma}{\gamma(1-\mu)}\right\}^{1-\gamma}} > 1-\lambda$$

となる。

タイプ f ($X \leftrightarrow X^*, Y^*$) については、タイプ e ($X, Y \leftrightarrow X^*$) の貿易パターンの逆であることから、$\lambda$ と $1-\lambda$ を置き換えることによって必要条件

(10b) $$\mu > \frac{\mu\gamma\left\{\frac{1-\gamma}{\gamma(1-\mu)}\right\}^{1-\gamma}}{1+\mu\gamma\left\{\frac{1-\gamma}{\gamma(1-\mu)}\right\}^{1-\gamma}} > \lambda$$

がえられる。

3-2 貿易均衡の必要条件と「$\lambda-\mu$ 図」

1）「$\lambda-\mu$ 図」

　菊地（2001）は、ここでのタイプ a、b、c、d を扱い、同様の必要条件を導いている。そして、X 財に対する支出シェアのパラメーター μ を縦軸に、自国の労働賦存量を表すパラメーター λ を横軸にとり、各タイプの貿易均衡の必要条件を満たす λ と μ の組み合わせを領域として示すことができる図を明らかにしている。以下では「$\lambda-\mu$ 図」と呼称する[19]。菊地（2001）のケースの「$\lambda-\mu$ 図」は、**図2**の「$\lambda-\mu$ 図（1）」である。図2の正方形は、必要条件に関連する2本の対角線（$\mu=1-\lambda$ と $\mu=\lambda$）によって4つの領域に分割され、それぞれの領域で実現する4つのタイプの貿易パターンが記載されてい

---

[19] 菊地（2001, p.34）では、「$\lambda-\mu$ 図」のオリジナルは、A. Dixit の 1998 年のプリンストン大学大学院での講義テキストであることが記されている。

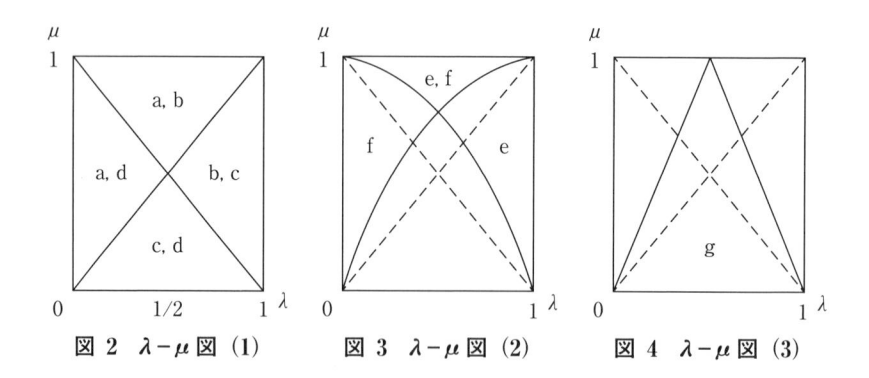

78　第1部　国際貿易論の理論分析

図2　λ-μ図（1）

図3　λ-μ図（2）

図4　λ-μ図（3）

る[20]。しかし、そこにはタイプ e、f、g がないことからわかるように、菊地（2001）の「λ-μ図」では、タイプ e、f、g の可能性については触れていない。

図3の「λ-μ図（2）」は、タイプ e とタイプ f の領域を示している。必要条件である（10a）式と（10b）式を満たす実線[21]で囲まれた領域に、貿易均衡の各タイプが記載されている。最後に、**図4**の「λ-μ図（3）」は、タイプ g の領域を示している。必要条件である（9）式を満たす領域 g は、2つの実線で囲まれた三角形の領域として表されている。

以上、図2・図3・図4の三つの「λ-μ図」を重ね合わせることで、任意の μ と λ の組み合わせに対して、複数のタイプの貿易パターンの貿易均衡が存在することが示される。このことは、パラメーター μ・λ が与えられるとき、図1のように自国と外国の制約を受けたアロケーション・カーブの交点である複数個の貿易均衡が存在することを意味している。

2）タイプ e $(X, Y \leftrightarrow X^*)$ の貿易均衡の必要条件の特徴

菊地（2001）の議論に新しく追加したタイプ e $(X, Y \leftrightarrow X^*)$ の貿易均衡の必要条件の特徴を明らかにする[22]。タイプ e $(X, Y \leftrightarrow X^*)$ が成立する必要条件は

---

[20] 菊地（2001, p.33）に掲載されている図である。
[21] （10a）式の第2項と第3項の不等号を等号に置き換えたタイプ e $(X, Y \leftrightarrow X^*)$ の貿易パターンの境界線は、$(\lambda, \mu) = (0, 1), (1, 0)$ の2点を通り、$\mu = 1 - \lambda$ よりも上方にあり、右下がりの曲線であることが示される。詳細は三宅（2012）の補論1で議論している。（10b）式についても同様に議論できる。
[22] タイプ f $(X \leftrightarrow X^*, Y^*)$ でも同様の議論ができる。

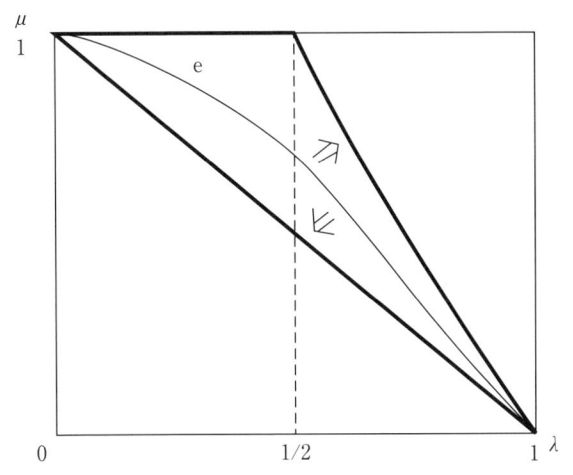

第4章　マーシャル的収穫逓増による貿易パターンと貿易利益　　79

図5　γの値によるタイプeの貿易均衡の領域の変化

(10a) 式である。(10a) 式について、γが0に近づいた場合の極限値[23]と1に近づいた場合の極限値[24]を考慮すると、(10a) 式の第2項と第3項との関係は、それぞれ、

　　　$\gamma \to 0$ のとき、$\mu > 1 - \lambda$

　　　$\gamma \to 1$ のとき、$\mu > \frac{1}{\lambda} - 1$　　　ただし、$0 < \lambda < \frac{1}{2}$ では、$\mu = 1$

となる。これを図示すると図5のようになる[25]。

　タイプe $(X, Y \leftrightarrow X^*)$ の貿易均衡の必要条件の議論をわかりやすくするために、自国が小国で外国が大国、すなわち、$0 < \lambda < \frac{1}{2}$ とする。まず、収穫逓増の程度が小さくなる場合、すなわち、γが0に近づく場合、タイプe $(X, Y \leftrightarrow$

---

[23]　$\lim_{\gamma \to 0} \mu\gamma \left\{ \frac{1-\gamma}{\gamma(1-\mu)} \right\}^{1-\gamma} = \lim_{\gamma \to 0} \mu\gamma^\gamma (1-\gamma)^{1-\gamma}(1-\mu)^{\gamma-1} = \frac{\mu}{1-\mu}$ を用いている。

[24]　$\lim_{\gamma \to 1} \mu\gamma \left\{ \frac{1-\gamma}{\gamma(1-\mu)} \right\}^{1-\gamma} = \lim_{\gamma \to 1} \mu\gamma^\gamma (1-\gamma)^{1-\gamma}(1-\mu)^{\gamma-1} = \mu$ を用いている。

[25]　$0 < \lambda < \frac{1}{2}$ では、$\mu = 1$ であり、$\frac{1}{2} < \lambda < 1$ では、$\mu = \frac{1}{\lambda} - 1$ の双曲線となっている。

X^*）の貿易均衡が成立する領域は拡大し、タイプ b（$Y \leftrightarrow X^*$）の貿易均衡の領域（$\mu > 1-\lambda$で示される領域）に近づいていく。他方、収穫逓増の程度が大きくなる場合、すなわち、γが1に近づく場合、タイプ e（$X, Y \leftrightarrow X^*$）の貿易均衡が成立する領域は、縮小していく[26]。これは、収穫逓増の程度が大きくなると、その収穫逓増がより大きく影響することになり、両国でX財を生産するのではなく労働賦存量の豊富な大国で行われるようになることを示している[27]。

さらに、自国のアロケーション・カーブとの関係でいえば、収穫逓増の程度が小さい場合には、自国のアロケーション・カーブの頂点は、中心よりも左側にあり、タイプ e（$X, Y \leftrightarrow X^*$）の貿易均衡が生じる可能性が大きくなる。他方、収穫逓増の程度が大きくなるにつれて、その頂点が中心よりも右側に移動していき、タイプ e（$X, Y \leftrightarrow X^*$）の貿易パターンが生じる可能性が小さくなる[28]。

3-3 安定的な貿易均衡の必要十分条件

1）マーシャル的調整メカニズム

安定性を議論するにあたって、Tawada（1989a）が想定しているマーシャル的調整メカニズムを用いる。名目賃金率が低い部門から高い部門に労働が移動する「マーシャル的数量調整メカニズム」となる[29]。数式では下記の線形の微分方程式となる。

---

[26] この性質は、収穫逓増の程度が第4節で議論する貿易利益に与える影響と密接に関係している。
[27] Ethier（1982, p. 1261-1262）。
[28] Tawada（1989b, p. 37）に詳しい分析がある。
[29] 超過需要が価格調整をもたらすワルラス的な調整メカニズムに対して、需要価格と供給価格の乖離が数量調整をもたらすマーシャル的調整メカニズムがある。マーシャル的調整メカニズムは、超過需給に対する価格の調整に比較して価格に対する供給（生産）量の調整がはるかに緩慢であると想定している。このマーシャル的調整メカニズムを数式化するする方法は、研究者によって少しずつ違いをみせている。Ethier（1982）は、国際需要価格と国内供給価格の乖離が労働投入による数量調整をもたらすという調整メカニズムを、Uchiyama and Kiyono（2005）は、国際需要価格 P_D と国内供給価格 P_S の乖離が生産数量の調整をもたらすという調整メカニズムを、Tawada（1989a）は、部門間の要素価格（名目賃金率）の乖離が労働投入量の調整をもたらすという調整メカニズムを、それぞれ採用している。本章では、EthierとTawadaが描いた労働投入のアロケーション・カーブを用いて議論を行っているため、Tawada（1989a）が示す調整メカニズムを採用し、以下において「マーシャル的調整メカニズム」として議論を行う。

$$\frac{dL_X}{dt} = g(w_X - w_Y)$$

$$\frac{dL_X^*}{dt} = g^*(w_X^* - w_Y^*)$$

ところで、gおよびg*は、調整速度を表す正の定数である。
2) アロケーション・カーブと調整メカニズム

　マーシャル的調整メカニズムをアロケーション・カーブに適用する。アロケーション・カーブ上では、X財部門とY財部門の名目賃金率は等しいので、X財部門とY財部門との間で、労働の移動は生じない。これに対して、アロケーション・カーブの内側では、X財部門の名目賃金率の方が高くなるために、Y財部門からX財部門へ労働が移動し、X財の生産量が増加する。反対に、アロケーション・カーブの外側では、X財部門からY財部門へ労働が移動し、Y財の生産量が増加する。図1に示した自国のアロケーション・カーブの内側では、労働の移動はY財部門からX財部門へ生じるので右方向に矢印が、自国のアロケーション・カーブの外側では、労働の移動はX財部門からY財部門へ生じるので左方向に矢印が描かれる。同様に、外国のアロケーション・カーブの内側では、労働の移動はY財部門からX財部門へ生じるので上方向に矢印が、外国のアロケーション・カーブの外側では、労働量の移動はX財部門からY財部門へ生じるので下方向に矢印が描かれる。自国と外国のアロケーション・カーブによって4つの領域に区分されることから、横方向と縦方向の矢印を組み合わせた4組の矢印は、それぞれの領域で示される（以下では、これを「フェイズ図」という）。自国と外国のアロケーション・カーブは、自国と外国の労働賦存量の制約を受けるので、「フェイズ図」も同様に制約を受けた4つの領域内で示される。図1では、労働賦存量点が点Nのときの「フェイズ図」が示されている。図1の線分UV上の任意の労働賦存量の点に対応して、同様の「フェイズ図」がそれぞれえられる。

　自国と外国の制約を受けたアロケーション・カーブの交点である複数個の貿易均衡のうち安定的な貿易均衡を、「フェイズ図」を用いてもとめる。それ

に先立ち、①自国は小国で外国は大国であるとする、すなわち、$0<\lambda<\frac{1}{2}$とする。②初期点は各国の閉鎖経済状態として（図1では、原点0と労働賦存量点Nを結ぶ線分ONとX財消費量に対応する各国の労働投入量の合計μLを表す線分DCの交点I）、初期点から出発して貿易均衡が実現されるとする。

　このとき、小国である自国のX財の生産は縮小し、大国である外国のX財の生産は拡大する。タイプa（$X\leftrightarrow Y^*$）とタイプb（$Y\leftrightarrow X^*$）では、タイプaが排除され、タイプbの貿易均衡が安定的な均衡として残る。タイプc（$X, Y\leftrightarrow Y^*$）とタイプd（$Y\leftrightarrow X^*, Y^*$）では、タイプcが排除され、タイプdの貿易均衡が安定的な均衡として残る。さらに、タイプe（$X, Y\leftrightarrow X^*$）とタイプf（$X\leftrightarrow X^*, Y^*$）では、タイプfが排除され、タイプe貿易均衡が安定的な均衡として残る。最後に、タイプg（$X, Y\leftrightarrow X^*, Y^*$）の貿易均衡は安定的な均衡からは排除される。

　同様に、外国が小国で自国が大国として、各国の閉鎖経済状態の初期点から貿易均衡を実現するとき、小国である外国のX財の生産が縮小し、大国である小国のX財の生産が拡大する。よって、タイプb（$Y\leftrightarrow X^*$）、タイプd（$Y\leftrightarrow X^*, Y^*$）、e（$X, Y\leftrightarrow X^*$）、タイプg（$X, Y\leftrightarrow X^*, Y^*$）の貿易均衡は排除され、タイプa（$X\leftrightarrow Y^*$）、c（$X, Y\leftrightarrow Y^*$）、タイプf（$X\leftrightarrow X^*, Y^*$）の貿易均衡が安定的な均衡として残る。

　以上の結果を「$\lambda-\mu$図（1）」の図2で説明すると、$0<\lambda<\frac{1}{2}$である図の左側では、タイプaとタイプcはなくなり、タイプbとタイプd、それにタイプeが加わることになる。$\frac{1}{2}<\lambda<1$である図の右側では、タイプbとタイプdはなく、タイプaとタイプc、それにタイプfが加わることになる[30]。

3）タイプb（$Y\leftrightarrow X^*$）とタイプe（$X, Y\leftrightarrow X^*$）の境界の確定

　2）での議論において、自国が小国で、外国が大国のとき、タイプb（$Y\leftrightarrow X^*$）とタイプe（$X, Y\leftrightarrow X^*$）の貿易均衡が安定的な均衡として残るという結果をえた。ここでは、さらに2つのタイプの貿易均衡は明確に区分することが可能であることを示す。

　3-1-5）ですでに述べたタイプe（$X, Y\leftrightarrow X^*$）の貿易均衡の必要条件と図1

---

[30] ここでの議論に関連して、本節3-3-4）の図6を参照のこと。

第4章　マーシャル的収穫逓増による貿易パターンと貿易利益　83

より、自国のアロケーション・カーブの頂点である点Pの縦軸座標$\widehat{L_X^*}$が外国の労働賦存量$L^* = (1-\lambda)\bar{L}$よりも大きい場合、閉鎖経済均衡点からマーシャル的調整過程を通じて、タイプe $(X, Y \leftrightarrow X^*)$の貿易均衡が実現して、タイプb $(Y \leftrightarrow X^*)$の貿易均衡は実現しない[31]。すなわち、タイプb $(Y \leftrightarrow X^*)$の貿易均衡が実現する必要条件は、

$$\widehat{L_X^*} = \frac{\mu\gamma\left\{\frac{1-\gamma}{\gamma(1-\mu)}\right\}^{1-\gamma}}{1 + \mu\gamma\left\{\frac{1-\gamma}{\gamma(1-\mu)}\right\}^{1-\gamma}} \bar{L} \leqq (1-\lambda)\bar{L}$$

であり、(7a)式も考慮すると、タイプb $(Y \leftrightarrow X^*)$の貿易均衡の必要条件は、

$$(7a)' \quad \mu \geqq 1-\lambda \geqq \frac{\mu\gamma\left\{\frac{1-\gamma}{\gamma(1-\mu)}\right\}^{1-\gamma}}{1 + \mu\gamma\left\{\frac{1-\gamma}{\gamma(1-\mu)}\right\}^{1-\gamma}}$$

となる。タイプb $(Y \leftrightarrow X^*)$の貿易均衡の必要条件である(7a)'式とタイプe $(X, Y \leftrightarrow X^*)$の貿易均衡の必要条件である(10a)式を比べることにより、$\widehat{L_X^*}$の位置関係が明確になり、2つのタイプの境界が確定する。このことは、外国が小国で、自国が大国のときに安定的な均衡として確定するタイプa $(X \leftrightarrow Y^*)$とタイプf $(X \leftrightarrow X^*, Y^*)$の貿易均衡の必要条件の境界についても確定する。すなわち、タイプa $(X \leftrightarrow Y^*)$貿易均衡の必要条件は、

$$(7b)' \quad \mu \geqq \lambda \geqq \frac{\mu\gamma\left\{\frac{1-\gamma}{\gamma(1-\mu)}\right\}^{1-\gamma}}{1 + \mu\gamma\left\{\frac{1-\gamma}{\gamma(1-\mu)}\right\}^{1-\gamma}}$$

となる。

---

[31] タイプb $(Y \leftrightarrow X^*)$の貿易均衡であり、かつ、自国のアロケーション・カーブの頂点である点Pの縦軸座標$\widehat{L_X^*}$が外国の労働賦存量$L^* = (1-\lambda)\bar{L}$よりも大きいとした場合、タイプb $(Y \leftrightarrow X^*)$の貿易均衡が実現しないという矛盾が生じる。したがって、背理法により、自国のアロケーション・カーブの頂点である点Pの縦軸座標が外国の労働賦存量$L^* = (1-\lambda)\bar{L}$よりも小さいことが必要条件となる。

4) 安定的な貿易均衡の必要十分条件と「$\lambda-\mu$ 図」

上述において、マーシャル的調整メカニズムを前提とし、各国の閉鎖経済状態の初期点から貿易均衡が実現する場合を議論した。そこでえられる安定的な貿易均衡は、自国が小国・外国が大国の場合には、タイプ d $(Y\leftrightarrow X^*, Y^*)$・タイプ e $(X, Y\leftrightarrow X^*)$・タイプ b $(Y\leftrightarrow X^*)$ の3つであり、外国が小国・自国が大国の場合には、タイプ c $(X, Y\leftrightarrow Y^*)$・タイプ f $(X\leftrightarrow X^*, Y^*)$・タイプ a $(X\leftrightarrow Y^*)$ の3つである。それぞれの貿易パターンのタイプの貿易均衡が成立するための必要条件は、自国が小国・外国が大国の場合には、それぞれ、(8a) 式、(10a) 式、(7a)'式となり、外国が小国・自国が大国の場合には、それぞれ、(8b) 式、(10b) 式、(7b)'式となる。分かり易いようにまとめて再度掲載する。

自国が小国・外国が大国の場合：

(8a) $\quad \mu < 1-\lambda$

(10a) $\quad \mu > \dfrac{\mu\gamma\left\{\dfrac{1-\gamma}{\gamma(1-\mu)}\right\}^{1-\gamma}}{1+\mu\gamma\left\{\dfrac{1-\gamma}{\gamma(1-\mu)}\right\}^{1-\gamma}} > 1-\lambda$

(7a)' $\quad \mu \geqq 1-\lambda \geqq \dfrac{\mu\gamma\left\{\dfrac{1-\gamma}{\gamma(1-\mu)}\right\}^{1-\gamma}}{1+\mu\gamma\left\{\dfrac{1-\gamma}{\gamma(1-\mu)}\right\}^{1-\gamma}}$

外国が小国・自国が大国の場合：

(8b) $\quad \mu < \lambda$

(10b) $\quad \mu > \dfrac{\mu\gamma\left\{\dfrac{1-\gamma}{\gamma(1-\mu)}\right\}^{1-\gamma}}{1+\mu\gamma\left\{\dfrac{1-\gamma}{\gamma(1-\mu)}\right\}^{1-\gamma}} > \lambda$

第 4 章　マーシャル的収穫逓増による貿易パターンと貿易利益　85

$$(7b)' \qquad \mu \geqq \lambda \geqq \frac{\mu\gamma\left\{\dfrac{1-\gamma}{\gamma(1-\mu)}\right\}^{1-\gamma}}{1+\mu\gamma\left\{\dfrac{1-\gamma}{\gamma(1-\mu)}\right\}^{1-\gamma}}$$

となる[32]。これら必要条件は十分条件でもあることを、図1を用いながら議論する。

　自国が小国で、外国が大国であるとする。まず、タイプ d ($Y \leftrightarrow X^*, Y^*$) の貿易均衡の十分条件についてとりあげる。(8a) 式が成り立つとする。図1において、両国の労働賦存量を表す労働賦存量点の縦軸座標は、X財消費量に対応する各国の労働投入量の合計値 $\mu\bar{L}$ の縦軸座標である点 D よりも上方にあり、労働賦存量点は線分 UK 上に存在する。このとき、閉鎖経済均衡点である初期点からマーシャル的調整メカニズムによって実現する貿易均衡は、図1の縦軸上の線分 DU 上のある点で決定される。この点はタイプ d ($Y \leftrightarrow X^*, Y^*$) の貿易均衡であることから、(8a) 式が十分条件となる。

　次に、タイプ e ($X, Y \leftrightarrow X^*$) の貿易均衡について論じる。(10a) 式が成り立つとする。図1において、両国の要素賦存量を表す労働賦存量点は線分 MR 上にある。その点の縦軸座標は、自国のアロケーション・カーブの頂点（図1では点 P）の縦軸座標 $\widehat{L_X^*}$（図1では点 H）よりも下方にあり、自国のアロケーション・カーブの頂点の縦軸座標 $\widehat{L_X^*}$ は、X財消費量に対応する各国の労働投入量の合計値 $\mu\bar{L}$ の縦軸座標である点 D より下方にある。このとき、閉鎖経済均衡点である初期点からマーシャル的調整メカニズムによって実現する貿易均衡は、図1の自国のアロケーション・カーブ上の曲線 PG 上のある点（自国と外国の制約を受けた2つのアロケーション・カーブの交点）で決定される。この点はタイプ e ($X, Y \leftrightarrow X^*$) の貿易均衡であることから、(10a) 式が十分条件となる。

---

[32] 以上の必要条件式は、2国の相対的な労働賦存量を表す $\dfrac{L^*}{L}$ および $\dfrac{L}{L^*}$ で表すことも可能である。そのとき、外国が大国のときは、$\dfrac{L^*}{L}>1$ であって $\dfrac{L^*}{L}=\dfrac{1-\lambda}{\lambda}$ を用い、自国が大国のときは、$\dfrac{L}{L^*}>1$ であって $\dfrac{L}{L^*}=\dfrac{\lambda}{1-\lambda}$ を用いる。Suga (2007) はこの手法を用いて、3つのタイプの安定的な貿易均衡の十分条件を示している。詳細は三宅 (2012) で議論している。

86　第1部　国際貿易論の理論分析

最後に、タイプb（$Y \leftrightarrow X^*$）の貿易均衡について論じる。(7a)'式が成り立つとする。図1において、両国の要素賦存量を表す労働賦存量点は線分KM上にある。その点の縦軸座標は、自国のアロケーション・カーブの頂点の縦軸座標$\widehat{L_X^*}$よりも上方にあるが、X財消費量に対応する各国の労働投入量の合計値$\mu\bar{L}$の縦軸座標である点Dよりは下方にある。このとき、閉鎖経済均衡点である初期点Iからマーシャル的調整メカニズムによって実現する貿易均衡は、外国の労働賦存量点の縦軸座標（図1では点B）で決定される。この点はタイプb（$Y \leftrightarrow X^*$）の貿易均衡であることから、(7a)'式が十分条件となる。

同様にして、自国が大国で、外国が小国であるときについても、同じ議論が成り立ち、タイプc（$X, Y \leftrightarrow Y^*$）・タイプf（$X \leftrightarrow X^*, Y^*$）・タイプa（$X \leftrightarrow Y^*$）の安定的な貿易均衡の必要条件は、十分条件でもあることがいえる。

以上の議論をまとめると、マーシャル的調整メカニズムを前提とし、閉鎖経済状態を初期点にして実現する安定的な貿易均衡は、6つのタイプの貿易パターンにおいてえられる。それぞれのタイプの貿易均衡が成立するための

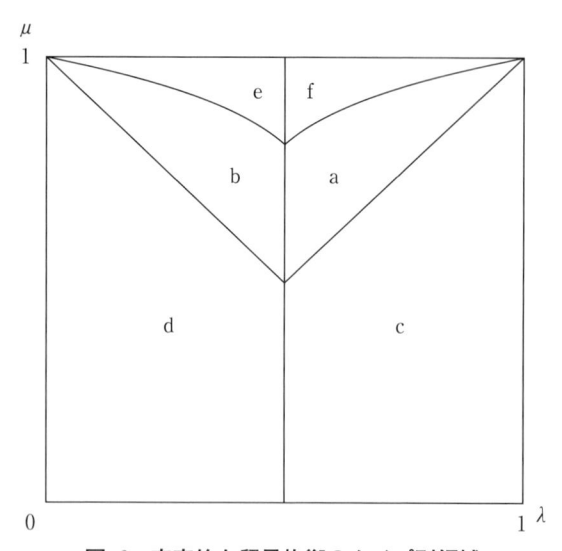

図6　安定的な貿易均衡のタイプ別領域

必要条件は十分条件でもあることが示された。

えられた安定的な貿易均衡の必要十分条件を「$\lambda-\mu$ 図」に図示すると、**図6**のようになる。菊地（2001）が示したタイプ b（$Y \leftrightarrow X^*$）の領域は、タイプ b（$Y \leftrightarrow X^*$）とタイプ e（$X, Y \leftrightarrow X^*$）の領域に、タイプ a（$X \leftrightarrow Y^*$）の領域は、タイプ a（$X \leftrightarrow Y^*$）とタイプ f（$X \leftrightarrow X^*, Y^*$）の領域に分割される。菊地（2001）の安定的な貿易均衡を考慮した「$\lambda-\mu$ 図」に、小国が CRS 財である Y 財だけでなく IRS 財である X 財も生産する不完全特化に、大国が IRS 財のみを生産する完全特化になる貿易パターンである、タイプ e（$X, Y \leftrightarrow X^*$）の領域と f（$X \leftrightarrow X^*, Y^*$）の領域を追加することになる。

4　安定的な貿易均衡における貿易利益

4-1　貿易利益の判断基準

貿易利益の有無については、閉鎖経済における実質賃金率と安定的な貿易均衡における実質賃金率を比較し、後者が前者を上回っている場合に貿易利益があると判断する[33]。貿易利益（Gains from Trade）を判断する定義式は、下記のとおりである。

$$\mathrm{GT} = \ln \frac{w^T}{(P_X^T)^\mu (P_Y^T)^{1-\mu}} - \ln \frac{w^A}{(P_X^A)^\mu (P_Y^A)^{1-\mu}}$$

なお、w は名目賃金率、P_X, P_Y はそれぞれ、X 財、Y 財の価格を表す。右上の添え字「A」、「T」は、それぞれ閉鎖経済状態での均衡と自由貿易状態での均衡を表す。

閉鎖経済状態においては、$P_Y^A = w^A = 1$ が成り立ち、自由貿易状態では、$P_Y^T = 1$ が成り立つため、

---

[33] 自国の代表的な消費者の効用関数の間接効用関数は、$v = v_0 \dfrac{w}{P_X^\mu P_Y^{1-\mu}}$ で与えられる。ただし、$v_0 = \mu^\mu (1-\mu)^{1-\mu} m$ であり、m は所得を表す。したがって、貿易利益があることは自由貿易によって代表的消費者の効用が上昇することを意味している。

88　第1部　国際貿易論の理論分析

$$\mathrm{GT} = \ln w^T - \mu \ln \frac{P_X^T}{P_X^A}$$

と変形できる。

4-2　各タイプの貿易均衡と貿易利益

　以下では、自国が小国で、外国が大国の場合、安定的な貿易均衡状態にある小国と大国の貿易利益の有無を明らかにする。安定的な貿易均衡は、タイプ b ($Y \leftrightarrow X^*$)、タイプ d ($Y \leftrightarrow X^*, Y^*$) およびタイプ e ($X, Y \leftrightarrow X^*$) の3つのタイプである。それぞれについて検討していく。

1）タイプ b ($Y \leftrightarrow X^*$) の貿易利益

　タイプ b ($Y \leftrightarrow X^*$) の貿易均衡の主な均衡値は、

$$P_X^{*b} = \{(1-\lambda)\bar{L}\}^{\frac{-\gamma}{1-\gamma}} w^{*b}, \qquad P_Y^b = w^b$$

$$w^{*b} \geq w^b = 1$$

$$w^{*b} = \frac{\mu\lambda}{(1-\mu)(1-\lambda)}$$

である。

　自国の貿易利益 GT^b は、第2節の（4）式と上式を考慮すると、

$$\mathrm{GT}^b = \ln w^b - \mu \ln \frac{P_X^b}{P_X^A}$$

$$= -\mu \ln \left[\left\{ \frac{(1-\lambda)\bar{L}}{\mu\lambda\bar{L}} \right\}^{\frac{-\gamma}{1-\gamma}} w^{*b} \right]$$

$$= -\mu \ln \left\{ \left(\frac{1-\lambda}{\mu\lambda} \right)^{\frac{-\gamma}{1-\gamma}} \frac{\mu\lambda}{(1-\mu)(1-\lambda)} \right\}$$

をえる。ここで、タイプ b ($Y \leftrightarrow X^*$) の貿易均衡において生じる貿易損失は、上式の3番目の式より、$\left(\frac{1-\lambda}{\mu\lambda}\right)^{\frac{-\gamma}{1-\gamma}} \frac{\mu\lambda}{(1-\mu)(1-\lambda)} > 1$ のときである。さらに、整理すると、

(11) $\quad \mu\lambda > (1-\mu)^{1-\gamma}(1-\lambda)$

がえられる。この (11) 式は後で重要な式となる。また、貿易利益 GT^b は、上式の 2 番目の式より、

$$GT^b = -\mu \ln w^{*b} + \frac{\mu\gamma}{1-\gamma} \ln\left(\frac{1-\lambda}{\mu\lambda}\right)$$

となる。これより、外国の名目賃金率の上昇が自国に貿易損失をもたらす原因となることがわかる[34]。

他方、外国の貿易利益 GT^{*b} は、第 2 節の (4) 式と上式の均衡値より、

$$\begin{aligned}GT^{*b} &= \ln w^{*b} - \mu \ln \frac{P_X^{*b}}{P_X^{*A}} \\ &= \ln w^{*b} - \mu \ln\left[\left\{\frac{(1-\lambda)\bar{L}}{\mu(1-\lambda)\bar{L}}\right\}^{\frac{-\gamma}{1-\gamma}} w^{*b}\right] \\ &= (1-\mu)\ln w^{*b} + \frac{\mu\gamma}{1-\gamma}\ln\left(\frac{1}{\mu}\right) > 0\end{aligned}$$

となる。小国の自国とは異なり、大国の外国は常に貿易利益をえる。

以上のことより、大国である外国が X 財に完全特化し、小国である自国が Y 財に完全特化するタイプ b $(Y \leftrightarrow X^*)$ の貿易均衡では、外国は常に貿易利益をえるが、自国は貿易損失を被る可能性がある。

2) タイプ d $(Y \leftrightarrow X^*, Y^*)$ の貿易利益

タイプ d $(Y \leftrightarrow X^*, Y^*)$ の貿易均衡の主な均衡値は、

$$P_X^{*d} = (\mu\bar{L})^{\frac{-\gamma}{1-\gamma}} w^{*d}, \qquad P_Y^{*d} = w^{*d}, \qquad P_Y^d = w^d$$
$$w^{*d} = w^d = 1$$

である。

---

[34] 菊地 (2001, p.35)。なお、第 2 項は、外国が大国であることより、$\frac{1-\lambda}{\lambda} > 1$ および $\frac{1}{\mu} > 1$ であり、正の値をとる。

自国の貿易利益 GT^d は、第2節の (4) 式と上式を考慮すると、

$$GT^d = \ln w^d - \mu \ln \frac{P_X^d}{P_X^A}$$

$$= -\mu \ln \left\{ \left(\frac{\mu \bar{L}}{\mu \lambda \bar{L}} \right)^{\frac{-\gamma}{1-\gamma}} w^{*d} \right\}$$

$$= \frac{\mu \gamma}{1-\gamma} \ln \left(\frac{1}{\lambda} \right) > 0$$

となる。すなわち、タイプd ($Y \leftrightarrow X^*, Y^*$) の貿易均衡のとき、小国である自国は常に貿易利益をえる。

他方、外国の貿易利益 GT^{*d} は、第2節の (4) 式と上式を考慮すると、

$$GT^{*d} = \ln w^{*d} - \mu \ln \frac{P_X^{*d}}{P_X^{*A}}$$

$$= -\mu \ln \left[\left\{ \frac{\mu \bar{L}}{\mu (1-\lambda) \bar{L}} \right\}^{\frac{-\gamma}{1-\gamma}} w^{*d} \right]$$

$$= \frac{\mu \gamma}{1-\gamma} \ln \left(\frac{1}{1-\lambda} \right) > 0$$

となる。すなわち、タイプd ($Y \leftrightarrow X^*, Y^*$) の貿易均衡のとき、大国である外国は常に貿易利益をえる。

以上のことより、小国である自国がY財に完全特化し、大国である外国がX財とY財に不完全特化するタイプd ($Y \leftrightarrow X^*, Y^*$) の貿易均衡では、両国においてY財が生産されるため、名目賃金率は均等化し、X財の生産は収穫逓増が作用してX財価格は、閉鎖経済状態のときよりも下落する。このために、貿易開始後の両国の実質賃金率が上昇し貿易利益をえるといえる。

3) タイプe ($X, Y \leftrightarrow X^*$) の貿易利益

タイプe ($X, Y \leftrightarrow X^*$) の貿易均衡の主な均衡式は、

第4章　マーシャル的収穫逓増による貿易パターンと貿易利益　91

$$P_X^{*e} = \{(1-\lambda)\bar{L}\}^{\frac{-\gamma}{1-\gamma}} w^{*e}, \qquad P_X^e = (\delta\bar{L})^{\frac{-\gamma}{1-\gamma}} w^e,$$

$$P_X^{*e} = P_X^e, \qquad P_Y^e = w^e, \qquad w^e = 1$$

$$(1-\mu)\{w^e \lambda \bar{L} + w^{*e}(1-\lambda)\bar{L}\} = w^e(\lambda-\delta)\bar{L}$$

である。ただし、δ は、タイプ e $(X, Y \leftrightarrow X^*)$ の貿易均衡が成り立つときに実現する自国の X 財の労働投入量 $L_X^e = \delta\bar{L}$ である。また、自国の労働市場の制約条件から、$0 < \delta < \lambda$ である。両国で生産される X 財の価格が等しいことから、

$$(1-\lambda)^{\frac{-\gamma}{1-\gamma}} w^{*e} = \delta^{\frac{-\gamma}{1-\gamma}}$$

が成り立ち、さらに、

$$w^{*e} = \left(\frac{1-\lambda}{\delta}\right)^{\frac{\gamma}{1-\gamma}}$$

となる。外国が大国であるとき、$w^{*e} > w^e = 1$ となる[35]。他方、外国の名目賃金率 w^{*e} は、上式の Y 財市場の需給均衡式より、

$$w^{*e} = \frac{\mu\lambda - \delta}{(1-\mu)(1-\lambda)}$$

がえられる。$w^{*e} > 1$ であることから、上式より、$\frac{\delta}{\mu\lambda} < 1$ が成立する[36]。

さて、自国の貿易利益 GT^e は、第2節の (4) 式と上式を考慮すると、

$$GT^e = \ln w^e - \mu \ln \frac{P_X^e}{P_X^A}$$

$$= -\mu \ln \left\{\left(\frac{\delta\bar{L}}{\mu\lambda\bar{L}}\right)^{\frac{-\gamma}{1-\gamma}} w^e\right\}$$

$$= \frac{\mu\gamma}{1-\gamma} \ln \left(\frac{\delta}{\mu\lambda}\right) < 0$$

---

[35] $\lambda < \frac{1}{2}$ のとき、$0 < \delta < \lambda < 1 - \lambda$ となり、$\frac{1-\lambda}{\delta} > 1$ が成り立つ。したがって、$w^{*e} > 1$ がえられる。

[36] $w^{*e} > 1$ のとき、$\mu\lambda - \delta > (1-\mu)(1-\lambda) > 0$ となる。

となる。タイプ e $(X, Y \leftrightarrow X^*)$ の貿易均衡のとき、小国である自国の貿易利益は、常に $GT^e < 0$ が成り立つため、自国は常に貿易損失を被る。自国の名目賃金率は貿易開始後も不変であるが、貿易開始後の X 財生産の減少、X 財価格の上昇により、貿易開始後の実質賃金率が下落することが関わっているといえる。

他方、外国の貿易利益 GT^{*e} は、第 2 節の (4) 式と上式を考慮すると、

$$GT^{*e} = \ln w^{*e} - \mu \ln \frac{P_X^{*e}}{P_X^{*A}}$$

$$= \ln w^{*e} - \mu \ln \left[\left\{ \frac{(1-\lambda)\bar{L}}{\mu(1-\lambda)\bar{L}} \right\}^{\frac{-\gamma}{1-\gamma}} w^{*e} \right]$$

$$= (1-\mu) \ln w^{*e} + \frac{\mu\gamma}{1-\gamma} \ln \left(\frac{1}{\mu} \right) > 0$$

となる。すなわち、タイプ e $(X, Y \leftrightarrow X^*)$ の貿易均衡のとき、大国である外国は常に貿易利益をえる。

以上のことより、小国である自国が X 財と Y 財に不完全特化し、大国である外国が X 財に完全特化するタイプ e $(X, Y \leftrightarrow X^*)$ の貿易均衡では、自国は常に貿易損失を被るが、外国は常に貿易利益をえる。

自国が小国で、外国が大国のときの安定的な 3 つのタイプの貿易均衡における貿易利益について分析した。3 つのタイプの貿易均衡にある大国は常に貿易利益をえるが、小国の場合にはそうとは限らない。タイプ e $(X, Y \leftrightarrow X^*)$ では小国は常に貿易損失を被るし、タイプ b $(Y \leftrightarrow X^*)$ では (11) 式を満たす場合には小国は貿易損失を被る。すなわち「Graham ケース」が存在するのである[37]。

4-3　Graham ケースの必要十分条件と「$\lambda - \mu$ 図」による図解

自国が小国のとき、小国が貿易損失を被る「Graham ケース」の必要十分

---

[37] マーシャル的収穫逓増財 (IRS 財) を含む 2 国 2 財 1 生産要素モデルにおいて、小国が貿易損失を被るという議論は、Ethier (1982, p.1261) の命題 10 にある。ここでは、「Graham ケース」と呼称する。

第4章 マーシャル的収穫逓増による貿易パターンと貿易利益 93

条件は、(11) 式であることを議論する。自国が小国のときの安定的な貿易均衡の必要十分条件は、3-3-4) で示したタイプ d ($Y \leftrightarrow X^*, Y^*$) の (8a) 式、タイプ b ($Y \leftrightarrow X^*$) の (7a)' 式、タイプ e ($X, Y \leftrightarrow X^*$) の (10a) 式である。$\chi(\gamma, \mu) = \mu \gamma \left\{ \dfrac{1-\gamma}{\gamma(1-\mu)} \right\}^{1-\gamma}$ とすると[38]、タイプ b とタイプ e の条件式は、それぞれ、タイプ b ($Y \leftrightarrow X^*$) については、

$$(12) \qquad \mu \geqq 1 - \lambda \geqq \frac{\chi(\gamma, \mu)}{1 + \chi(\gamma, \mu)}$$

タイプ e ($X, Y \leftrightarrow X^*$) については、

$$(13) \qquad \mu > \frac{\chi(\gamma, \mu)}{1 + \chi(\gamma, \mu)} > 1 - \lambda$$

となる。また、タイプ b ($Y \leftrightarrow X^*$) における貿易均衡の貿易損失に関する条件式は、4-2-1) の (11) 式である。再掲すると、

$$(11) \qquad \mu \lambda > (1-\mu)^{1-\gamma} (1-\lambda)$$

である。(11) 式は、$\phi(\gamma, \mu) = \dfrac{\mu}{(1-\mu)^{1-\gamma}}$ とし、$\phi(\gamma, \mu)$ は、μ の単調増加関数、$\phi(0, \mu) = \dfrac{\mu}{1-\mu}$、$\phi(1, \mu) = \mu$ であることを考慮すると、

$$(14) \qquad \mu > \frac{\phi(\gamma, \mu)}{1 + \phi(\gamma, \mu)} > 1 - \lambda$$

となる[39]。さらに、$\dfrac{\chi(\gamma, \mu)}{1 + \chi(\gamma, \mu)}$ と $\dfrac{\phi(\gamma, \mu)}{1 + \phi(\gamma, \mu)}$ との大小関係は[40]、

---

[38] $\chi(\gamma, \mu)$ は、μ の単調増加関数、$\chi(0, \mu) = \dfrac{\mu}{1-\mu}$、$\chi(1, \mu) = \mu$ であることは、三宅 (2012) の補論 2 で議論している。

[39] $\chi(\gamma, \mu)$ と $\phi(\gamma, \mu)$ のその他の性質については、三宅 (2012) の補論 2 で議論している。

[40] 三宅 (2012) の補論 2 において、$0 < \gamma < 1$ では、$\phi(\gamma, \mu) - \chi(\gamma, \mu) > 0$ の関係がえられることから、$\dfrac{\phi(\gamma, \mu)}{1 + \phi(\gamma, \mu)} - \dfrac{\chi(\gamma, \mu)}{1 + \chi(\gamma, \mu)} = \dfrac{\phi(\gamma, \mu) - \chi(\gamma, \mu)}{\{1 + \phi(\gamma, \mu)\}\{1 + \chi(\gamma, \mu)\}} > 0$ となる。

$$(15) \quad \frac{\phi(\gamma,\mu)}{1+\phi(\gamma,\mu)} > \frac{\chi(\gamma,\mu)}{1+\chi(\gamma,\mu)}$$

が成り立つ。そこで証明の議論を進める。

必要性：貿易損失が生じる場合、タイプ b ($Y \leftrightarrow X^*$) の貿易均衡においては (14) 式を、タイプ e ($X, Y \leftrightarrow X^*$) の貿易均衡においては (13) 式をそれぞれ満たす必要がある。このとき、(14) 式と (13) 式それに (15) 式を考慮するとき、

$$(16) \quad \mu > \frac{\phi(\gamma,\mu)}{1+\phi(\gamma,\mu)} > \frac{\chi(\gamma,\mu)}{1+\chi(\gamma,\mu)} > 1-\lambda$$

の関係がえられる。この (16) 式は、(14) 式を満たすことで (13) 式も満たしている。よって、(14) 式すなわち (11) 式は必要条件となる。

十分性：(11) 式すなわち (14) 式が成り立つとき、タイプ b ($Y \leftrightarrow X^*$) の安定的な貿易均衡の条件である (12) 式とタイプ e ($X, Y \leftrightarrow X^*$) の安定的な貿易均衡の条件である (13) 式は、(14) 式と (15) 式の関係を考慮すると、それぞれ

$$\mu > \frac{\phi(\gamma,\mu)}{1+\phi(\gamma,\mu)} > 1-\lambda \geqq \frac{\chi(\gamma,\mu)}{1+\chi(\gamma,\mu)}$$
$$(16) \quad \mu > \frac{\phi(\gamma,\mu)}{1+\phi(\gamma,\mu)} > \frac{\chi(\gamma,\mu)}{1+\chi(\gamma,\mu)} > 1-\lambda$$

となり整合的である。他方、タイプ d ($Y \leftrightarrow X^*, Y^*$) の安定的な貿易均衡の条件である (8a) 式は (14) 式と整合的でないので、タイプ d の貿易均衡は排除される。以上のことから、タイプ b ($Y \leftrightarrow X^*$) とタイプ e ($X, Y \leftrightarrow X^*$) の貿易均衡に限られる。タイプ b ($Y \leftrightarrow X^*$) の貿易均衡に関して (14) 式が成り立つと、小国である自国は貿易損失を被る。またタイプ e ($X, Y \leftrightarrow X^*$) の貿易均衡に関しては、小国である自国は常に貿易損失となる。よって、(14) 式すなわち (11) 式は十分条件となる。したがって、(14) 式すなわち (11) 式は、小国である自国が貿易損失を被る必要十分条件となり、「Graham ケース」と

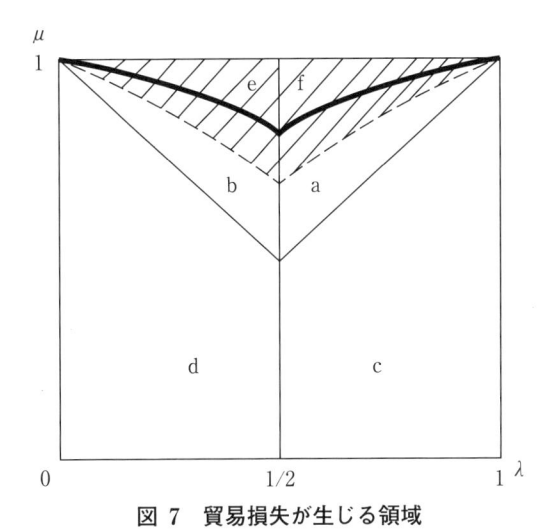

第4章　マーシャル的収穫逓増による貿易パターンと貿易利益　95

図7　貿易損失が生じる領域

なる。

なお，小国が外国で，大国が自国の場合，タイプa ($X \leftrightarrow Y^*$) とタイプf ($X \leftrightarrow X^*, Y^*$) の安定的な貿易均衡において，小国である外国に貿易損失の議論が同様に可能である。(11) 式と (14) 式に対応する必要条件式は，

$$\mu(1-\lambda) > (1-\mu)^{1-\gamma}\lambda$$
$$\mu > \frac{\phi(\gamma,\mu)}{1+\phi(\gamma,\mu)} > \lambda$$

となる。

以上の議論より，安定的なタイプの貿易均衡の領域を示した図6の「$\lambda-\mu$図」に，貿易損失が生じる領域について「斜線」を施すことによって，**図7**に明示することができる。

次に，収穫逓増の程度γの変化が貿易損失を被る領域の変化に与える効果について明らかにする。小国である自国が貿易損失を被る必要十分条件は，(14) 式である。γが0に近づいた場合の極限値[41]と1に近づいた場合の極限値[42]を考慮すると，(14) 式は，それぞれ，

$\gamma \to 0$ のとき、$\mu > 1-\lambda$

$\gamma \to 1$ のとき、$\mu > \frac{1}{\lambda}-1$　　　　ただし、$0<\lambda<\frac{1}{2}$ では、$\mu=1$

となる。すなわち、収穫逓増の程度が小さくなると、貿易損失が生じる斜線で囲まれた領域は、タイプ e ($X, Y \leftrightarrow X^*$) の貿易パターンの領域と同様に拡大し、タイプ b ($Y \leftrightarrow X^*$) とタイプ d ($Y \leftrightarrow X^*, Y^*$) の境界線 ($\mu=1-\lambda$) に近づいていく。反対に、収穫逓増の程度が大きくなると、貿易損失が生じる斜線で囲まれた領域は、タイプ e ($X, Y \leftrightarrow X^*$) の貿易パターンの領域と同様に縮小していく[43]。

以上のことから、タイプ b ($Y \leftrightarrow X^*$) の貿易均衡では、収穫逓増の程度が大きくなると、X 財価格は大きく低下し、X 財の生産に完全特化している大国の外国で貿易利益をえるだけでなく、Y 財に特化している小国の自国でも閉鎖経済均衡よりも低い価格で X 財を輸入するために、貿易利益をえる[44]。他方、タイプ e ($X, Y \leftrightarrow X^*$) の貿易均衡では、小国の自国が常に貿易損失を被るが、3-2-2) で議論したとおり、収穫逓増の程度が大きくなると、その領域は縮小していく。その結果、小国が IRS 財である X 財と CRS 財の Y 財に不完全特化するような貿易パターンの貿易均衡の実現の可能性は極めて少なくなり、小国が貿易損失となる可能性も少なくなる。

5　Ethier (1982) など先行研究との関係

本章での結果と先行研究との関係を、2つについて、すなわち、複数個の貿易パターンの貿易均衡に関すること、安定的な貿易均衡の貿易利益に関すること、特に「Graham ケース」について議論する。

---

[41] $\lim_{\gamma \to 0} \psi(\gamma, \mu) = \frac{\mu}{1-\mu}$ である。

[42] $\lim_{\gamma \to 1} \psi(\gamma, \mu) = \mu$ である。

[43] 3-2-2) で議論した結果と同じ結果が得られ、図5と同様の変化となる。

[44] (11) 式は、菊地 (2001, p.35) と同じ条件式である。また、貿易損失となる経済的意味については、菊地 (2001, p.38) で議論されている。

先ず、複数個の貿易パターンの貿易均衡についてである。Ethier (1982) では、マーシャル的収穫逓増を含む2国2財1生産要素モデルを設定し、複数個の貿易パターンの貿易均衡が存在すること、大国は IRS 財である X 財に完全特化あるいは X 財と Y 財に不完全特化するのに対して、小国は CRS 財である Y 財に完全特化あるいは X 財と Y 財に不完全特化すること、安定的な貿易均衡のうちタイプ e $(X, Y \leftrightarrow X^*)$ (およびタイプ f $(X, Y \leftrightarrow X^*)$) の貿易パターンの貿易均衡もえられることを明らかにしている。しかしながら、Ethier (1982) の議論は難解で散発的であり、本章のように系統的で包括的な議論は行っていない。

菊地 (2001) では、Ethier (1982) の議論をコンパクトに整理した分析がなされ、本章でみた貿易パターンのタイプ a、b、c、d の4つのみを扱い、「$\lambda-\mu$ 図」を用いた議論が展開されている。マーシャル的収穫逓増の要因を扱いながら、それを陽表的に扱えない結果となっている。これに対して本章では、マーシャル的収穫逓増の要因が強く関係する貿易パターンであるタイプ e $(X, Y \leftrightarrow X^*)$、タイプ f $(X \leftrightarrow X^*, Y^*)$ の貿易均衡を加えた、7タイプの貿易パターンの貿易均衡の必要条件をもとめて、「$\lambda-\mu$ 図」との対応関係を議論している。さらに、マーシャル的調整メカニズムを用いた安定的な貿易均衡の必要十分条件を導き、「$\lambda-\mu$ 図」の修正を行っている。

Tawada (1989b) では、本章とは逆に、自国が大国、外国が小国であることを仮定して、「$\lambda-\mu$ 図」に関連する議論はしていないが、Ethier (1982) が導入した自国と外国の労働投入量のアロケーション・カーブを用いた分析をより厳密に行っている。特に、収穫逓増の程度を表すパラメーター γ の変化によって、アロケーション・カーブの頂点が変化し、異なる貿易パターンの貿易均衡がえられることを明らかにし、菊地 (2001) では扱わなかったタイプ e $(X, Y \leftrightarrow X^*)$ およびタイプ f $(X \leftrightarrow X^*, Y^*)$ の貿易均衡の可能性を示している[45]。しかしながら、Tawada (1989b) では、収穫逓増の程度の変化 (γ の変化) について議論は行っているが、両国の労働賦存量の変化 (λ の変化) および IRS 財である X 財の支出シェアの変化 (μ の変化) については、明示的に議論し

---

[45] Tawada (1989b, p.37) の命題2に述べられている。

ていない。ここでは、γ の変化だけでなく、λ および μ の変化に対する効果についても包括的に議論を行っている。

Uchiyama and Kiyono（2005）では、自国が小国、外国が大国であることを仮定し、本章とは異なるマーシャル型の調整メカニズムによって、ここでの議論と同様に、安定的な貿易均衡となる3つの貿易パターンを導き出している。他方、Uchiyama and Kiyono（2005）が用いた効用関数および生産関数は、一般的な関数であるために、本章のように収穫逓増の程度である γ の変化、IRS財であるX財の嗜好の変化である μ の変化、両国の労働賦存量の違いである λ の変化を具体的に議論していない。しかしながら、ここではそれを可能にし、マーシャル的収穫逓増の存在が2国間の貿易にどのような効果を与えるかについて詳しく議論を行うことができている。

次に、安定的な貿易均衡の貿易利益についてである。どの先行研究もIRS財であるX財に完全もしくは不完全特化する大国は常に貿易利益をえること、また、小国は貿易損失を被る「Grahamケース」の可能性があることを明らかにしている。

Ethier（1982）では、小国の貿易損失についてGraham命題[46]として議論されている。命題において、収穫逓増の程度を表すパラメーター γ とX財に対する支出シェアを表すパラメーター μ との間に、

$$(17) \quad \mu^{\frac{1}{1-\gamma}} > 1 - \mu$$

の関係があり、外国の労働賦存量 L^* と自国の労働賦存量 L との関係で、

$$\frac{L^*}{L} \fallingdotseq 1 \quad (L^* > L)$$

が成り立つとき、小国である自国は貿易損失を被るとしている。(17) 式は、$0 < \lambda < \frac{1}{2}$ のとき、(11) 式より、

$$\frac{\mu}{(1-\mu)^{1-\gamma}} > \frac{1-\lambda}{\lambda} > 1$$

---

[46] Ethier（1982, p.1261）。

がえられ、$\mu > (1-\mu)^{1-\gamma}$ であることから、(17) 式がえられる。Ethier (1982) の命題は、$\lambda \fallingdotseq \frac{1}{2}$ の場合に限定して議論しているが、小国である自国が貿易損失を被る「Graham ケース」について、本章ではもう少し広い可能性を議論している。

菊地 (2001) では、「Graham ケース」の条件式を導いている。それはここで導いた (11) 式と同じである。そして、タイプ b ($Y \leftrightarrow X^*$) の貿易パターンにおける小国の貿易損失の可能性として議論がなされている。本章のように、大国が IRS 財に完全特化し、小国が IRS 財と CRS 財に不完全特化する貿易パターンの貿易均衡も考慮した上で、(11) 式が「Graham ケース」の必要十分条件としたわけではないが、条件式は同じとなっている。ここでは、この条件式に対応する領域を収穫逓増の程度の変化も考慮しながら「$\lambda-\mu$ 図」に組み込んで、より一層分かり易い議論を展開している。

Tawada (1989b) では、本章と同一の「Graham ケース」の必要十分条件を導き、命題 3 を示している[47]。そこでは、小国が不完全特化の貿易均衡のとき、小国は貿易損失を被ること、さらに、大国も小国も完全特化の貿易均衡のとき（これはタイプ a ($X \leftrightarrow Y^*$) およびタイプ b ($Y \leftrightarrow X^*$) を意味している）、小国は貿易利益を享受する場合もあるが貿易損失を被る場合もあることを明らかにしている。しかしながら、Tawada (1989b) では、「Graham ケース」と「$\lambda-\mu$ 図」との関係には触れられていない。

Uchiyama and Kiyono (2005) では、Ethier (1982) モデルを包含するより一般的なモデルを展開し、「Graham ケース」を含む小国の貿易損失の可能性を明らかにしている。しかし、大国が IRS 財に完全特化し、小国が CRS 財に完全特化する場合に、ここでの (11) 式のような、小国が貿易損失を被るときの必要十分条件式を具体的に明示していない。これは、Uchiyama and Kiyono (2005) では、生産関数と効用関数をより一般的な関数としていることに大きく依存している。すなわち、生産関数 $F(L)$ は、その二階微分が正であるとだけ仮定していて、収穫逓増の程度を表すパラメーターを利用していないこと、また、効用関数は、ホモセティック型の関数と仮定していて、

---

[47] Tawada (1989b, p.40)。

Cobb-Douglas 型ではないため、IRS 財の支出シェアを表すパラメーターを利用していないことが関係している。

6 おわりに

本章では、Ethier (1982) のマーシャル的収穫逓増が作用する 2 国 2 財 1 生産要素モデルにおいて、複数個の貿易パターンの貿易均衡と安定的な貿易均衡における貿易利益について議論し、主に二つのことが明らかにされた。

一つは、複数個の貿易パターンの貿易均衡に関することである。まず、Ethier (1982) が示したアロケーション・カーブも用いて、7 つのタイプの貿易パターンの貿易均衡が成り立つための必要条件を明らかにした。そして、その条件について、菊地 (2001) が示した「$\lambda-\mu$ 図」上に、マーシャル的収穫逓増の程度を表すパラメーター γ の変化も考慮しながら、図解することができた。さらに、マーシャル的調整メカニズムを適用して、閉鎖経済状態を初期点にして実現する安定的な貿易均衡をもとめた。分析により、6 つのタイプの貿易パターンの貿易均衡がえられ、それぞれのタイプの貿易均衡が成立するための必要十分条件を導出し、それを「$\lambda-\mu$ 図」上に図解することができた。

もう一つは、安定的な貿易均衡における貿易利益に関することである。貿易の開始によって到達する安定的な貿易均衡において、大国は常に貿易利益を享受するが、小国は貿易損失を被る可能性がある。もう少し具体的に述べるならば、①大国が IRS 財である X 財に完全特化し、小国が IRS 財である X 財と CRS 財である Y 財に不完全特化するタイプ e $(X, Y \leftrightarrow X^*)$ あるいはタイプ f $(X \leftrightarrow X^*, Y^*)$ の貿易均衡のとき、小国は条件なしで貿易損失を被ること、②大国が IRS 財である X 財と CRS 財である Y 財に不完全特化し、小国が CRS 財である Y 財に完全特化するタイプ c $(X, Y \leftrightarrow Y^*)$ あるいはタイプ d $(Y \leftrightarrow X^*, Y^*)$ のとき、小国は条件なしで貿易利益を享受すること、③大国が IRS 財である X 財に完全特化し、小国が CRS 財である Y 財に完全特化するタイプ a $(X \leftrightarrow Y^*)$ あるいはタイプ b $(Y \leftrightarrow X^*)$ のとき、小国はある条件式によって貿易利益を享受するか貿易損失を被るかが決まる。この条件式は、小

国が貿易損失を被る「Graham ケース」の必要十分条件であることを明らかにした。すなわち、小国と大国が似通った経済規模であるほど、IRS 財である X 財の支出シェアが大きいほど、またマーシャル的収穫逓増の程度が小さいほど、小国が貿易損失を被る可能性は高くなるのである[48]。

参考文献

Ethier, Wilfred (1982) "Decreasing Costs in International Trade and Frank Graham's Argument for Protection," *Econometrica*, vol. 50, 1243-1268.

Graham, Frank (1923) "Some Aspects of Protection Further Considered," *Quarterly Journal of Economics*, vol. 37, 199-227.

菊地徹 (2001)「収穫逓増と国際貿易：外部経済モデルを中心として」『収穫逓増と不完全競争の貿易理論』勁草書房，第 2 章，21-43.

三宅啓之 (2012)『収穫逓増が貿易パターンと貿易利益に与える影響』(京都産業大学通信制大学院経済学研究科修士論文)

三宅啓之・寺町信雄 (2013)「マーシャル的収穫逓増による貿易パターンと貿易利益」『京都産業大学論叢』(社会科学系列) 第 30 号，March, 51-84.

Suga, Nobuhito (2007) "A Monopolistic-competition model of International Trade with External Economies of Scale," *North American Journal of Economics and Finance*, vol. 18, 77-91.

Tawada, Makoto (1989a) "The Stability Properties of Trade Equilibrium," *Production Structure and International Trade, Lecture Notes in Economics and Mathematical Systems*, Berlin：Springer-Verlag, no. 327, Chapter 1, 5-20.

Tawada, Makoto (1989b) "Pattern of Specialization, Gains from Trade and Variable Return to Scale," *Production Structure and International Trade, Lecture Notes in Economics and Mathematical Systems*, Berlin：Springer-Verlag, no. 327, Chapter 2, 21-44.

Uchiyama, Takashi, and Kazuharu Kiyono (2005) "Marshallian External Economies in International Trade," 日本国際経済学会『国際経済』第 9 号，53-68.

---

[48] 本章では、マーシャル的収穫逓増が作用する 2 国 2 財 1 生産要素の完全競争モデルの枠組で議論を展開した。Suga (2007) は、Ethier (1982) モデルを独占的競争モデルに拡張して貿易パターンと貿易利益について議論を行っている。三宅 (2012) は、第 2 章において、Ethier モデルと Suga モデルを比較検討した議論を行っている。

第5章　国際労働移動が受け入れ・送り出し国に及ぼす影響[1]

1　はじめに

　国際間の経済活動は国境を越えて行われる。モノ・カネ・企業・ヒトが国境を越えて経済活動をする。この中でヒトに対しては、どの国も働くために特定の国を選択して自由に国際移動することを認めてはいない。ヒトは、経済活動以外に生活・民族・政治・文化・社会といった多面的な影響をもたらすことから、どの国も受け入れ・送り出しには消極的であり、また慎重でもある。ここで扱う国際労働移動は、ヒトがもつ労働サービスのみに注目するという限定された議論を展開するものである。すなわち、送り出し国からの「外国人労働者」は、労働サービスを受け入れ国において提供する。彼らはその報酬を受け取り、受け入れ国での生活に必要な諸経費を差し引いた所得を本国に持ち帰りあるいは送金し、送り出し国でその所得を支出するという行動を前提にした国際労働移動について議論するものである。この前提は、クラウス（Krauss：1976）がいうゲスト・ワーカー、短期移民あるいは「外国人労働者」といわれるヒトの国際移動に対応するものである。

　国際労働移動に関する理論分析をするには、その枠組が問題になる。すでに3財（2貿易財1非貿易財）2要素による受け入れ小国モデルによる国際労働移動の議論が行われているが、ここでは2財（貿易財・非貿易財）2要素による受け入れ・送り出し2国モデルを扱う。オープン・マクロ経済学の分野で時折扱われるモデルであること、国際労働移動を扱う一連の論文がこのモデルで行われていること、非貿易財の存在を組み入れた単純化したモデルであることなどが主な理由である。

---

[1] 本章の原文は、浜田文雅編著（1993）『アジアの経済開発と経済分析—金子敬生先生追悼論文集』文眞堂、に掲載された第2章の論文である。外国人労働者の経済分析には、邦語の代表的な研究書には後藤（1993）と後藤（1990）がある。これらについての書評には寺町（1997）がある。

2財（貿易財・非貿易財）2要素モデルの枠組での一連の論文では、送り出し小国モデル・受け入れ小国モデルのみを扱うものであった。ここでは、これらの論文を比較整理するために2国モデルの枠組で議論している。第2節では、ここで扱うモデルの生産構造について明らかにする。第3節では、さらに需要要因と受け入れ国の労働流入制限の制約を加えて、2国の市場均衡のもとでの国際労働移動の効果を比較静学分析によって明らかにする。第4節では、前節の結果を用いて、受け入れ国と送り出し国の実質所得への効果をみる。ここでの「外国人労働者」は、受け入れ国で生活をするヒトとして扱わず、労働サービスを提供する送り出し国のヒトとして扱っていることにより、このモデルの枠組をもつ一連の論文との間に若干の違いが起きている。それについてのコメントが述べられる。第5節では、2国間の労働賃金率差が消滅するまで国際労働移動が行われる長期均衡の状態についてその経済的意味を明らかにする。そして第6節では、ここでの分析でえられた結論についてまとめる。

2 モデルの生産構造

2国2財2要素の経済を考える。2国は資本豊富国で国際労働移動の受け入れ国と労働豊富国で国際労働移動の送り出し国とする。以下では、両国を区別するために、送り出し国の変数には＊印を付ける。両国は同じ生産技術を用いて2財を生産すると仮定する。2財は、貿易財と非貿易財の2種類とする。貿易財には T、非貿易財には N の記号を用いる。生産要素は資本と労働とする。資本には K、労働には L の記号を用いる。国際労働移動の前後において、両国は2財を生産する不完全特化の状態にあり、財価格と要素報酬比率との間には1対1の対応関係があるとする。リベラ・バティツ（Rivera-Batiz：1982）の議論もあるが、議論を簡単にするために、資本豊富国である労働受け入れ国では、労働豊富国である労働送り出し国に比べて、どの財で測った賃金率においても、受け入れ国の賃金率が送り出し国の賃金率よりも高くなっているとする。国際労働移動が可能であるならば、後者の国から前者の国への労働移動が起きることになる。

104　第1部　国際貿易論の理論分析

以下では、本章で基本的な役割をもつ2財2要素の生産構造を受け入れ国についてまず示すことにする。それは、次の連立方程式で表わされる。

$$(1) \quad X_j = F_j(L_j, K_j) \qquad j = T, N$$

$$(2) \quad L_T + L_N = L$$

$$(3) \quad K_T + K_N = \bar{K}$$

$$(4) \quad w = F_{LT} = PF_{LN}$$

$$(5) \quad r = F_{KT} = PF_{KN}$$

$$(6) \quad z = w/r$$

$$(7) \quad K_j/L_T = k_j(z) \qquad j = T, N$$

$$(8) \quad X_j = F_{Lj}L_j + F_{Kj}K_j \qquad j = T, N$$

(1)式において、X_j は第 j の産出量であり、F_j は第 j 産業の生産関数である。(2)(3) 式は、労働と資本の完全雇用条件を表わす。なお、資本の供給量は賦存量 $\bar{K}$ に等しいが、労働の供給量 L は後述するように賦存量と異なるとする。(4)(5) 式は、完全競争と企業の利潤極大化行動の仮定よりえられる。F_{Lj} は第 j 財の労働の限界生産物を、F_{Kj} は第 j 財の資本の限界生産物を表し、P は貿易財（ニュメレール）で測った非貿易財の価格である。(6) 式は、労働と資本の報酬率の比率 z を示したものである。(7) 式は、(5)(6) 式よりもとめられる第 j 財の要素集約度を表す資本労働比率である。労働と資本の報酬率比率 z の関数となっている。ここでは、労働と資本とは代替的な生産技術関係があるとしている。最後に (8) 式であるが、各要素に対する限界生産物逓減と規模に関する収穫不変の仮定のもとで、生産物価値が各要素に完全に分配されることが示されている。上の方程式において、$L, \bar{K}, P$ を外生変数

とし、13本の方程式に対して、13個の内生変数 $X_j, L_j, K_j, F_{Lj}, F_{Kj}, w, r, z$, ($j=T, N$) がえられる。(1)-(8) 式について、対数微分して変化率の式に書き換え、主な内生変数についてまとめると次のようになる[2]。ところで、Xの変化率は、$\hat{X}=d\ log\ X$ となっている。

$$(9) \qquad \hat{w} = -(B_{KT}/B)\hat{P}, \qquad \hat{w}-\hat{P} = -(B_{KN}/B)\hat{P}$$

$$(10) \qquad \hat{r} = -(B_{LT}/B)\hat{P}, \qquad \hat{r}-\hat{P} = -(B_{LN}/B)\hat{P}$$

$$(11) \qquad \hat{z} = -\hat{P}/B$$

ところで、$B_{Lj}= F_{Lj} L_j/X_j$, $B_{Kj}= F_{Kj} K_j/X_j$, $B= B_{LT}-B_{LN}= B_{KN}-B_{KT}$, $B_{Lj}+B_{Kj}=1$ であり、

$$(12) \qquad k_T > k_N \ \Leftrightarrow\ B<0 \ \Leftrightarrow\ \hat{w} > \hat{P} > 0 > \hat{r}$$

$$(13) \qquad k_T < k_N \ \Leftrightarrow\ B>0 \ \Leftrightarrow\ \hat{r} > \hat{P} > 0 > \hat{w}$$

となっている。いわゆる「ストルパー＝サミュエルソン」効果を表わしている。さらに、$\hat{K}=0$ とすると、

$$(14) \qquad \hat{X}_T = -E_{TP}\hat{P} + E_{TL}\hat{L}$$

$$(15) \qquad \hat{X}_N = E_{NP}\hat{P} + E_{NL}\hat{L}$$

をえる。ところで、$C_{Lj}= L_j/L$, $C_{Kj}= K_j/K$, $C= C_{LT}-C_{KT}= C_{KN}-C_{LN}$, $C_{LT}+C_{LN}=1$, $C_{KT}+C_{KN}=1$ であることより、

$$(16) \qquad k_T > k_N \ \Leftrightarrow\ C<0 \qquad k_T < k_N \ \Leftrightarrow\ C>0$$

$$(17) \qquad E_{TP} = (B_{LT}C_{LT}+B_{KT}C_{KT})/BC>0, \qquad E_{TL} = C_{KN}/C$$

---

[2] 詳しい導出展開は、天野 (1981) を参照のこと。

(18) $\quad E_{NP}=(B_{LN}C_{LN}+B_{KN}C_{KN})/BC>0, \quad E_{NL}=-C_{KT}/C$

となる。さらに (12)(13) 式において、$\hat{P}=0$ のとき、

(19) $\quad k_T>k_N \Leftrightarrow \hat{X}_N>\hat{L}>0>\hat{X}_T$

(20) $\quad k_T<k_N \Leftrightarrow \hat{X}_T>\hat{L}>0>\hat{X}_N$

をえる。いわゆる「リプチンスキー」効果を表わしている。以上のことを見る限り、2財とも貿易財の場合と何ら異なるところはない。送り出し国においては、＊印を付けるだけで同様な展開となる。ただし、以下の議論では、送り出し国では1国の労働供給量は減少する（$\hat{L}^*<0$）ことになるので、(19)(20) 式などでは注意する必要がある。

3 需要と国際労働移動の効果

さて、モデルを完結するには、需要側の要因などを加えねばならない。

(21) $\quad D_j=D_j(P, Y), \quad D_j^*=D_j^*(P^*, Y^*) \quad j=T, N$

(22) $\quad Y=D_T+PD_N, \quad Y^*=D_T^*+P^*D_N^*$

(23) $\quad Y=X_T+PX_N-twL_F^*, \quad Y^*=X_T^*+P^*X_N^*+twL_F^*$

(24) $\quad X_N=D_N, \quad X_N^*=D_N^*$

(25) $\quad L=\bar{L}+L_F^*, \quad L^*=\bar{L}^*-L_F^*$

(26) $\quad X_T+X_T^*=D_T+D_T^*$

(21) 式の第 j 財の需要量は、非貿易財の相対価格と貿易財で測った国民所得の関数として表されている。(22) 式は、国民所得はすべて2財に支出され

ることを表している。これは、経常収支の黒字・赤字が生じないことを意味している。(23) 式は、貿易財で測った国民所得の内容を示している。資本豊富国である労働受け入れ国では、L_F^* の労働を受け入れる。外国から働きにきたヒトは、受け入れ国での諸経費（生活に必要な経費など）を差し引いた所得を本国である送り出し国に持ち帰るあるいは送金をする。そしてその所得 twL_F^* を送り出し国で支出する。t は、外国から働きにきたヒトが受け入れ国でえた所得のうち本国に持ち帰るあるいは送金する所得の割合である。外国からきたヒトが自分の国で働かず外国で働くという誘因は、本国への持ち帰り所得 tw の方が、本国での所得 w^* より大であることである[3]。(24) 式は、非貿易財であることから、需給均衡が成立していなくてはならない。(25) 式は、国際労働移動による受け入れ国と送り出し国の労働供給を表したものである。$\bar{L}, \bar{L}^*$ は、各国の国際労働移動前の労働賦存量を表す。最後に、(26) 式は貿易財の均衡条件式である。ところで、(22)-(24) 式より、各国の経常収支が均衡した形でえられ、さらに貿易財市場も均衡した形でえられる。すなわち、

$$X_T - D_T - twL_F^* = 0, \qquad X_T^* - D_T^* + twL_F^* = 0$$

となり (26) 式がえられ、(26) 式は体系の中で独立な方程式でないことがわかる。(1)-(8) 式、(21)-(25) 式より、$\bar{L}, \bar{L}^*, K, K^*, L_F^*$ を外生変数として、受け入れ国の方程式 18 本と送り出し国の方程式 18 本の計 36 本の方程式に対して、$X_j, X_j^*, L_j, L_j^*, K_j, K_j^*, F_{Lj}, F_{Lj}^*, F_{Kj}, F_{Kj}^*, w, w^*, r, r^*, z, z^*, D_j, D_j^*, Y, Y^*, P, P^*, L, L^*$ ($j=T, N$) の計 36 個の内生変数がえられる。

ここで、以下の議論に関係することで述べておくことがある。国際労働流入は、受け入れ国での持ち帰り所得あるいは送金 tw と送り出し国での所得 w^* との間に差がある限り、すなわち、$(tw - w^*) > 0$ である限り、$tw = w^*$ になる長期均衡にいたるまで生じると考えられるが、第 3 節および第 4 節では長期均衡にいたる前の状況を議論するために、受け入れ国が政策として外国からの労働流入量を制限していると仮定する。そして外国からの労働流入量

---

[3] 外国からきて働くという場合には、賃金率差 ($tw - w^* > 0$) だけでなくリスク・プレミアムも当然加味されるべきであるがここでは扱わない。

L_F^* の制限を少し緩和したときに、どのような経済的効果があるかを見ることにしたい。なお、第5節では長期均衡の意味について議論する。

そこで (21) を対数微分すると、

$$(27) \quad \hat{D}_N = -(S_N + m_N)\hat{P} + m_N(Y/PD_N)\hat{Y}$$

であり、S_N は非貿易財需要の非貿易財価格に対する代替弾力性を、m_N は非貿易財需要の限界支出性向を表す。送り出し国についても同様である。(25) 式より、

$$(28) \quad dL_F^*/L = \hat{L} > 0, \quad -dL_F^*/L^* = \hat{L}^* < 0, \quad L\hat{L} = -L^*\hat{L}^*$$

であることを用い、(23)(27)(28) 式より、

$$(29) \quad \hat{D}_N = -S_N\hat{P} + m_N(twL_F^*/PD_N)\hat{w} + m_N(1-t)B_{LN}\hat{L}/C_{LN}$$

$$(30) \quad \hat{D}_N^* = [-S_N^*\hat{P}^* + m_N^*w^*/P^*D_N^*]L^*\hat{L}^* \\ - m_N^*(tw/P^*D_N^*)L^*\hat{L}^* + -m_N^*(twL_F^*/P^*D_N^*)\hat{w}$$

をえる。よって、(9)(15)(24)(29)(30) 式より、

$$(31) \quad \hat{P} = A_{PL}\hat{L}$$
$$A_{PL} = [E_{NL} + m_N(1-t)B_{LN}/C_{LN}]/(E_{NP} + G_{NP})$$
$$E_{NP} + G_{NP} = E_{NP} + S_N - m_N(twL_F^*/PD_N)(B_{KT}/B)$$

$$(32) \quad \hat{P}^* = A_{PL}^{**}\hat{L}^* = [A_{PL1}^* + A_{PL2}^* + A_{PL3}^*]\hat{L}^*$$
$$A_{PL1}^* = [E_{NL}^* + m_N^*B_{LN}^*/C_{LN}^*]/(E_{NP}^* + S_N^*)$$
$$A_{PL2}^* = -m_N^*(twL^*/P^*D_N^*)/(E_{NP}^* + S_N^*) < 0$$
$$A_{PL3}^* = m_N^*(twL_F^*/P^*D_N^*)A_{WL}(L^*/L)/(E_{NP}^* + S_N^*) > 0 \quad [4]$$

をえる。両国それぞれの非貿易財市場の均衡点がワルラス的価格調整によって安定であるためには、受け入れ国では、$E_{NP} + G_{NP} > 0$ に、送り出し国では、

---

[4] A_{WL} は、(34) 式を先取りして表わしている。

$E_{NP}^{*}+S_{N}^{*}>0$ となる[5]。

ここで、国際労働流入による受け入れ国の諸価格への効果についてみてみることにする。(31) 式は、受け入れ国の非貿易財の相対価格が国際労働流入による変化を示すものである。その効果を確定するには、A_{PL}の符号に依存する。A_{PL}の分子の第1項は、国際労働流入による非貿易財生産のリプチンスキー効果を示し、第2項は、受け入れ国における外国から働きにきたヒトの非貿易財への支出効果を示す。第1項は非貿易財の要素集約度によって符号が異なるが、第2項は正の値をとる。A_{PL}の分子は、$k_T<k_N$ならば正の値 ($A_{PL}>0$) であるが、$k_T>k_N$ならば、$C<0$となることから、

$$(33) \quad -C_{KT}/C = [(k_T/k_N)/\{(k_T/k_N)-1\}]/C_{LN} > 1/C_{LN} > m_N(1-t)B_{LN}/C_{LN}$$

となり、負の値 ($A_{PL}<0$) となる。非貿易財が資本集約財であるときには、国際労働流入により非貿易財の供給は減少し需要は増加する。この結果、非貿易財市場では超過需要がおきて非貿易財の価格が上昇することになる。他方、非貿易財が労働集約財であるときには、国際労働流入により非貿易財の供給増加が需要増加を上回る。この結果、非貿易財市場では超過供給がおきて非貿易財の価格が下落することになる。非貿易財の価格変化がえられる

---

[5] このモデルの均衡における安定条件をもとめる。非貿易財の超過需要はワルラス的価格調整によって均衡へ収束すると仮定する。この仮定のもとでの微分方程式は次のようになる。

$$(A1) \quad \dot{P} = D_N - X_N, \qquad \dot{P}^* = D_N^* - X_N^*$$

均衡値 (P_0, P_0^*) での線形近似による微分方程式の安定のための必要十分条件は、

$$(A2) \quad \begin{bmatrix} \dot{P} \\ \dot{P}^* \end{bmatrix} = \begin{bmatrix} -D_N(E_{NP}+G_{NP})/P & 0 \\ P_{21} & -D_N^*(E_{NP}^*+S_N^*)/P^* \end{bmatrix} \begin{bmatrix} P-P_0 \\ P^*-P_0^* \end{bmatrix}$$

$$\text{where } P_{21} = -(D_N^*/P)m_N^*(twL_F^*/P^*D_N^*)(B_{KT}/B)$$

において、偏微係数行列をJとすると、trace Jが負、det Jが正であることである。よって、

$$(A3) \quad \text{trace } J = -D_N(E_{NP}+G_{NP})/P - D_N^*(E_{NP}^*+S_N^*)/P^* < 0$$
$$\det J = (D_N D_N^*/PP^*)(E_{NP}+G_{NP})(E_{NP}^*+S_N^*) > 0$$

となり、$E_{NP}+G_{NP}>0, E_{NP}^*+S_N^*>0$がえられる。前者の条件において、非貿易財が労働集約財であるならば、常に正となる。

110　第1部　国際貿易論の理論分析

と、要素報酬率への効果も (9)(10)(11)(31) 式より明かとなる。すなわち、

$$(34) \quad \hat{w} = -A_{WL}\hat{L}<0, \quad A_{WL}=A_{PL}B_{KN}/B>0, \quad \hat{w}-\hat{P}<0$$

$$(35) \quad \hat{r} = -A_{RL}\hat{L}>0, \quad A_{RL}=A_{PL}B_{LT}/B<0, \quad \hat{r}-\hat{P}>0$$

国際労働流入は受け入れ国の労働供給の増加をもたらして、どの財で測った労働賃金率においても下落し、他方、資本の存在量は相対的に希少となるので、逆に資本の報酬率はどの財で測っても上昇する[6]。

　労働の送り出し国の諸価格の効果はどうであろうか。(32) 式の A_{PL}^{**} の符号は、受け入れ国の場合のように確定しない。A_{PL}^{**} は3項からなっている。第1項の A_{PL1}^{*} は、受け入れ国の (31) 式の A_{PL} に対応するものである。労働の送り出しによる非貿易財の供給量の変化と非貿易財需要量の減少との総合効果は、非貿易財の要素集約度に依存する。すなわち (33) 式を用いて、

$$k_T>k_N \iff A_{PL1}^{*}<0, \qquad k_T<k_N \iff A_{PL1}^{*}>0$$

となる。非貿易財が労働集約財であるときには、非貿易財の超過需要が生じて非貿易財の相対価格は上昇するが、非貿易財が資本集約財であるときには、非貿易財の超過供給が生じて非貿易財の価格は下落する。第2項の A_{PL2}^{*} は要素集約度には関係なく負の値となる。(30) 式の第3項が示すように、受け入れ国でえた所得が送り出し国において非貿易財に支出される要因を表わし、非貿易財の価格は上昇する。このことから (32) 式の第1項と第2項とでは、非貿易財が労働集約的であるならば、いずれも労働流出は非貿易財の超過需要をもたらして非貿易財の価格は上昇するが、非貿易財が資本集約的であるならば、労働流出による効果は相反することになり非貿易財の価格の変化は確定しないことがわかる[7]。このように送り出し国の効果が、受け入れ国の効果のように確定しないのは、(32) 式に第2項と第3項が加わっているからである。最後に、(32) 式の第3項の A_{PL3}^{*} は、(34) 式より正の値となる。受け入れ国への労働流入は受け入れ国の労働供給増をもたらし、それが

---

[6]　受け入れ国の効果を分析したものに近藤 (1992) がある。
[7]　送り出し国の厳密な数学的展開にはルンダール (Lundahl：1985) がある。

第5章 国際労働移動が受け入れ・送り出し国に及ぼす影響　111

表1　$dL_F^* > 0$ のときの両国の効果（送り出し国の $\hat{w}^* = 0$ とする）

$k_T > k_N (k_T < k_N)$	$\hat{P}$	$\hat{w}$	$\hat{w}/\hat{P}$	$\hat{r}$	$\hat{r}/\hat{P}$	$\hat{X}_N/\hat{D}_N$
受け入れ国	－（＋）	－（－）	－（－）	＋（＋）	＋（＋）	＋（？）
送り出し国	＋（？）	＋（？）	＋（？）	－（？）	－（？）	？（－）
$k_T^* > k_N^* (k_T^* < k_N^*)$	$\hat{P}^*$	$\hat{w}^*$	$\hat{w}^*/\hat{P}^*$	$\hat{r}^*$	$\hat{r}^*/\hat{P}^*$	$\hat{X}_N^*/\hat{D}_N^*$

（注）受け入れ国は資本豊富国、送出し国は労働豊富国。（・）は非貿易財が資本集約的な場合である。

　受け入れ国の労働賃金率を下落させる。その波及効果が、送り出し国の非貿易財の需要量変化（(30)式の第3項）に影響し非貿易財の超過需要の減少をもたらし、送り出し国の非貿易財価格を下落させる。(32)式の第3項は、これまでの論文が小国ケースを扱っているために現れなかった要因であることに注意する必要がある。以上のように、(32)式の第1項は要素集約度に依存し、第2項は負値で、第3項は正値と確定するために、労働の海外流出による送り出し国の非貿易財の相対価格への効果は確定しない。だが、労働の海外流出による受け入れ国の労働賃金率下落の要因が送り出し国に波及する効果は、無視するほど微小であるならば、非貿易財が労働集約的であるときには、送り出し国に非貿易財の超過需要が生して非貿易財の価格を上昇させることがいえる。他方、非貿易財が資本集約的であるときには、送り出し国の非貿易財の価格への効果は確定しない。また、送り出し国の要素報酬率への効果は、(34)(35)式を用いて明らかにすることができるが、非貿易財が労働集約的でしかも受け入れ国の労働賃金率の影響を無視することができるときのみ確定する。すなわち、労働の海外流出により、送り出し国の労働賃金率は上昇し、資本の報酬率は下落することがいえる。しかしながら、このことは限られた条件のもとにおいてという条件付であることに留意しなければならない。

　本節の議論を表1にまとめておくことにしよう。なお、両国の非貿易財が労働集約財であるとき、両国の非貿易財の価格差は受け入れ国への労働流入により縮小することがわかる。

112 第1部 国際貿易論の理論分析

4 厚生分析

　国際労働の受け入れ国と送り出し国の経済厚生についてみることにする。労働サービスを提供する送り出し国から働きにきたヒトの経済厚生はどこに算入するかという問題が生じる。ここでの彼らは、受け入れ国で労働を提供して報酬として所得をえるが、受け入れ国での諸経費を除いた所得については、すべて彼らによって送り出し国で支出されると考える。よって永久移民の分析ではなく、ゲスト・ワーカー、短期移民あるいは「外国人労働者」の分析ということになる。議論を簡単にするために、受け入れ国で稼得したヒトは、受け入れ国での諸経費ゼロとしてすべての所得を送り出し国で支出するとして議論されることも分析としてよくみられる。

　各国の経済厚生の変化を見るために、「実質所得変化」によって表わすことにする。いま、受け入れ国の効用関数を（36）式とし、

$$(36) \quad U = U(D_T, D_N)$$

予算制約（22）（23）式のもとで効用極大が満たされている。均衡において各財の限界効用を $U_j\ (j=T, N)$ とするとき、$U_N/U_T = P$ である。受け入れ国の実質所得変化心を（37）式として定義する。このとき（22）（23）式を全微分して整理すると（38）式をえる。受け入れ国の実質所得は、外国労働の流入増加によって上昇する。外国の労働者が自分の稼得所得を送り出し国に持ち帰るあるいは送金するとしても（$t=1$）、受け入れ国の経済厚生は高まるのである。

$$(37) \quad dy = dU/U_T = dD_T + PdD_N$$

$$(38) \quad dy = (1-t)wdL_F^* - twL_F^*\hat{w}$$
$$= [(1-t)wL + twL_F^* A_{WL}]\hat{L} > 0$$
$$t=1 \implies dy = wL_F^* A_{WL}\hat{L} > 0$$
$$t=0 \implies dy = wL\hat{L} > 0$$

　同じ手続きで、送り出し国の実質所得変化を（39）式として導くことがで

第5章 国際労働移動が受け入れ・送り出し国に及ぼす影響　113

きる。この場合には、経済厚生に与える影響は異なる。労働の流入を受け入れた国の労働賃金率の下落の影響が送り出し国に波及してくるのであれば、送り出し国の実質所得はマイナスの効果をもつ。しかしながら、そのような波及効果が微小なために無視できるのであれば、所得差があって外国から働きにきたヒトによる所得持ち帰りあるいは送金が送り出し国の労働賃金率を上回る限りは $(tw>w^*)$、送り出し国の実質所得は、労働の流出によって高まる。他方、送り出し国へ全く持ち帰りも送金もしないときには $(t=0)$、送り出し国の実質所得は低下することになる。

$$
\begin{aligned}
(39) \quad dy^* &= (tw-w^*)dL_F^* + twL_F^*\hat{w} \\
&= -[(tw-w^*)L^* - twL_F^*A_{WL}(L^*/L)]\hat{L}^* \\
t=1 \Rightarrow \quad dy^* &= -[(w-w^*)L^* - wL_F^*A_{WL}(L^*/L)]\hat{L}^* \\
t=0 \Rightarrow \quad dy^* &= -w^*dL_F^* < 0 \\
tw=w^* \Rightarrow \quad dy^* &= twL_F^*A_{WL}(L^*/L)]\hat{L}^* < 0 \\
\hat{w}=0 \Rightarrow \quad dy^* &= (tw-w^*)dL_F^* > 0
\end{aligned}
$$

さらに、両国の実質所得変化の合計をもとめると、(40)式となる。両国間に労働賃金率差がある限りは、国際労働移動によって世界の実質所得は高まる。この利益が $\hat{w}$ および t の程度によって2国間への配分の大きさが異なってくるのである。

$$
(40) \quad dy + dy^* = (w-w^*)dL_F^* > 0
$$

ここでの議論と関連するこれまでの論者の議論についてコメントを述べることにしよう。近藤(1992)は、資本からの収穫はその国で働いている労働者に均等に分配されるとし、さらに外国から働きにきた労働者も受け入れ国の労働者に含めるとして、小国である受け入れ国の労働者1人当りの経済厚生を問題にした。彼は、①国際労働流入は、$t=0$ のとき、流入しないときに比べて受け入れ国の経済厚生は悪化する、②受け入れ国に働きにきた労働者が送り出し国へ送金をした方がしないときより、受け入れ国の経済厚生は高まる、③よって受け入れ国にとって、働きにきた労働者が送り出し国へ送金を

するのであれば、働きにこないときに比べて受け入れ国の経済厚生は高まる可能性があるという結論をえている。受け入れ国の経済厚生を議論するとき、働きにきた外国の労働者を含めるか否かによって結果に違いがでているといえる。これは、働きにきたヒトをゲスト・ワーカー、短期移民あるいは「外国人労働者」とみるか永久移民とみるかの違いと関係していると思われる。

　リベラ・バティツ（1982）は、小国であり、国際労働を送り出す国の経済厚生について議論した。彼は、国際労働を送り出した状態と送り出さない状態について、国際労働移動に相当する労働量を差し引いて、比較する条件を同じにして、2つの状態の経済厚生をもとめた。そして国際労働を送り出すことによって送り出し国の経済厚生（以下では「ノン・マイグランツ（non-migrants）の経済厚生」という）は、かえって低められると結論した。国際労働移動に相当する労働量を除いたときのノン・マイグランツの生産可能性曲線と国際労働移動に相当する労働者を除いたノン・マイグランツの社会無差別曲線を想定して議論した点に留意しなければならない。彼が経済厚生を議論するときには、国際労働移動に相当する労働者を除くこと、さらに流出した労働者による本国への送金および送り出し国でそれを用いる財支出については何も考慮されていない。よって彼の結論が我々の結論と異なるのは当然といえる。彼の議論は、それ以後において他の論者の関心を喚起させることとなった。その1人であるドジャジク（Djaic：1986）は、リベラ・バティツのモデルに本国送金の要因を導入した。ドジャジクによれば、リベラ・バティツの想定した送り出し国のノン・マイグランツの経済厚生は、必ずしも国際労働移動によって低くなるとは限らず、むしろ高まる可能性があることを明らかにした。これはリベラ・バティツの結論に修正を加えるものであり、また我々が想定する実質所得変化を示す（39）式の議論との類似性を見いだすことができる。しかしながら、貿易財で行われる本国送金の大きさが正確に図示されていないという難点が気になる[8]。次に同じくリベラ・バティツのモ

---

[8] ドジャジクの議論の図の説明であるが、送り出し国の国際労働移動前の生産点と労働移動に相当する労働量の減少によってシフトする生産点との間にはリプチンスキー線が関係しなければならないが考慮されていない。

デルのもとで、別の1人であるキブリア（Quibria：1988）は、資本が国あるいは労働者階級によって集団的に所有されていると仮定して議論をした。国際労働移動の場合には、資本は労働と一緒に移動しない。したがってその分だけ送り出し国のノン・マイグランツの1人当り実質所得は高まるというのである。リベラ・バティツが比較した2つの状態とは異なる特殊な仮定に大きく依存した2つの状態を比較したキブリアの結論であった[9]。

ここでリベラ・バティツ（1982）の論文で描かれている図に対応して、ここで議論している受け入れ国と送り出し国における国際労働移動の前後の状態を図に示してみる。なお、非貿易財は労働集約財であるとし、外国に働きに行ったヒトの持ち帰り所得率である t は0と1の間の値をとるとし、さらに各国の消費選好はホモセティックな効用関数で表わすとする。**図1a** は受け入れ国の図であり、**図1b** は送り出し国の図である。受け入れ国は国際労働移動を受け入れる前では点Aにある。受け入れにより生産点は価格変化により生産可能性曲線上を点Aから点Bへ移動し、さらにリプチンスキー線上を点Bから点Cへシフトする。他方消費点は働きにきたヒトの所得持ち帰りCDを差し引いた所得のもとで点Dにおいて実現し、経済厚生は U_D となる。働きにきたヒトを除いた受け入れ国の国民の経済厚生は、消費ベクトルDEを差し引いて U_E となる。これは、国際労働移動前の経済厚生 U_A より高い水準にある（リベラ・バティツの議論に対応する）。すなわち、$U_A < U_E < U_D$ となっている。

送り出し国の議論はもう少し複雑になる。国際労働移動前の送り出し国の均衡点は点Aにある。生産点は労働移動にともなう価格変化により生産可能性曲線上を点Aから点Bへ移動し、さらにリプチンスキー線上を点Bか

---

[9] キブリア（1988）の論文のAppendixは本文の数学的展開として付けられたと思われるが、そうとはいえない。そこでは送り出し国のホモセティックな消費選好をもつノン・マイグラッツの1人当り実質所得が、国際労働移動増加によって高まることが示されている。しかしこの展開は本文の仮定を反映した移動前と後の2つの状態の比較を比較静学分析で処理しているとはいえない。それは送金がない場合の単なるノン・マイグランツの1人当り実質所得変化を示したに過ぎない。送金なしの（$t=0$）ノン・マイグランツの総計の実質所得として（39）式をみるならば、国際労働移動によってノン・マイグランツの実質所得は低下するが、ノン・マイグランツの1人当り実質所得は、キブリアの数学付録が示すように、高くなるのである。キブリアの展開はこのように理解したほうが正しいであろう。

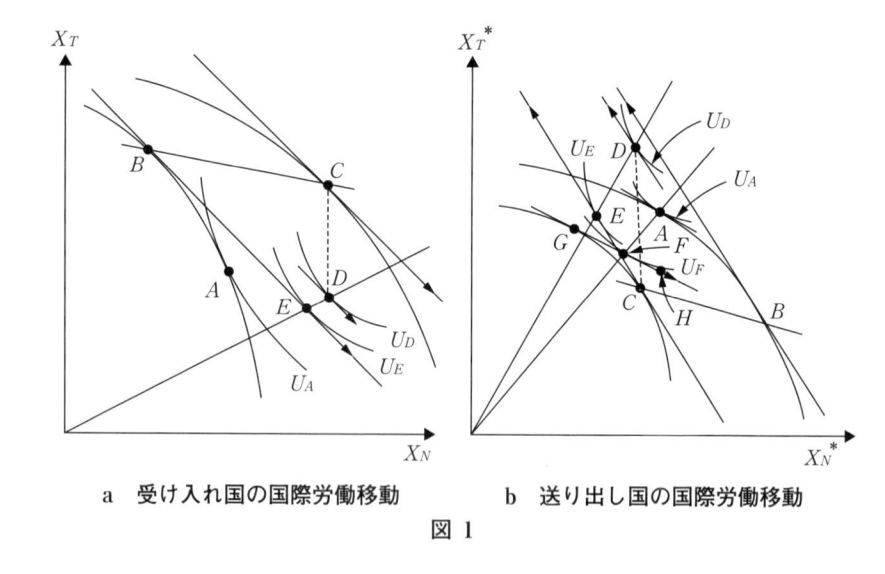

116　第1部　国際貿易論の理論分析

a　受け入れ国の国際労働移動　　b　送り出し国の国際労働移動
図 1

ら点 C へシフトする。他方外国に働きに行ったヒトの所得持ち帰り CD により消費点は点 D となる。よって送り出し国の国民の経済厚生は、国際労働移動により U_A から U_D へと高まる。このことは常に成立するとは限らない。図の AH は国際労働移動によって国民所得が移動前に比べて減少した額を貿易財で表した大きさ（$= w^* L_F^*$）である。これに対して持ち帰り所得は CD の大きさ（$= twL_F^*$）であるが、後者の方が前者より大きいからといって $U_A < U_D$ とはならないことを図でみることができる。さらにリベラ・バティツの議論に対応するノン・マイグランツの経済厚生は、U_F と U_E を比較することによって明らかとなる。図では移動後の方が高くなっているが、常にそうなるとは限らない。

5　長期均衡

前節までの議論では、受け入れ国が国際労働移動を制限していることを想定して行われた。国際労働移動を制限する政策がないならば、国際間の労働賃金率差がなくなるまで移動がすすむといえる。そしてやがて長期均衡にい

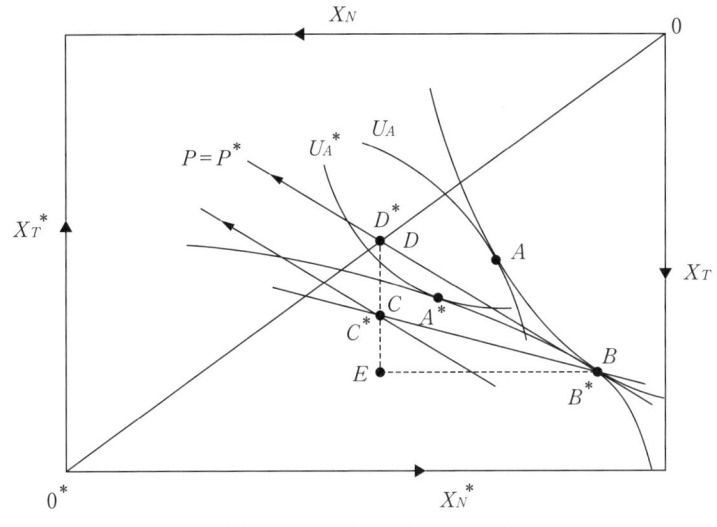

第5章　国際労働移動が受け入れ・送り出し国に及ぼす影響　117

図 2　国際労働移動の長期均衡

たる。両国の生産技術は同じであり、また消費選好も同じホモセティックな効用関数をもっているが、両国の違いは要素の賦存状態にある。受け入れ国は資本豊富国・送り出し国は労働豊富国である。送り出し国から移動した労働者は労働サービスを受け入れ国に提供し所得を稼得する。そして送り出し国へその所得も持ち帰り、送り出し国でそのすべてを支出する（$t=1, w=w^*$）。非貿易財は労働集約財であるとし、受け入れ国への労働流入による労働賃金率の下落が送り出し国に与える影響は無視しうるほどに微小であるとする。**図2**は、クラウス(1976)が描いた図にならうものである。ただしリベラ・バティツ(1983)にもクラウスの図がでてくるが、彼の作図は間違っている。送り出し国には*印がついている。国際労働移動前の状態そして移動後の状態について、前節の図1での説明とほぼ同じなので繰り返さない。点D, 点D^*は両国の経済厚生を表す社会無差別曲線が互いに接する点となり、パレート最適の状態となる。非貿易財がN財という貿易財であるならば、図2において送り出し国のN財のEB^*の輸出と受け入れ国のT財のEDの輸出となるところである。しかしながら、それは実現不可能なことであるが、そ

れを国際労働移動によって実現可能にすると理解できるのである。出井(1976)が厳密に議論した「貿易と要素移動の代替性」がここでもいえるのである。

6　おわりに

　非貿易財と貿易財の2財2要素のモデルの枠組で国際労働移動の議論を展開した。そこでの主役は「外国人労働者」であった。「外国人労働者」は、労働サービスを資本豊富国である受け入れ国に提供して報酬をえる。彼らはそれから必要経費を差し引いた所得を労働豊富国である送り出し国に持ち帰り、自分の国で2財を支出する。受け入れ国は労働流入を制限する政策を少し緩和するとして、受け入れ国・送り出し国にその効果がどのように及ぶかを明らかにした。非貿易財は労働集約的であるとする。受け入れ国の非貿易財は超過供給となりその価格は下落し、労働賃金率も下落し、資本の報酬率は上昇する。そして受け入れ国の実質所得は高くなる。他方、受け入れ国の労働賃金率低下の影響は無視するほどに微小であるならば、送り出し国の非貿易財は超過需要となりその価格は上昇し、送り出し国の労働賃金率も上昇し、資本の報酬率は下落する。そして送り出し国の実質所得は、持ち帰り所得が本国の労働賃金率より大きい限り高くなる。

　ここで得られた結論は、直感的に考えられるものと大体符合する内容になっていると思われる。とはいえ、ここでの議論は、きつい仮定の上で行われたものであり、さらに拡張した議論が必要であろう。労働サービスのみの提供という意味での国際労働移動について議論するとしても、熟練労働豊富国と未熟練労働豊富国とを区別する扱いをすること、生産技術差があり資本は労働とは異なって国際間を自由に移動するとした国際労働移動の分析をすること、受け入れ国における労働流入規制そのものの効果分析をすること、受け入れ国での経済的リスクを考慮して送り出し国において流出しようとするヒトの合理的行動を分析すること等などが考えられよう。また、「外国人労働者」を労働サービスを提供するヒトという側面だけでなく、受け入れ国での生活するヒトという側面も議論されねばならないであろう。いずれにせ

よ残された問題はまだたくさんあるようである。

参考文献
天野明弘（1981）『貿易と対外投資の基礎理論』有斐閣，1-38
出井文夫（1976）「貿易，資本移動，および投資収益のトランスファー」『国民経済雑誌』（神戸大学）vol. 133, no. 5, June, 67-82
出井文夫（1991）「輸入制限下の資本流入」『多国籍企業と国際投資』東洋経済新報社，第7章
Djaiic, S.（1986）"International Migration, Remittances and Welfare in a Dependent Economy," *Journal of Development Economics*, vol. 21, 229-234
後藤純一（1990）『外国人労働者の経済学：国際貿易論からのアプローチ』東洋経済新報社
後藤純一（1993）『外国人労働者と日本経済：マイグロノミクスのすすめ』有斐閣
柿元純男（1989）「非貿易財と国際貿易論」「非貿易財と窮乏化成長」『国際貿易の理論』勁草書房，Chapter 2 & 8
近藤健児（1992）「国際労働移動と労働受け入れ国の経済厚生」June, 1992 年度理論計量経済学会西部部会発表レジメ．
Krauss, M.B.（1976）"The Economics of the "Guest Worker" Problem：A Neo-Heckscher-Ohlin Approach," *Scandinavian Journal of Economics*, vol. 78, 470-476
Lundahl, Mats（1985）"International Migration, Remittances and Real Incomes：Effects on the Source Country," *Scandinavian Journal of Economics*, vol. 87, 647-657
Quibria, M.G.（1988）"A Note on International Migration, Non-Traded Goods and Economic Welfare in the Source Country," *Journal of Development Economics*, vol. 28, 377-387
Rivera-Batiz, F.L.（1982）"International Migration, Non-Traded Goods and Economic Welfare in the Source Country," *Journal of Development Economics*, vol. 11, 81-90
Rivera-Batiz, F.L.（1983）"The Economics of the "To and Fro" Migrant：Some Welfare-theoretical Considerations," *Scandinavian Journal of Economics*, vol. 85, 403-413
寺町信雄（1993）「国際労働移動が受け入れ・送り出し国に及ぼす影響」浜田文雅編著『アジアの経済開発と経済分析』（金子敬生先生追悼論文集）文眞堂，9月，第2章，25-41
寺町信雄（1995）「資本移動下の国際労働移動」『経済経営論叢』（京都産業大学）vol. 30, no. 2 & 3, 12 月，128-145
寺町信雄（1997）「書評：後藤（1993）・後藤（1990）」『経済経営論叢』京都産業大学，vol. 32, no. 3, 12 月，198-205

120　第1部　国際貿易論の理論分析

第6章　労働者最低生活水準の下での生産、貿易パターンおよび貿易利益[1]

1　はじめに

　国際貿易の純粋理論において賃金率の問題が扱われているが、次の3つに分類されている：(1)賃金格差、(2)全部門での賃金の固定性、(3)特定部門での賃金の固定性[2]。本章は第2の問題における最低賃金に関するものである。すでに、Brecher (1974a, 1974b) は、2財2要素モデルにおいて最低賃金経済の下での生産面の諸性質、および最適貿易政策について、主に図を用いながら明らかにしている。さらに、Teramachi (1986) は、最低賃金経済の2財2要素モデルを厳密に分析し、貿易パターンおよび貿易利益についてある結論を導いている[3]。他方、これとは独立に、下村 (1984) は Brecher の論文については言及していないが、ある財で測った最低賃金の分析の欠点を指摘し、労働者の最低生活水準を表わす労働者の最低効用水準を用いながら、あるケースについて、超過需要関数の導出および貿易パターンについて分析を行なっている。

　本章は、Brecher の分析をさらに厳密に分析し、最低賃金経済の2財2要素モデルを用いて貿易パターンおよび貿易利益についてある結論を導いたTeramachi (1985) に対して、労働者の最低効用水準の設定によって労働者の最低生活水準を表すとし、その下にある経済の2財2要素モデルを用いて、下村 (1984) のケースを含んで、生産、貿易パターンおよび貿易利益について分析し、Teramachi (1986) と同じ結論を導くものである。

---

[1] 本章は、原論文である寺町 (1985) を一部修正したものである。寺町 (1985) は、京都産業大学経済経営学会研究例会 (1985.6) および国際経済学会研究会 (1985.7) での発表を通じて作成された。
[2] Bhagwati and Srinivasan (1983) の第21章から第23章を参照のこと。
[3] Sgro and Takayama (1981) は、封鎖経済の下での最低賃金か経済成長に与える効果について分析を行なっている。

第6章 労働者最低生活水準の下での生産、貿易パターンおよび貿易利益　121

　第2節では、労働者の最低効用水準の設定の下にある経済の生産面の諸性質、特に労働者の最低効用水準と第1財で測った賃金率・資本レンタル率・第2財価格との関係、第2財生産量と労働雇用量の関係などが明らかにされる。また、この制約の下にある変形曲線の形状について図を用いながら詳しく説明がなされる。第3節では、労働者の最低効用水準の設定の下にある経済の第2財の超過需要関数が導出される。第4節では、この超過需要関数を用いながら貿易パターンについて議論される。そこでは、要素賦存比率が同一である2国において、労働者の最低効用水準が十分に高い国は、資本集約財に比較優位をもち、その水準が低い国は労働集約財に比較優位をもつことが明らかにされる。さらに、たとえ労働豊富国であったとしても、労働者の最低効用水準が十分に高い国ならば、その国は資本集約財に比較優位をもつことがあることが示される。第5節では、労働者の最低効用水準が十分に高い国の貿易利益は *worse off* になる場合があるが、労働者の最低効用水準が低い国の貿易利益は必ず *better off* になることも明らかにされる。

2　生産

2-1　標準的2部門経済

　2財 ($X_i; i=1,2$) と2生産要素（資本 K, 労働 L）の標準的な2部門経済を考える。K_i, L_i は、それぞれ第 i 産業に投入される資本量と労働量を表す。各産業の生産関数は、各要素に対する収穫逓減と規模に関して収穫一定の下にあるとする。

$$(1) \quad X_i = L_i f_i(k_i), \qquad i=1,2$$

ところで、$k_i \equiv K_i/L_i, f_i' > 0, f_i'' < 0, \lim_{k_i \to 0} f_i' = +\infty$ そして $\lim_{k_i \to \infty} f_i' = 0$, である。完全競争と利潤極大化を仮定し、第1財で測った実質賃金率と実質資本レンタル率をそれぞれ w と r とするとき、

$$(2) \quad w = f_1(k_1) - k_1 f_1'(k_1)$$
$$= p[f_2(k_2) - k_2 f_2'(k_2)]$$

$$(3) \quad r = f_1'(k_1) = pf_2'(k_2)$$

ところで、p は第1財で測った第2財の価格とする。$\bar{L}$ と $\bar{K}$ は、それぞれ労働と資本の賦存量を表わすとき、完全雇用の条件は、

$$(4) \quad L_1 + L_2 = \bar{L}$$

$$(5) \quad K_1 + K_2 = \bar{K}$$

となる。第2財は第1財に比べて資本集約的であると仮定し（$k_2 > k_1$）、さらに両産業間で要素集約性の逆転はないとするとき、要素賦存率 $\bar{k}(\equiv \bar{K}/\bar{L})$ に対応して、不完全特化生産をみたす第2財の価格（p）の開区間がえられる：

$$(6) \quad P(\bar{k}) = (\underline{p}(\bar{k}), \bar{p}(\bar{k}))$$

同様に、不完全特化生産をみたす第1財で測った賃金率（w）の開区間がえられる：

$$(7) \quad W(\bar{k}) = (\underline{w}(\bar{k}), \bar{w}(\bar{k}))$$

ところで、$\bar{w}(\bar{k})$ は、k_1 に $\bar{k}$ を代入し、(2) より、$\bar{w}(\bar{k}) = f_1(\bar{k}) - \bar{k}f_1'(\bar{k})$ がえられる。$\underline{w}(\bar{k})$ は、p に $\bar{p}(\bar{k})$ を、k_2 に $\bar{k}$ を代入し、(2) より、$\underline{w}(\bar{k}) = \bar{p}(\bar{k})[f_2(\bar{k}) - \bar{k}f_2'(\bar{k})]$ からえられる。

2-2 労働者の最低効用水準設定下の経済

ある財で測った賃金率を最低賃金率に設定した経済について、Brecher (1974a, 1974b), Teramachi (1986) において分析されている。しかしながら、他財の価格が変化するとき、その最低賃金率は不変であるが、労働者の効用水準は変化する。例えば、第1財で測った最低賃金率 $\bar{w}$ が設定され、第2財価格 p が上昇するとき、労働者の効用水準は低下する。これは、最低の生活水準を設定したことを適切に表わしていないといえる。ある財で測った最低賃金率の設定というよりは、最低効用水準を設定するという方が、労働者の最低生活水準を適切に表わしていると思われる。このことは、Brecher

(1974a) においてこの可能性を示唆し、彼は自分の学位論文で扱っていると述べているが、寺町は未見であり具体的な内容は不明である。他方、下村 (1984) は、労働組合の rational な行動を組み立てる場合において、労働者の要求賃金率をもとめるには最低効用水準の設定がよいとしている。以下において、労働者の最低効用水準が労働者の最低生活水準を表わすものとし、労働者の最低効用水準を外生的に設定した場合に、その経済の諸性質はどのようになるかについて明らかにしたいと思う。なお、下村 (1984) との関係については後でふれる[4]。

労働者の最低効用水準[5]を $\bar{u}_l$ とし、第1財で測った実質賃金率を w とする、このとき、労働者は以下の最適問題を解くことによって要求賃金率 w を決めるとする(そして、企業はその w の下で利潤極大となるように生産活動をし、特に労働の雇用量を調整するとする)。

$$(8) \quad \min_{D_i^l} w = D_1^l + pD_2^l$$
$$subject\ to\ \bar{u}_l \leq u_l(D_1^l, D_2^l)$$

ところで、D_i^l は労働者の第 i 財需要量を表わす。最適解を $D_i^l(p, \bar{u}_l)$ とすると、

$$(9) \quad w(p, \bar{u}_l) = D_1^l(p, \bar{u}_l) + pD_2^l(p, \bar{u}_l)$$

をえる。労働者の要求賃金率 w は、$\bar{u}_l$ が設定されるとき、第2財の価格 p に対応して変化することを意味し、第1財で測った w の最低賃金率の設定とは異なっていることがわかる。さて、(8) と (9) より、次の性質がえられる[6]。

$$(10) \quad \frac{\partial w}{\partial p} = D_2^l > 0$$

---

[4] 3-1 および 4-2 の脚注を参照のこと。
[5] 労働者の効用水準とここでいう場合、全ての労働者は同一の効用関数を持っていることを仮定して、以下の議論がなされている。第5節でふれる資本所有者の効用水準について述べる場合にも、労働者の効用水準の仮定と同様に仮定している。
[6] 以上の分析は、下村 (1984) に負うている。下村では、労働組合が雇用された労働者の最低効用水準である $\bar{u}_l$ を定め、要求賃金率 w を決めるとしている。本章では、労働組合を明示的に扱っていない。

(11) $\quad \dfrac{p}{w}\dfrac{\partial w}{\partial p} = \dfrac{pD_2^l}{D_1^l + pD_2^l} < 1, \qquad i.e., \dfrac{w}{p} > \dfrac{\partial w}{\partial p} > 0$

(12) $\quad \dfrac{\partial w}{\partial \bar{u}_l} = \dfrac{1}{u_1^l} = \dfrac{p}{u_2^l} > 0, \qquad u_i^l \equiv \dfrac{\partial u_l}{\partial D_i}$

そこで、(2) と (3) それに

(13) $\quad w = w(p, \bar{u}_l)$

を考えるとき、不完全特化生産の下で次の体系がえられる。

(14) $\quad w[p(\bar{u}_l), \bar{u}_l] = f_1[k_1(\bar{u}_l)] - k_1(\bar{u}_l)f_1'[k_1(\bar{u}_l)]$

(15) $\quad w[p(\bar{u}_l), \bar{u}_l] = p(\bar{u}_l)\{f_2[k_2(\bar{u}_l)] - k_2(\bar{u}_l)f_2'[k_2(\bar{u}_l)]\}$

(16) $\quad f_1'[k_1(\bar{u}_l)] = p(\bar{u}_l)f_2'[k_2(\bar{u}_l)]$

すなわち、(14)-(16) より、$\bar{u}_l$ が設定されるとき、p および k_i が決定される。このとき、労働者は要求賃金率を決定し、企業は労働の雇用量を調整しながら生産をすることになる。さて、(14)-(16) を、ある $\bar{u}_l$ について微分するとき (18) となる。なお、$\bar{u}_l$ は、$\bar{u}_l > \underline{u}_l(\bar{k})$ である値である。$\underline{u}_l(\bar{k})$ は、(6) の $P(\bar{k})$ および (7) の $W(\bar{k})$ に対応する労働者の効用水準の開区間

(17) $\quad U_l(\bar{k}) \equiv (\underline{u}_l(\bar{k}), \bar{u}_l(\bar{k}))$

における下限である。すなわち、生産可能性フロンティア上の不完全特化生産点に対応する第2財価格 (p) および第1財で測った賃金率 (w) の下で、労働者が効用水準を最大にしたときの値の開区間 $U_l(\bar{k})$ の下限なのである。

(18) $\quad \begin{bmatrix} -k_1 f_1'' & 0 & -w_1 \\ 0 & -pk_2 f_2'' & (w/p) - w_1 \\ f_1'' & -pf_2'' & -f_2' \end{bmatrix} \begin{bmatrix} \partial k_1/\partial \bar{u}_l \\ \partial k_2/\partial \bar{u}_l \\ \partial p/\partial \bar{u}_l \end{bmatrix} = \begin{bmatrix} w_2 \\ w_2 \\ 0 \end{bmatrix}$

ところで、$w_1 \equiv (\partial w/\partial p) > 0, (w/p) - w_1 > 0, w_2 \equiv (\partial w/\partial \bar{u}_l) > 0$ である。(18) のヤコービ行列式を Δ とするとき、

$$(19) \quad \Delta \equiv -pf_1''f_2''\{k_1k_2f_2' + (w/p - w_1)k_1 + w_1k_2\} < 0$$

となり、(18) は一意の解があることを意味している。さらに、

$$(20) \quad \partial k_1/\partial \bar{u}_l = w_2 f_2 f_2''/\Delta > 0$$

$$(21) \quad \partial k_2/\partial \bar{u}_l = w_2 f_1 f_1''/(p\Delta) > 0$$

$$(22) \quad \partial p/\partial \bar{u}_l = (k_1 - k_2)pf_1''f_2''w_2/\Delta \gtreqless 0, \quad iff \quad k_1 \gtreqless k_2$$

$$(23) \quad \partial r/\partial \bar{u}_l = f_1''(\partial k_1/\partial \bar{u}_l) < 0$$

以上のことより、

$$(24) \quad k_i = k_i(\bar{u}_l), \quad k_i' > 0, \quad i = 1, 2$$

$$(25) \quad p = p(\bar{u}_l), \quad p' \gtreqless 0, \quad iff \quad k_1 \gtreqless k_2$$

$$(26) \quad r = r(\bar{u}_l), \quad r' < 0$$

となる。しかしながら、これらの関係は、要素の完全雇用を保証するものではない。そこで、資本は完全雇用が維持され (5) が成立するが、労働は必ずしも完全雇用は保証されず、(4) にかわって

$$(4a) \quad L_1 + L_2 = L \leq \bar{L}$$

と修正することにする。ところで、L は労働雇用量を表わす。

(1) と (5) より、労働者の最低効用水準 $\bar{u}_l$ の制約の下での変形曲線の一部は、リプチンスキー線となる。すなわち、(17) における $\underline{u}_l(\bar{k})$ より大である $\bar{u}_l$ に対して、

126　第1部　国際貿易論の理論分析

$$(27) \qquad X_1 = a - bX_2$$

ところで、$a \equiv \dfrac{\bar{K}f_1[k_1(\bar{u}_l)]}{k_1(\bar{u}_l)}$, $b \equiv \dfrac{k_2(\bar{u}_l)/f_2[k_2(\bar{u}_l)]}{k_1(\bar{u}_l)/f_1[k_1(\bar{u}_l)]}$ である。さらに、a, b それに $c\ (\equiv a/b)$ の性質をみておくことにしよう。

$$(28) \qquad a = a(\bar{u}_l, \bar{K})$$

ところで、$a_1 \equiv (\partial a/\partial \bar{u}_l) < 0$, $a_2 \equiv (\partial a/\partial \bar{K}) > 0$ となる。

$$(29) \qquad b = b(\bar{u}_l) = (\theta_2/\theta_1)p(\bar{u}_l)$$

ところで、$\theta_i \equiv (k_i f_i')/f_i$

$$\theta_1 \gtreqless \theta_2, \qquad iff \quad k_1 \gtreqless k_2$$

$$b \gtreqless p, \qquad iff \quad k_1 \gtreqless k_2{}^7$$

となる。

$$(30) \qquad c \equiv \dfrac{\bar{K}f_2[k_2(\bar{u}_l)]}{k_2(\bar{u}_l)} = c(\bar{u}_l, \bar{K})$$

ところで、$c_1 \equiv (\partial c/\partial \bar{u}_l) < 0$, $c_2 \equiv (\partial c/\partial \bar{K}) < 0$ となる。(27)-(29) より、労働者の最低効用水準 ($\bar{u}_l$) が高くなったり、あるいは、資本ストックが減少したりするときには、リプチンスキー線である変形曲線の部分は内側へシフトすることになる。(1) と (27) より、

$$(31) \qquad L_1 = \dfrac{\bar{K}}{k_1(\bar{u}_l)} - \dfrac{k_2(\bar{u}_l)}{k_1(\bar{u}_l)}L_2$$

---

[7]　θ_i が不変のとき、すなわち、各生産関数がコブ・ダグラス型であるとき、この関係が加えられるだけでなく、

$$b'(\bar{u}_l) \gtreqless 0, \quad iff \quad k_1 \gtreqless k_2$$

がえられる．

第6章 労働者最低生活水準の下での生産、貿易パターンおよび貿易利益　127

$$(32) \quad L = \frac{\bar{K}}{k_1(\bar{u}_l)} + \frac{k_1(\bar{u}_l) - k_2(\bar{u}_l)}{k_1(\bar{u}_l) f_2[k_2(\bar{u}_l)]} X_2 \leq \bar{L}$$

となる。ところで、

$$(33) \quad (\partial L/\partial X_2) \gtreqless 0, \quad iff \quad k_1 \gtreqless k_2$$

$$(34) \quad (\partial L/\partial \bar{K}) > 0$$

となる。労働者の最低効用水準（$\bar{u}_l$）の下にある経済は、(4a) の制約の下で労働の失業がおきている。ここでの仮定である $k_2 > k_1$ の下では、第2財生産量が増加するとき、労働者の雇用量はさらに減少し失業が増加することになる[8]。

2-3　労働者の最低効用水準（$\bar{u}_l$）の下での変形曲線

　ここで、2-2 において明らかにされた、労働者の最低効用水準の設定がなされた経済における変形曲線について、図を用いながら説明する。

　ここでの労働者の最低効用水準は $\underline{u}_l(\bar{k})$ より高い2水準、$\bar{u}_l$ と $\bar{u}_l^*$ をとりあげ、$\bar{u}_l > \bar{u}_l^*$ とする。以下において、$\bar{u}_l$ と $\bar{u}_l^*$ が $U_l(\bar{k})$ に含まれる場合と、それらが $[\bar{u}_l(\bar{k}), \infty)$ に含まれる場合とに区分して議論がなされる。$\bar{u}_l$ および $\bar{u}_l^*$ に対応する第2財価格を表せば、(25) より $p(\bar{u}_l)$ および $p(\bar{u}_l^*)$ となり、前者の場合には、両価格は $P(\bar{k})$ に含まれ、後者の場合には、両価格は $(0, \underline{p}(\bar{k})]$ に含まれ、$p(\bar{u}_l) < p(\bar{u}_l^*)$ となっている。

　図1は、$\bar{u}_l$ および $\bar{u}_l^*$ が $U_l(\bar{k})$ に含まれ、$p(\bar{u}_l)$ および $p(\bar{u}_l^*)$ が $P(\bar{k})$ に含まれている場合を表わしたものである。生産点 e は、生産可能性フロンティア（dh）とリプチンスキー線（eg）の交点である。生産可能性フロンティア上の生産点 e に対応する第2財の価格 p に対応する第1財で測った賃金率 $w(p)$ は、(2)-(3) の体系から決定されるが、他方、リプチンスキー線上の生産点 e に対応する第2財の価格 $p(\bar{u}_l)$ に対応する第1財で測った賃金率 w は、

---

[8] 最低賃金率の設定の下にある経済における生産面の諸性質と、ここでの結果は類似している。Brecher (1974a, b) および Teramachi (1986) を参照のこと。

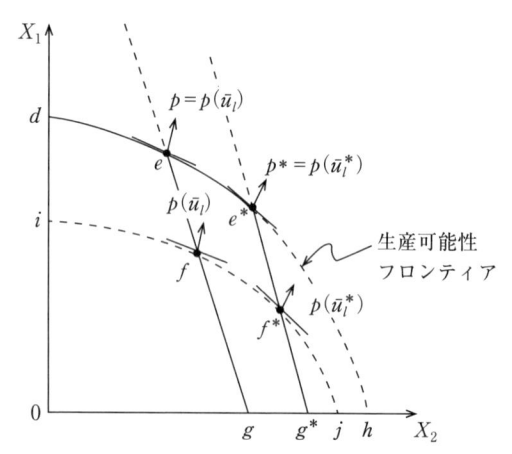

図 1　$\bar{u}_l > \bar{u}_l^*$；$u_l, u_l^* \in U_l(\bar{k})$；$p(\bar{u}_l), p(\bar{u}_l^*) \in P(\bar{k})$, であるときの変形曲線

(13)-(16) の体系から決定され、$p = p(\bar{u}_l)$ であることから、$w(p) = w[p(\bar{u}_l), \bar{u}_l]$ となっている。

　生産可能性フロンティアのうち de の部分に対応する任意の p は、$P(\bar{k})$ に含まれ、その p は、$p < p(\bar{u}_l)$ となっている。この部分における $w(p)$ は $W(\bar{k})$ に含まれ、$w(p) > w[p(\bar{u}_l), \bar{u}_l]$ となっている。なお、労働者の効用水準 u_l は、労働者の最低効用水準 $\bar{u}_l$ より高く、$(\bar{u}_l, \bar{u}_l(\bar{k}))$ に含まれ、生産可能性フロンティア上の生産点が図1の点 d に近づくにつれて、u_l は高くなるのである。

　しかし、生産可能性フロンティア上の生産点 e より右下の点 e^* にあるときには、生産可能性フロンティア上の生産点 e^* に対応する第2財の価格 p^* に対応する $w(p^*)$ と、リプチンスキー線上の生産点 e^* に対応する第2財の価格 $p(\bar{u}_l^*)$ に対応する $w[p(\bar{u}_l^*), \bar{u}_l^*]$ とが等しくなっているが、(28)-(30) より、点 e^* を通るリプチンスキー線は、点 e を通るリプチンスキー線より外側に位置し、点 e^* に対応する労働者の効用水準 $\bar{u}_l^*$ は、点 e のときの効用水準 $\bar{u}_l$ より低いことがわかる。したがって、労働者の最低効用水準の $\bar{u}_l$ が維持される限り、生産可能性フロンティア上の生産点は、点 e より右下の点 e^* へとフロンティア上を移動することはできず、生産点は $\bar{u}_l$ の下でえられるリプチ

ンスキー線 efg 上を移動することになる。リプチンスー線 efg では、(13) および (24)-(26) より、$w, p, k_i,$ および r は不変にとどまるが、リプチンスキー線上の生産点が $e \to f \to g$ へ移動するにつれ、(31)-(33) より総雇用量は減少し失業が増加することになる。そして経済は、第2財に生産特化することになる(点 g)。

第2財に完全特化生産が行なわれるとき、(14)-(16) の体系は成立せず、替りに、

(15a) $w(p, \bar{u}_l) = p\{f_2[k_2(p)] - k_2(p)f_2'[k_2(p)]\}$

(16a) $r(p) = pf_2'[k_2(p)]$

ところで、$k_2 \equiv k \equiv \bar{K}/L \geq \bar{k}$ および $p > p(\bar{u}_l)$ となる。労働者の最低効用水準が維持されるとき、(15a) および (16a) を、$p > p(\bar{u}_l)$ である p について微分すると、

(35) $\dfrac{\partial w}{\partial p} = \dfrac{w}{p} - pk_2 f_2'' \dfrac{\partial k_2}{\partial p} > 0$

(36) $\dfrac{\partial r}{\partial p} = \dfrac{r}{p} + pf_2'' \dfrac{\partial k_2}{\partial p} > 0$

となる。何故ならば、(10) より $(\partial w/\partial p) > 0$、(11) より $(\partial w/\partial p) < w/p$、であることより (35) を考慮して、

(37) $\partial k_2/\partial p < 0$

となる。よって (36) もえられる。このことは次のことを意味する。労働者の最低効用水準 $(\bar{u}_l)$ が維持され、$p > p(\bar{u}_l)$ である p が上昇するとき、労働雇用量は増加し、第2財の完全特化生産量は増加する。それに伴って、要求賃金率 w は p の上昇より低い上昇率で上昇し、他方、資本レンタル率 (r) は p の上昇率より高い率で上昇する。そしてさらに p が上昇するとき、第2財の生産点は労働の完全雇用をみたす点 h に達することになる。

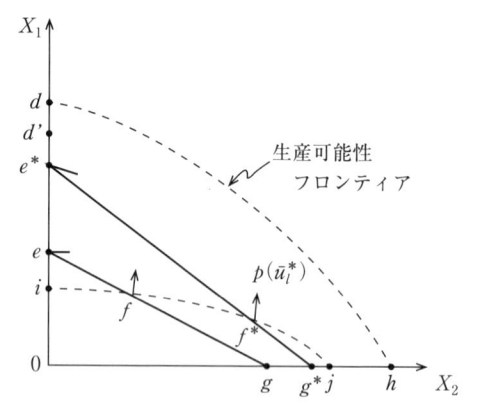

130　第1部　国際貿易論の理論分析

図 2　$\bar{u}_l > \bar{u}_l^*$; $\bar{u}_l > \bar{u}_l(\bar{k})$, $\bar{u}_l^* > \bar{u}_l(\bar{k})$; $p(\bar{u}_l)$, $p(\bar{u}_l^*) \in (0, \underline{p}(\bar{k})]$ であるときの変形曲線

　以上のことより、$U_l(\bar{k})$ に含まれる労働者のある最低効用水準 $\bar{u}_l$ が設定されるとき、$\bar{u}_l$ に対応する第2財の価格 $p(\bar{u}_l)$ は $P(\bar{k})$ に含まれる。このとき経済における変形曲線は図1のごとく、$degh$ となる。その曲線は、生産可能性フロンティアの部分 ef とリプチンスキー線の部分 eg と、第2財完全特化生産の部分 gh の3つの部分からなることが明らかとなる。もし $U_l(\bar{k})$ に含まれるが $\bar{u}_l$ より低い $\bar{u}_l^*$ が労働者の最低効用水準として設定された場合には、変形曲線は de^*g^*h となることは、容易に確かめられる。さらに、点 f の生産点における労働雇用量と資本ストック（$\bar{K}$）を要素賦存量とする生産可能性フロンティアは、例えば、図1のごとく iff^*j のように描かれることも容易に確かめられる。

　図2は、$\bar{u}_l$ および $\bar{u}_l^*$ が $[\bar{u}_l(\bar{k}), \infty)$ に含まれ、それに対応する $p(\bar{u}_l)$ および $p(\bar{u}_l^*)$ は $(0, \underline{p}(\bar{k})]$ に含まれる場合の変形曲線を表したものである。変形曲線の一部分に生産可能性フロンティアを有していないということは、$\bar{u}_l$ および $\bar{u}_l^*$ が十分に高いレベルに設定されたことを意味している。ここでの $\bar{u}_l$ に対して、(14)-(16) の体系から、$p(\bar{u}_l), k_l(\bar{u}_l), w[p(\bar{u}_l), \bar{u}_l], r(\bar{u}_l)$ がえられる。図2での変形曲線の $degh$ のうちの一部分を構成するリプチンスキー線上（eg）の生産点では、これらがみたされる。第2財生産が完全特化した生産点 g

第6章　労働者最低生活水準の下での生産、貿易パターンおよび貿易利益　131

から始まる gh の部分は、図1のときに説明した (35)-(37) が適用される。すなわち、変形曲線の eg と gh の部分は、図1における変形曲線の eg と gh の部分と同じ内容をもつものである。

しかしながら、図2における第1財の生産が完全特化した生産点 g から始まる ed の部分は、図1にはない部分である。この場合には、(14)-(16) の体系にかわって、次のようになる。

$$(15b) \quad w(p, \bar{u}_l) = f_1[k_1(p)] - k_1(p)f_1'[k_1(p)]$$

$$(16b) \quad r(p) = f_1'[k_1(p)]$$

ところで、$k_1 = k \equiv \bar{K}/L \geq \bar{k}$ および $0 < p < p(\bar{u}_l)$ となる。労働者の最低効用水準 ($\bar{u}_l$) を維持するとき、(15b) および (16b) を $p < p(\bar{u}_l)$ である p について微分すると、

$$(38) \quad \frac{\partial w}{\partial p} = -k_1 f_1'' \frac{\partial k_1}{\partial p} > 0$$

$$(39) \quad \frac{\partial r}{\partial p} = f_1'' \frac{\partial k_1}{\partial p} < 0$$

となる。何故ならば、(10) より (38) は正であることより、

$$(40) \quad (\partial k_1/\partial p) > 0$$

となる。よって (39) もえられる。このことは次のことを意味している。労働者の最低効用水準 $\bar{u}_l$ が $U_l(\bar{k})$ に含まれない程に高く維持されるとき、$p(\bar{u}_l)$ は $P(\bar{k})$ に含まれない程に低いが、それよりも低い p に対しては、第1財の完全特化生産となっている。その p が下落するとき、労働雇用量は増加し第1財の完全特化生産量は増加する。それに伴って、要求賃金率 w は、p の下落率よりも低い率で下落し ((11) より)、他方、資本レンタル率 r は、p の下落により逆に上昇する。そしてさらに p が下落するにつれ、第1財の生産量は増加し、やがて労働の完全雇用をみたす点 d に達するのである。

132　第1部　国際貿易論の理論分析

以上のことより、ここでの変形曲線は、図2のごとく、$degh$となる。この曲線は、第1財生産の完全特化部分のdeとリプチンスキー線の部分のegと、第2財生産の完全特化部分のghの3つの部分からなることが明らかとなる。もし$\bar{u}_l$よりも低いが$U_l(\bar{k})$に含まれない程高い$\bar{u}_l^*$が、労働者の最低効用水準として設定された場合には、変形曲線はde^*g^*hとなることは容易に確かめられる。さらに点fの生産点における労働雇用量と資本ストック($\bar{K}$)を要素賦存量とする生産可能性フロンティアは、例えば、図2のようにiff^*jのように描かれることも容易に確かめられる。

しかし、ここで図2について1点注意をしておかねばならない。図2の点eから労働の完全雇用をみたす点dへの移動は、第2財価格pの下落によって第1財生産量が増加することにより達成されると述べたのであるが、点dに達せず、それより低い水準(例えば、点d')にとどまることがある。

いま労働の完全雇用が実現し、労働者の最低効用水準の制約をうけないとき、第1財の完全特化点における第1財で測った賃金率は$\bar{w}(\bar{k})$である。第2財価格(第1財で測った)pを出来うる限り下落させることによって、$\bar{w}(\bar{k})$の下での労働者の最大効用水準を$max\,\bar{u}_l(\bar{k})$[9]とする。労働者の最大効用水準$\bar{u}_l$が$(\bar{u}_l(\bar{k}), max\,\bar{u}_l(\bar{k}))$の開区間にあるならば、第2財価格の下落に伴って、労働の失業が存在する第1財の完全特化点から、労働の完全雇用をみたす第1財の完全特化点へ移動する。しかし、労働者の最低効用水準$\bar{u}_l$が$[max\,\bar{u}_l(\bar{k}), \infty)$の区間にあるならば、第2財価格$p$が十分に下落しても、労働の完全雇用をみたす第1財の完全特化点(図2では、点d)は達成されず、それより低い水準(図2では、点d')にとどまるのである。なんとなれば、$max\,\bar{u}_l(\bar{k})$より高い$\bar{u}_l$のある値を$\bar{u}_l$とするとき、$p<p(\bar{u}_l)$である十分に低いpに対する要求賃金率wは、$\bar{w}(\bar{k})$に達することはできない。すなわち、

$$(41) \quad \bar{w}(\bar{k}) < lim_{p \to 0} w(p, \bar{u}_l) < w[p(\bar{u}_l), \bar{u}_l]$$

となる[10]。よって、(15b)より$k_1(\equiv k)$は$\bar{k}$まで収束しないことがいえる。そ

---
[9]　これは$\bar{u}_l(\bar{k})$と異なる。$\bar{u}_l(\bar{k})$は、$\bar{w}(\bar{k})$および$\bar{p}(\bar{k})$の下での労働者の最大効用水準である。
[10]　$\bar{u}_l$が$(\bar{u}_l(\bar{k}), max\,\bar{u}_l(\bar{k}))$に含まれるとき、$p<p(\bar{u}_l)$なるある$p$に対して、
$$\bar{w}(\bar{k}) = w(p, \bar{u}_l) < w(p(\bar{u}_l), \bar{u}_l)$$
となり、(15b)より$k_1=\bar{k}$となりうる。

第 6 章　労働者最低生活水準の下での生産、貿易パターンおよび貿易利益　133

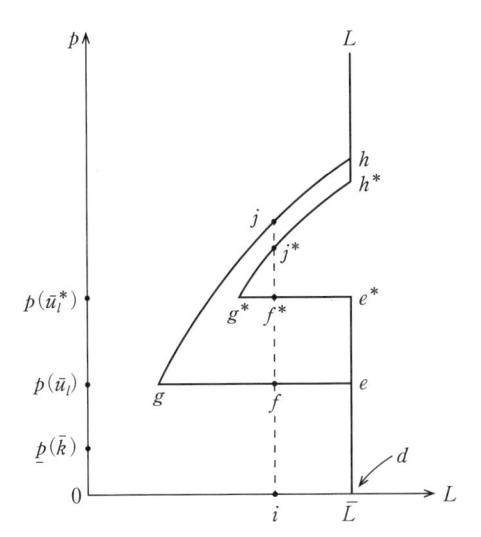

図 3　$\bar{u}_l, \bar{u}_l^* \in U_l(\bar{k})$ の下での p と L の関係

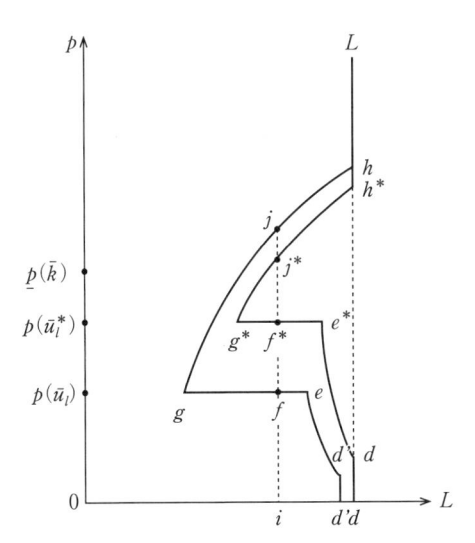

図 4　$\bar{u}_l \in [\max \bar{u}_l(\bar{k}), \infty), \bar{u}_l^* \in [\bar{u}_l(\bar{k}), \max \bar{u}_l(\bar{k}))$ の下での p と L の関係

のときの変形曲線は、例えば、図2の $d'eg h$ となる。

最後に、第2財価格と労働雇用量 L との関係をみておくことにしよう。図1に対応するのは**図3**、図2に対応するのは**図4**に描かれる。図3および図4における記号は、それぞれ図1および図2の変形曲線の記号に対応している。

図4は、第1財で測った最低賃金率の下で曲線を描いた Brecher（1984a）の図と異なっている。また図4において、$\bar{u}_l$ が $max\,\bar{u}_l(\bar{k})$ より高いときには、点 e から点 d へ曲線が描かれず、点 d' へ曲線が描かれる。

3 第2財の超過需要曲線の導出

M_2, D_2 および Y は、それぞれ第2財の超過需要、第2財需要、第1財で測った国民所得（$Y \equiv X_1 + pX_2$）とし、第2財の超過需要は、労働者の最低効用水準の設定などなく、標準的な2部門経済のもとでは、第2財の価格 p の関数となる。

$$(42) \qquad M_2(p) = D_2[pY(p)] - X_2(p)$$

ところで、(42) は、$p \in P(\bar{k})$ なる任意の p に対して成立する。いま (42) を p について微分すると、

$$(43) \qquad \frac{dM_2}{dp} = \left(\frac{\partial D_2}{\partial p}\bigg| - \frac{dX_2}{dp}\right) - m_2\frac{M_2}{p} < 0$$

となり[11]、m_2 を第2財に対する限界支出性向とし、$m_2 \equiv p(\partial D_2/\partial Y)$ そして、$0 < m_2 < 1$ であるとする。(43) の右辺の第1項の括弧の項は、消費と生産の代替項である。標準的な2部門経済において、第1財生産に完全特化するならば、$p \in (0, \underline{p}(\bar{k})]$ なる任意の p に対して、$X_2 = 0$ および $(dX_2/dp) = 0$ を考慮して (42) および (43) を書き直せば十分である。他方、標準的な2部門経済において、第2財生産に完全特化するならば、$p \in [\bar{p}(\bar{k}), \infty)$ なる任意の p に対して、$X_1 = 0$ および $(dX_2/dp) = 0$ を考慮して (42) および (43) を

---

[11] (43) 式の右辺の第1項の括弧内の第1項は、第2財の *income compensated* な需要変化、すなわち第2財の需要の代替項を表している。

書き直すことになる。以上のことより、標準的な 2 部門経済における第 2 財の超過需要曲線は、右下りとなる。

3-1 $p(\bar{u}_l) \in P(\bar{k})$ のケース

上述の結果を用いながら、$U_l(\bar{k})$ に含まれる労働者の最低効用水準のある $\bar{u}_l$ が設定されるとき、それに対応する $p(\bar{u}_l)$ は $P(\bar{k})$ に含まれるが、そのときの第 2 財の超過需要関数はどうなるであろうか。以下のように区分するのが便利である。

(i) リプチンスキー線上に生産点があるとき、第 2 財の超過需要関数は次のようになる。

$$(42a) \qquad M_2[p(\bar{u}_l), X_2] = D_2[p(\bar{u}_l), Y] - X_2$$

ところで、$Y = a + [p(\bar{u}_l) - b]X_2$ である。したがって、$p(\bar{u}_l)$ のもとで、$(\partial M_2/\partial X_2) < 0$ となる。

(ii) p が $(\underline{p}(\bar{u}_l), p(\bar{u}_l))$ の開区間の任意の値であるとき、第 2 財の超過需要関数は、(42) および (43) にしたがうことになる。さらに、労働の完全雇用の下で第 1 財生産に完全特化したときには、第 2 財の超過需要関数は、$(0, \underline{p}(\bar{k})]$ の区間の任意の p に関して、(42) および (43) において、$X_2 = 0$ および $(dX_2/dp) = 0$ を代入したものにしたがう[12]。

(iii) $\bar{u}_l$ の下で任意の p が $p(\bar{u}_l)$ より大であり、労働の失業が存在しているならば、第 2 財生産は完全特化している。しかも p が上昇するならば、$k_2 (\equiv k)$ が下落し第 2 財生産量は増加し、失業が減少する ((37) をみること)。このとき、第 2 財の超過需要関数は、$Y = pX_2(p)$ のもとでの (42) にしたがい、(43) は、

$$(43a) \qquad \frac{dM_2}{dp} = \left(\frac{\partial D_2}{\partial p}\bigg| - (1 - m_2)\frac{dX_2}{dp}\right) - m_2\frac{M_2}{p} < 0$$

と書き直され[13]、第 2 財の超過需要曲線の傾きは負であることがわかる。

---

[12] この場合、労働者の効用水準は、最低効用水準 $\bar{u}_l$ より高い水準をもつことになる。$(\underline{p}(\bar{k}), p(\bar{u}_l))$ に対しては $(\bar{u}_l, u_l(\bar{k})]$、$(0, \underline{p}(\bar{k})]$ に対しては $[u_l(\bar{k}), \max \bar{u}_l(\bar{k})]$ となる。

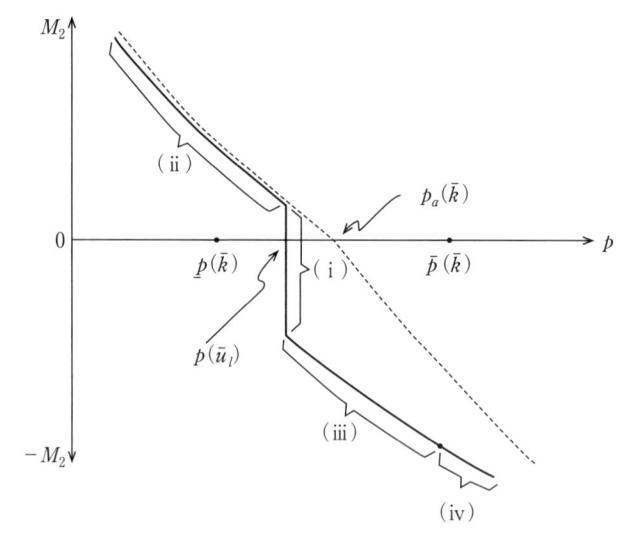

136　第1部　国際貿易論の理論分析

図5　3-1における第2財の超過需要曲線

(iv) (iii)における p がさらに上昇し、ついに失業が消滅し、$\bar{u}_l$ の下で労働の完全雇用をみたす第2財の完全特化生産点が実現する。このときの第2財の超過需要関数は、(42) および (43) において、$X_1=0$ および $(dX_2/dp)=0$ を代入したときのものにしたがう。

図5は、労働者の最低効用水準が $U_l(\bar{k})$ で定されている経済において（$p(\bar{u}_l) \in P(\bar{k})$ となっている）、第2財の超過需要曲線の一つを実線で描き、点線の曲線は、標準的な2部門経済における第2財超過需要曲線である。

3-1のケースは、下村 (1984) によって議論されたものであり、同じ内容の結論をえている。

3-2　$0 < p(\bar{u}_l) < \underline{p}(\bar{k})$ のケース

労働者の最低効用水準 $\bar{u}_l$ が $\bar{u}_l(\bar{k})$ より高い水準にあるとき、変形曲線には生産可能性フロンティアの部分を含まない場合となる。このとき、変形曲線

---
[13] (43a) 式の右辺の第1項の括弧内の第1項は、第2財の *income compensated* な需要変化、すなわち第2財の需要の代替項を表している。

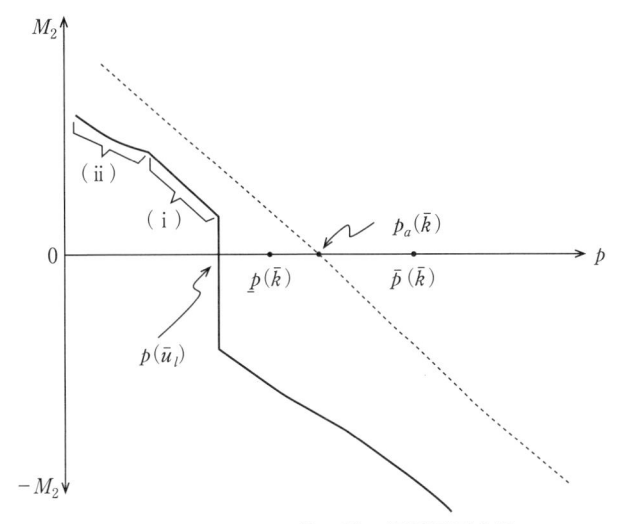

第6章 労働者最低生活水準の下での生産、貿易パターンおよび貿易利益　137

図6　3-2における第2財の超過需要曲線

のうち、リプチンスキー線の部分と第2財生産の完全特化の部分に対応する第2財の超過需要関数は、3-1における(i)、(iii)、(iv)にしたがうことになる。変形曲線のうち第1財生産の完全特化の部分に対応する第2財の超過需要関数についての議論が残されている。

（i）$0<p<p(\bar{u}_l)$ であるある p に対して、労働の失業が存在し第1財生産の完全特化の状態にある。いま、p の下落に対して第1財生産量が増加するとしよう。このとき、第2財の超過需要関数は、$Y=X_1(p)$ のときの（42）にしたがい（43）に対しては、

$$(43\mathrm{b}) \qquad \frac{dM_2}{dp} = \left(\frac{\partial D_2}{\partial p}\bigg|+m_2\frac{dX_1}{dp}\right)-m_2\frac{D_2}{p}<0$$

と書き加えられる[14]。

（ii）$0<p<p(\bar{u}_l)$ であるある p に対して、労働の完全雇用が実現し第1財生産の完全特化の状態にあるか、あるいは、労働の失業があり第1財生産の

---

[14] 脚注13と同様に第2財の需要の代替項である。

完全特化の状態でありながら、第1財に有利な p の下落があっても第1財生産は不変のままの状態にあるとき、第2財の超過需要関数は、$Y=X_1$ のときの（42）にしたがい、$(dX_1/dp)=0$ のときの（43b）にしたがう。

以上のことより、**図6**は労働者の最低効用水準 $\bar{u}_l$ が $\bar{u}_l(\bar{k})$ より高い水準に設定された経済において、第2財の超過需要曲線の一つを実線で描いたものである。なお点線の曲線は、図5のものと同様である。

4　貿易パターン

労働者の最低効用水準に差がある2国における貿易パターンについてみてみる。2国において消費選好に差異はないと仮定し、消費需要の要因によって貿易パターンが左右されることはないとする。なお、$*, a, f$ は、それぞれ外国、貿易前の状態、貿易後の自由貿易の状態を表すのに用いられる記号である。

4-1　$\bar{k}=\bar{k}^*$ のケース

2国において要素賦存比率が同一である。すなわち、$\bar{k}=\bar{k}^*$ とする。なお、$\bar{K}=\bar{K}^*$ および $\bar{L}=\bar{L}^*$ である必要はない[15]。この場合、労働者の最低効用水準の差が存在していなければ、貿易前の各国の第2財価格に差異はみられず、貿易をもたらす要因は存在しないことになる。しかしながら、貿易前において、各国における労働者の最低効用水準に差があり、$\bar{u}_l > \bar{u}_l^*$ であったと以下では仮定しよう。

（ⅰ）$\bar{u}_l$ および $\bar{u}_l^*$ は、いずれも十分に低いならば、貿易前の各国の第2財価格は、$p_a(\bar{k})=p_a^*(\bar{k}^*)$ となり、労働者の最低効用水準に左右されず、2国間で貿易の要因はみいだされない。すなわち、$\bar{u}_l, \bar{u}_l^* \in U_l(\bar{k}) = U_l(\bar{k}^*)$; $p_a(\bar{k}) < p(\bar{u}_l), p_a^*(\bar{k}^*) < p^*(\bar{u}_l^*)$ となっているためである。

（ⅱ）$\bar{u}_l$ は $\bar{u}_l^*$ より十分に高く、$\bar{u}_l$ は $\bar{u}_l \in U_l(\bar{k})$ あるいは $\bar{u}_l \geqq \bar{u}_l(\bar{k})$ であり、$\bar{u}_l^*$

---

[15] $\bar{K}>\bar{K}^*$ および $\bar{L}>\bar{L}^*$ であるとき、外国にくらべて自国の変形曲線は外側にシフトする形状となる。変形曲線のリプチンスキー線もその例外ではない。(28) および (30) における $\bar{K}$ の偏微係数を参照のこと。

第 6 章 労働者最低生活水準の下での生産、貿易パターンおよび貿易利益　139

は $\bar{u}_l^* \in U_l(\bar{k}^*)$ であり、貿易前の自国の第 2 財価格 $p_a(\bar{u}_l)$ は $p_a(\bar{u}_l) < p_a(\bar{k})$ であり、貿易前の外国の第 2 財価格 $p_a^*(\bar{k}^*)$ は $p_a^*(\bar{k}^*) < p^*(\bar{u}_l^*)$ であるとする。このとき、$p_a(\bar{u}_l) < p_a^*(\bar{k}^*)$ となる。よって、要素賦存比率が 2 国において同一であったとしても、自国の労働者の最低効用水準が十分に高いため、資本集約財である第 2 財に比較優位をもち、外国は労働集約財に比較優位をもつのである。図 5 を用いてこの状況をみることができる。

　(iii)　$\bar{u}_l$ および $\bar{u}_l^*$ はともに十分に高いならば、各国の貿易前の第 2 財価格は、それぞれ、$p_a(\bar{u}_l) < p_a(\bar{k})$, $p_a^*(\bar{u}_l^*) < p_a^*(\bar{k}^*)$ となりうる。ところで、$p_a(\bar{k}) = p_a^*(\bar{k}^*)$ となっている（(i)を参照のこと）。このとき、$\bar{u}_l > \bar{u}_l^*$ であることより、$p_a(\bar{u}_l) < p_a^*(\bar{u}_l^*)$ となる。貿易パターンは、(ii)と同様となる。図 7 は、$p_a(\bar{u}_l) \in (0, \underline{p}(\bar{k})]$, $p_a^*(\bar{u}_l^*) \in P(\bar{k}^*)$ の場合を表わしたものである[16]。

---

[16] 超過需要曲線ではなく、オファー曲線を描くこともできる。図 7a は、図 7 のケースを描いたものである。リカード型のオファー曲線のように直線部分を有するのが特徴である。M_1 および M_2 は、それぞれ、自国の第 1 財および第 2 財の超過需要量を表す。自国のオファー曲線は $d\,e\,g\,h$, 外国のオファー曲線は $d^*e^*g^*h^*$ となっていて、各国の変形曲線（図 1 と図 2）の生産点の記号に対応するようにオファー曲線の記号が用いられている。各国の貿易前の第 2 財価格は、図 7a の原点 0 における直線部分のオファー曲線の傾きによってみることができる。すなわち、$p_a(\bar{u}_l) < p_a^*(\bar{u}_l^*)$ となっている。貿易後における自由貿易均衡は、2 国のオファー曲線の交点 E となり、そのときの国際価格は p_f となる（図には描かれてない）。自国は資本集約財である第 2 財を輸出し、外国は労働集約財である第 1 財を輸出することを示している。なお、外国のオファー曲線の d^*e^* の部分は、標準的な 2 部門経済における外国のオファー曲線 $d^*e^*0H^*$（図 7a では d^*e^* 以外は点線の曲線で描かれている）の一部をなしている。

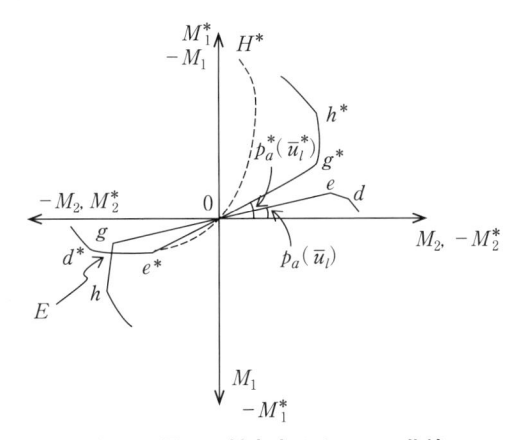

図 7a　図 7 に対応するオファー曲線

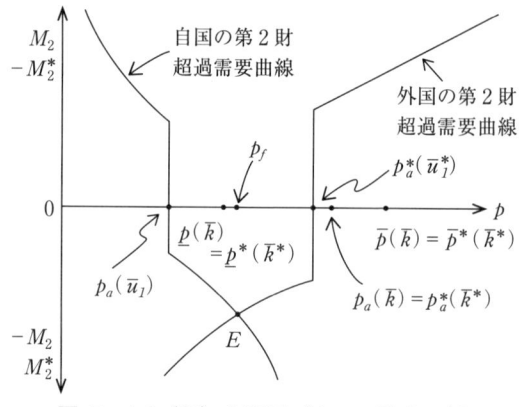

140　第1部　国際貿易論の理論分析

図7　4-1-(iii) の貿易パターン決定の例

4-2　$\bar{k} < \bar{k}^*$ のケース

　自国は外国にくらべて労働豊富国であるとしよう。すなわち $\bar{k} < \bar{k}^*$。ヘクシャー＝オリーン＝サミュエルソン定理（以下、ＨＯＳ定理という）によれば、自国は労働集約財である第1財に、外国は資本集約財である第2財に比較優位をもつ。しかしながら、もし自国において、労働者の最低効用水準 $\bar{u}_l$ が外国にくらべて十分に高く設定されるならば、ＨＯＳ定理の貿易パターンとは逆に、自国は労働豊富国であるにもかかわらず、自国は資本集約財に、外国は労働集約財に比較優位をもつ場合がある。これは、ＨＯＳ定理の逆説を意味するものである[17]。

　いま、貿易前の自国は $\bar{u}_l \geqq \bar{u}_l(\bar{k})$ を満たす、ある $\bar{u}_l$ を設定する。したがって、それに対応する第2財価格 $p_a(\bar{u}_l)$ は、$(0, \underline{p}(\bar{k})]$ の区間にある。他方、貿易前の外国は、$U_l(\bar{k}^*)$ の開区間にある $\bar{u}_l^*$ を設定するが、第2財価格 $p_a^*(\bar{k}^*)$ は、$p_a^*(\bar{k}^*) \in P(\bar{k}^*)$ であり、$p_a^*(\bar{k}^*) < p^*(\bar{u}_l^*)$ となっているとする。このとき、自国の $\bar{u}_l$ が十分に高いならば、$p_a(\bar{u}_l) < p_a^*(\bar{k}^*)$ となる場合がある。すなわち、労働豊富国である自国は資本集約財に比較優位をもつことがある。

　同様に $\bar{u}_l > \bar{u}_l^*$ であり、$\bar{u}_l^*$ も十分に高いならば、貿易前の外国の第2財価格

---

[17]　この可能性について、下村（1984）も指摘している。

は $p_a^*(\bar{u}_l^*)$ となる。このとき、$p_a(\bar{u}_l) < p_a^*(\bar{u}_l^*)$ となり、HOS定理の逆説が成立する。

5 貿易利益

これまでなされたのと同じ仮定のもとで、2国の貿易利益についてみる。一般性を失うことなしに、2国において、同一の *homothetic* な社会無差別曲線が存在するとする。そして社会無差別曲線が北東方向へシフト・アップするならば、その国の経済厚生は *better off* になったといい、これによって貿易利益の議論をすることにする。本章では、労働の失業が存在する経済を扱っているのであるが、後述するように、経済厚生の高低と労働雇用量の増減とは同方向に変化し、理に適っていることもあり、経済厚生と労働雇用量との関係をこの体系の中に明確に導入することなく、以下において議論することにする。社会無差別曲線による貿易利益の議論に加えて、各要素の無差別曲線による効用水準の高低、および各要素所得についても言及することにする[18]。

まず、労働者の最低効用水準 ($\bar{u}_l$) が外国のそれより高いときの自国の貿易利益についてみることにしよう。ただし、貿易前の第2財価格が、$\bar{u}_l$ に対応して決まる $p_a(\bar{u}_l)$ が、$p_a^*(\bar{u}_l^*) < p_a^*(\bar{k}^*)$ のときは $p_a^*(\bar{u}_l^*)$、$p_a^*(\bar{k}^*) \leqq p^*(\bar{u}_l^*)$ のときは $p_a^*(\bar{k}^*)$、より低くなる程に、$\bar{u}_l$ が十分に高い場合のみについてここでは扱うことにする。

(i) 自由貿易のもとでの生産点がリプチンスキー線上にあるならば、自由貿易のもとでの第2財の国際価格は $p_f(\bar{u}_l)$ となる。ところで、$p_f(\bar{u}_l) = p_a(\bar{u}_l)$ である。このとき、貿易後の国民所得は減少する。というのは、労働雇用量は減少し、$\bar{L} > L_a > L_f$ となるからである。よって、社会無差別曲線は貿易後において左下へシフトすることにより、自国の貿易利益は *worse off* となるのである。さらに、労働の総所得は貿易後には減少し（第1財で測った賃金率は $w[p(\bar{u}_l), \bar{u}_l]$ より不変である）、資本の総所得は不変となる[19]ことがわかる。

---

[18] 脚注5を参照のこと。
[19] $r_f(\bar{u}_l)\bar{K} = r_a(\bar{u}_l)\bar{K}$ となるからである。

(ii) 貿易後において、労働の失業が存在するが第2財生産に完全特化している場合、$p_a^*(\bar{u}_l^*) < p_a^*(\bar{k}^*)$ のときは $p_a^*(\bar{u}_l^*) \geqq p_f > p_a(\bar{u}_l)$、$p_a^*(\bar{k}^*) \leqq p^*(\bar{u}_l^*)$ のときは $p_a^*(\bar{k}^*) \geqq p_f > p_a(\bar{u}_l)$ である。ある p_f に対して国民所得が十分に高いならば、自国の貿易利益は必ずしも(i)のように *worse off* になるとは限らない。第2財生産の完全特化が完全雇用のもとでの第2財生産の完全特化点に近づくにつれ、自国の経済厚生は高くなり、自国の貿易利益が *better off* になる可能性はより高くなる。

他方、自由貿易下の労働雇用量 (L_f) は、貿易前の労働雇用量 (L_a) より大になることもある。しかしながら、(35)-(36) より明らかなように、労働者の最低効用水準 ($\bar{u}_l$) が設定され、第2財生産に完全特化し、労働の失業がある経済において、

$$0 < \frac{p}{w}\frac{\partial w}{\partial p} < 1, \qquad \frac{p}{r}\frac{\partial r}{\partial p} > 1$$

が成立していることより、貿易後において、労働の総所得は第2財で測ったときには増加するか否か不明であるが、資本の総所得は両財で測って増加する。このことにより、資本所有者の貿易利益は *better off* になることがわかる。

以上(i)および(ii)より、労働者の最低効用水準が十分に高い国の貿易利益は、失業という犠牲を払うことにより、*worse off* になることがある。

次に、自国の最低効用水準より低い最低効用水準 ($\bar{u}_l^*$) を設定している外国の貿易利益についてみてみよう。仮定により、$p_a(\bar{u}_l) < p_a^*(\bar{k}^*) \leqq p^*(\bar{u}_l^*)$ あるいは $p_a(\bar{u}_l) < p_a^*(\bar{u}_l^*) < p_a^*(\bar{k}^*)$ である場合に区分する。

(iii) $p_a(\bar{u}_l) < p_a^*(\bar{k}^*)$ の場合には、貿易後における第2財の国際価格 p_f は、$[p_a(\bar{u}_l), p_a^*(\bar{k}^*))$ の区間にある。このとき、外国における労働者の最低効用水準 ($\bar{u}_l^*$) は、価格に影響を与えることはなく、経済は完全雇用の状態にある。よって、社会無差別曲線は貿易前にくらべて、貿易後においては右上にシフトし、外国の貿易利益は *better off* となる。さらに、貿易によって労働集約財である第1財生産に有利な価格変化が生じることより、ストルパー＝サミュエルソン定理が適用され、労働者の効用水準は $\bar{u}_l^*$ より上昇し貿易利益は

better off となり、資本所有者の貿易利益は *worse off* となることがわかる。

(iv) $p_a(\bar{u}_l) < p_a^*(\bar{u}_l^*)$ である場合には、$p_f \in [p_a(\bar{u}_l), p_a^*(\bar{u}_l^*)]$ の閉区間にあるが、次の3つのどれかに属することになる：

(iva) $p_f \in P(\bar{k}^*)$

(ivb) $p_f \notin P(\bar{k}^*)$ そして $p_f = p_a^*(\bar{u}_l^*)$

(ivc) $p_f \notin P(\bar{k}^*)$ そして $p_f \in [p_a(\bar{u}_l), p_a^*(\bar{u}_l^*)]$

(iva)の場合は、(iii)を適用すればよい。(ivb)の場合は、貿易前後において価格は変化しないが、労働雇用量が増加しそれに伴って国民所得が増加する。よって社会無差別曲線によって表す経済厚生は高まり、貿易利益は *better off* になる。最後の(ivc)の場合は、貿易後の第2財の国際価格 p_f は、$p_a^*(\bar{u}_l^*)$ より低くなることより、(ivb)におけるよりも労働雇用量は増加し、第1財生産の完全特化は増加する。よって、社会無差別曲線は(ivb)よりさらに右上の経済厚生水準を実現することになり、外国の貿易利益は *better off* になる。他方、$w(p_f, \bar{u}_l^*) < w[p_a^*(\bar{u}_l^*), \bar{u}_l^*]$ であることより、貿易前にくらべて要求賃金率は下落し、(39)より、資本レンタル率 (r) は上昇する。このことより、資本所有者の貿易利益は *better off* になることがわかる。

以上(iii)および(iv)より、労働者の最低効用水準が低い国の貿易利益は、高い国と異なり、必ず better off になる[20]。

参考文献

 Bhagwati, J.N. and Srinivasan, T.N. (1983), *Lectures on International Trade*, MIT Press

 Brecher, R.A. (1974a), "Minimum Wage Rates and the Pure Theory of International Trade", *Quarterly Journal of Economics*, vol. 88, no. 1, Feb. 99-116

 Brecher, R.A. (1974b) "Optimal Commercial Policy for a Minimum-Wage

---

[20] 寺町論文 (1986) 脱稿後、下村耕嗣先生（神戸大学）より、Kemp and Shinohara (1984) Labor Union and the Theory of International Trade, *Mimeo.* をいただく機会をえた。そこでは、労働組合は、雇用水準と労働者の効用水準を関数とする労働組合の効用関数を最大にするように行動すると定式化し、労働者の最低生活水準 $\bar{u}_l$ を内生化した分析が行われている。それに加え、拙稿で導いた「貿易パターン」「要素所得の変化」などにも言及されている。拙稿の存在理由は、$\bar{u}_l$ を外生的に扱い議論を簡単化し、Kemp and Shimomura 論文の補完的役割をしていると思われる。

Economy," *Journal of International Economics*, vol. 4, no. 2, May, 139-149

Sgro, P.M. and Takayama, A. (1981) "On the Long-Run Growth Effects of a Minimum Wage for a Two-Sector Economy," *Economic Record*, vol. 57, no. 157, June, 180-185

下村和雄（1984）「国際貿易と労働組合」『国民経済雑誌』vol. 149, no. 4, April, 58-75

寺町信雄（1985）「労働者の最低生活水準の下での生産、貿易パターンおよび貿易利益」『経済経営論叢』（京都産業大学経済経営学会）vol. 20, no. 2-3, Dec., 247-271

Teramachi, N. (1986) "Minimum Wage, Pattern of Trade and Gains from Trade," *Economic and Business Review* (Kyoto Sangyo University), no. 13, May, 1-12

第2部

日中貿易の実証分析

第7章　中国野菜輸入増加に関わる経済利害を中心にして[1]

1　はじめに

　日本政府は、2001年4月23日WTOセーフガード協定等に基づき、ねぎ・生しいたけ・畳表の農産物3品目に対してセーフガード暫定措置を以後200日間にわたって発動することとした。3品目の主要輸出国は中国であった。これは、単なる外国の輸入品の急増による国内生産者の生産調整のための措置とはいえない面をもっている。日本の総合および専門貿易商社・大手スーパー・食品加工業者・種苗業者が（以下、総称して「輸入業者」という）、農産物3品目を含む野菜などの生産地として、中国にアプローチし開発輸入を手がけてきたことにそのルーツがある。輸入業者は中国産地から農産物3品国を含む野菜などを日本の国内市場に開発輸入した。これら輸入量が急激に増加すれば、国内産地の野菜などの農産物と価格面において競合することになり、当然、産地の生産者から輸入急増にともなう輸入制限という救済要請が声を大にして唱えられることになった。想像するに、産地を票田とする地元議員への生産者による陳情が行われたことであろう。輸入制限は輸入品の値上げをともない国内市場の消費者に負担増をもたらすことになるが、政治的な圧力として強くない存在の消費者の利益は無視されやすい。それに対して、数は少ないが、3品目を含む中国産野菜の輸入急増による個別農家の経済損失に関わる利益を背景に、声を大にする産地生産者の利益は政治的に優遇されやすい。日本政府は、WTOの関連協定法および関税定率法との関連なども勘案して、農産物3品目を選定しセーフガード暫定措置を発動した。中国政府はこれに敏感に反応し、自動車・空調機・携帯車載電話の対日輸入品に

---
[1]　本章の原論文は寺町（2004）であり、一部手直しをしているがほとんどそのまま掲載している。寺町（2004）は、ディスカッション・ペーパーである寺町（2003）を訂正および修正したものである。

148　第2部　日中貿易の実証分析

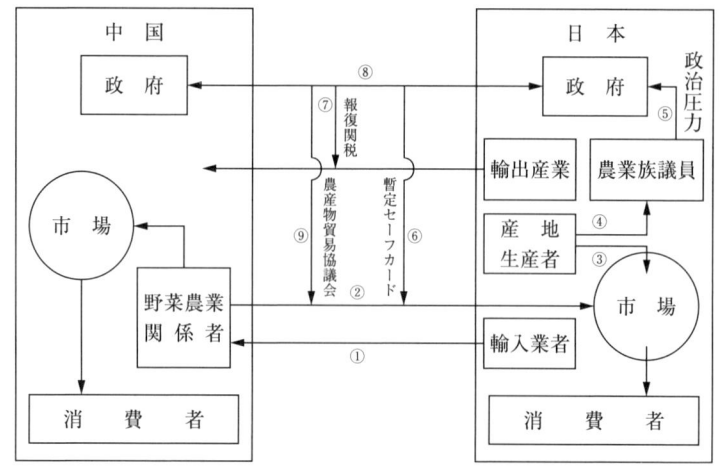

図1　農産物3品目の日中貿易摩擦

100%の報復関税を実施することとした。ここにねぎ等農産物3品目に関する日中貿易摩擦が一気に政治問題化することとなった。2001年12月21日両国政府は覚書を交わし、日本政府は農産品3品目に関わるセーフガードを正式に発動しないこと、中国政府は日本からの輸出3品目に対する報復関税を撤廃すること、農産物貿易協議会を組織して民間関係者で協議することで決着の方向が示された。

　このように農産物3品目の中国からの輸入急増に対応する日本政府の暫定輸入制限措置の実施は、開発輸入を手がけた輸入業者、中国産地生産者と集荷業者、日本産地生産者、日本国内加工・流通・小売業者、日本の消費者、農業族議員、日本政府、中国政府、報復措置の対象となった日本の輸出産業などの利害得失が関わってくる。**図1**は、この事情を図示したものである。図の番号①～⑨は、貿易摩擦として政治問題化する経過を順に数字で示したものである。

　以下において、対中国からの農産物3品目を含む野菜輸入の急増に焦点をあてて、その経済的背景、関係者の経済的な利害得失について、図1の番号順にしたがって詳しく議論をする。第2節では、日本の対中国の野菜輸入の

状況と開発輸入をする輸入業者について議論する（図1の①）。第3節では、中国の野菜産地と中国農業を背景とする中国政府の立場について述べる（図1の②）。第4節では、日本農業を背景とした野菜産地と流通・小売業界について述べる（図1の③）。そして、第5節では、今回のねぎ等農産物3品目の輸入制限暫定措置実施に影響を与えたといわれる自民党農業族議員と野菜県との関わりについて議論する（図1の④〜⑦）。第6節では、日本の農産物貿易の背景となる日本政府の対外農業政策について、特に、2000年12月に日本政府がWTO農業交渉に提出した「日本提案」に登場する非貿易関心事項（NTC）について述べる（図1の⑦〜⑨）。そして、最後の第7節では、対中国農産物3品目を含む野菜輸入急増にともなう利害関係者の利害得失について、余剰分析を通じてこれまでの議論を整理するとともに、比較優位論の視点から中国野菜輸入増加について私見を述べ結びとする。

2　日本の対中国野菜輸入と開発輸入

　日本の農業生産のGDPに占める割合は2000年で2%である。日本の農林水産物輸入の総輸入額に占める割合は2000年で17%である。さらに日本の野菜輸入の農林水産物輸入に占める割合は2000年で5%であり、3,420億円となっている。その中で中国の割合は44%で1位であり、2位の米国は24%で2倍近く引き離している（表1）。生鮮・冷凍・その他調整品のどれをとっても、2000年において中国からの野菜輸入は他国を引き離している（図2）。この現象は1990年代から見られることであり、年とともに中国からの野菜輸入は増加傾向にある（図3）。また、2000年の日本の主な野菜輸入などを数

表 1　2000年主要国別農林水産物輸入額（金額：10億円）

	US	中国	AUS	カナダ	タイ	合計
農林水産物	1871	824	451	482	319	6914
農産物	1502	479	322	230	181	3971
野菜輸入	83	150	6	6	13	342

出所：農林水産省統計情報部『2002年ポケット農林水産統計』
　　　野菜供給安定基金調査情報課編『2001年野菜輸入の動向』農林統計協会

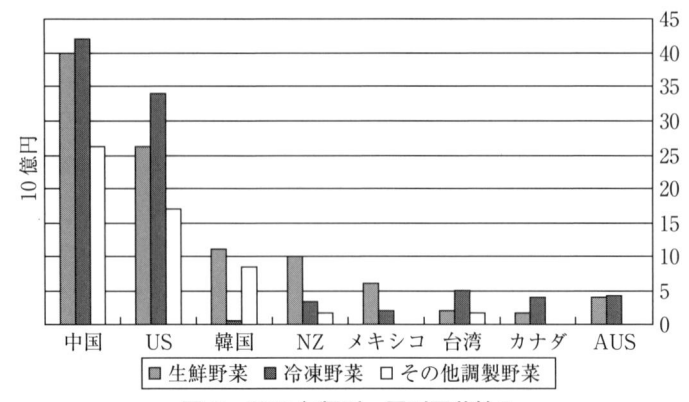

150　第2部　日中貿易の実証分析

図2　2000年類別・国別野菜輸入

出所：野菜供給安定基金調査情報課編『2001年野菜輸入の動向』農林統計協会

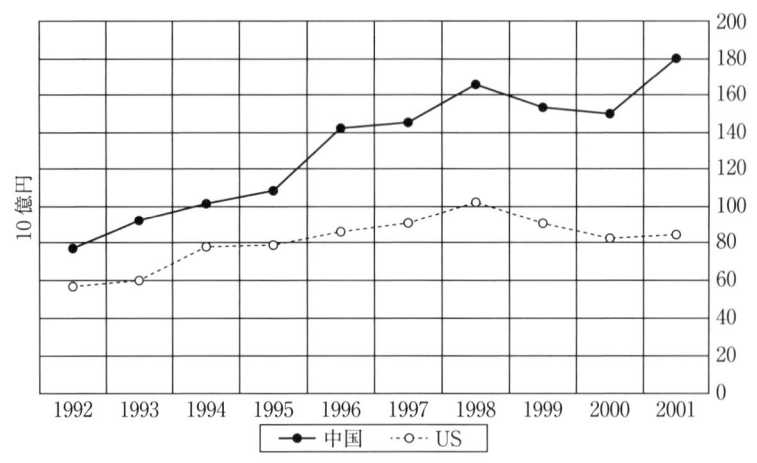

図3　日本の野菜輸入

出所：野菜供給安定基金調査情報課編『2001年野菜輸入の動向』農林統計協会

量でみた輸入相手国とそのシェアは、表2のようである。中国からの野菜輸入が大きいことを反映して、中国の数字は顕著である。セーフガード3品目以外に、にんにく・乾しいたけ・しょうが・さといも・冷凍ほうれんそう等が目に入る。このように中国からの野菜輸入増加を可能にする背景として、

第 7 章　中国野菜輸入増加に関わる経済利害を中心にして　　151

表 2　日本の主な野菜等輸入品目と数量で見た輸入相手国シェア（2000）

にんにく	中国（100）	わかめ	中国（76）・韓国（24）
なす	韓国（100）	うなぎ（含調製品）	中国（73）・台湾（27）
乾しいたけ	中国（100）	かぼちゃ（生鮮）	NZ（69）・メキシコ（15）・トンガ（11）
ねぎ	中国（99）		
生しいたけ	中国（100）	ブロッコリー（生鮮）	US（86）・中国（13）
畳表（千枚）	中国（100）	しょうが（生鮮）	中国（95）
生鮮トマト	韓国（87）・US（12）	さといも（生鮮・冷凍）	中国（100）
ピーマン	オランダ（60）・韓国（20）	レタス	US（100）
たまねぎ（生鮮）	US（65）・中国（10）・NZ（20）	生鮮いちご	US（76）・韓国（20）・NZ（4）
		冷凍ほうれんそう	中国（100）

出所：野菜供給安定基金調査情報課編『2000 年野菜輸入の動向』農林統計協会
　　　農林水産省統計情報部『2002 年ポケット農林水産統計』

　日本企業の開発輸入の存在は無視することはできない。
　2001 年 4 月日本政府は関税割当制にしたがって、ねぎ等農産物 3 品目について過去 2 年間に輸入実績のある業者に申請を 2 回にわたって受付けて、該当する業者に輸入を割当てた。その業者リスト（農林水産省のホームページで公開されている）を見ると、総合および食料専門商社・食品加工業者・大手スーパーなど国内流通業者が名前を連ねている。本章でいう「輸入業者」の内容である。これら「輸入業者」は、単に中国で生産された農産物 3 品目を中国側集荷業者から買付けて日本への輸入ルートに乗せることを業務としてきただけではない。中国から日本への野菜輸入には、日本企業の関わる開発輸入が重要な役割を果たしてきたと言われている。阮蔚（2001b）で述べられているように、日本の商社、食品加工企業、量販店などの輸入業者は、単独、あるいは以前から関係をもってきた台湾・香港系企業と連携して、生産の段階、選別・加工の段階、物流の段階に関わりをもち、主に中国の食品加工業者（後述（3-2））より、野菜を買付けて輸入しているのである。輸入業者は、例えば生産の段階において、中国農家に対して最低保証金を支払って、リスク対策を行うとともに、日本仕様の野菜生産のために日本産野菜の種子を供給販売

し、生産の技術指導を実施する等の努力を行ってきた。また、集荷された野菜を日本国内の市場用に箱詰めするまでの工程処理や冷凍加工・調製品加工にも、輸入業者は積極的な関わりをもってきた。

　この野菜の開発輸入は、今後も着実に増加することが予想される。これら野菜の輸入業者の経済的インセンティブは何であろうか。それは第1に、日本産野菜に比べて中国産野菜の方が生産コストにおいて格安になっていることである[2]。第2に、中国の最近の農業政策（後述3-1）の展開によって、日本の輸入業者が中国での野菜輸入に関連した経済活動を容易に行える経済環境が整ってきたことである。すなわち、1980年代末ごろから台湾から中国本土に開発輸入をシフトさせ、1990年代に着々と開発輸入が軌道に乗る体制を輸入業者は整えてきたのである[3]。第3に、中国のねぎ産地農家は、中国国内向けに比べて日本輸出向けの方が仕様は異なるとはいえ高い価格で販売することができることから、産地農家の輸出向けへのインセンティブが強いことが、野菜輸入を増加するという輸入業者と一致した利害をもつこととなった。第4に、輸入業者は、国内産に比べて、大規模な生産基盤を確保して、安定的に供給することが可能になることである。国内産の産地では高齢化が一層進み、野菜の大量供給が安定的に得られる条件が年とともに悪化してきているといわれている。これに対して、輸入業者による開発輸入による野菜輸入は、中国側野菜関係者との長期契約を交わし、低価格で大量の安定的な供給を可能にしているのである。3週間から1ヶ月前に輸入業者を通じて、数量・価格等の野菜輸入の入荷情報が事前に入手できることから、計画的に仕入れが可能になり、大手小売業者・外食業者・食品加工業者にとって大きなメリットとなるのである。このことから、輸入野菜は、国内産野菜に比べて物流および情報システムにうまく乗って最終需要者への販路を容易に確保することができるのである[4]。

　以上から容易に推察されることであるが、輸入業者は、国内産野菜と中国産野菜を比較しながら、国際間の野菜市場を念頭に経済活動を行っていると

---

[2] 中国と日本の生産コストの比較については第4節でもう一度扱う。
[3] 大手スーパーの開発輸入の現場責任者藤井氏の報告［農政ジャーナリストの会編（2001）］にそれを見ることができる。日本経済新聞社編（2001）181頁参照。
[4] 小林茂典（1999）の議論を参照。

いうことができる。日本政府が、中国産野菜を実質的に輸入制限することは、輸入業者による国際的な裁定取引を制限することを意味する。低価格で大量な野菜輸入供給に代わって、より高いより少なめの輸入野菜を供給することは、輸入業者の利益を必ずしも減少させるとは限らないが、野菜輸入の最終需要者にとっては、高い中国産と国内産の野菜を購入することになることは間違いない。

3　中国の農業・対外貿易政策と中国野菜農業関係者

3-1　中国の農業・対外貿易政策

　日本の中国からの野菜輸入増加については、中国側の事情について述べておく必要がある。『中国統計年鑑2002』によれば、中国の総人口は2001年で12.7億人、うち農村人口は73%の9.3億人、さらに農村労働力は51.6%の4.8億人である。中国は年率7〜8%の経済成長率を持続しているが、2001年の第1次・第2次・第3次産業のGDP比率および就業者比率は、それぞれ15%・51%・34%、50%・22%・28%である。12.7億人という人口を安定的に養うために、中国は、1980年代初頭に人民公社という集団営農組織から家族単位の営農請負制に移行し穀物食糧生産の大幅な増加を実現した。1985年以降農産物の市場経済化が進められ、流通の規制が少しずつ緩和され、水産物・果物・野菜等の農産物の流通段階での価格決定が市場に委ねられるようになっていった。1988年には、副食品生産を発展させ、都市への供給を保障する「野菜かごプロジェクト」が実施された[5]。大都市近郊の野菜生産ではなく、大きな野菜産地を国家プロジェクトで開発することも行われてきたのである。また、穀物食糧などの政府買付価格の引上げも農家の生産へのインセンティブを高め、農産物生産の増加を実現したと見ることができよう。

　1994年レスター・ブラウンの『誰が中国を養うか』というセンセーショナルな著書が話題になった。そこでは、経済発展とともに人口増と耕地面積の減少と穀物など食糧生産量の伸び悩みにより、中国は穀物輸入大国になると

---

[5] 王志剛（2001）の議論を参照。

いうものであった。レスター・ブラウンの悲観論は現在のところ実現する兆しは見られない。それどころか、1990年代の後半には農産物は供給過剰の状態になり、農産物価格の下落が起きることとなった。中国における食糧不足の問題は遠のき、①都市部人口の所得に比べて低位水準にある、7割強の農村人口の所得格差問題、②過剰状態にある5億人弱の農村労働力を吸収する農業以外の他部門による地方工業化の問題、③農業の生産性向上の問題等が、クローズアップされてきた。単に量的な穀物食糧増産の確保だけでなく、農業以外の産業による農村労働力の吸収と農業の近代化による農家所得の上昇をもたらすことが、中国農業の重要な政策課題となってきたのである。

　穀物食糧を要とする増産政策を大きく変更する政策として、1999年7月に「農業生産の構造調整に関する意見」が発表され、農業インフラを改善し、農業の総合生産能力を高めることを前提に、各地域が市場の需給動向に応じ、各地域の比較優位を発揮し、適地適作を実行するという内容であった[6]。増産政策から増収政策への確実な政策転換と理解することができる。適した地域で適した農産物を生産することにより、中国の農業生産性の向上は大いに期待できると思われる。1980年における穀物作付面積は、農産物作付面積の80.1％を占めていたが、2001年では68.1％にまで低下し、他方、野菜作付面積は2.2％から10.5％へと上昇している。また、中国を沿岸地域・中部地域・西部地域の3地域に区分して各農産物作付面積を1999年と2001年について表3にまとめてみると[7]、次の結果がえられる。①沿岸地域の穀物作付面積のシェアは中部地域より低い。②沿岸地域の果樹園・野菜作付面積のシェアは中部・西部地域より高い。③①および②に加えて耕地面積および農村労働力を併せて見てみると、沿岸地域は果樹園・野菜など労働集約型農産物に比較優位を、中部・西部地域は穀物など土地集約型農産物に比較優位をもつようであり、この傾向は一層強まっていくと思われる[8]。

　中国の国内農業は、国内経済が市場経済化に移行しつつある中で、近年には適地適作の構造調整を進めてきた。それが、穀物食糧生産の増産と生産性

---

[6] 厳善平（2002b）の26頁を引用した。
[7] 阮蔚（2001b）の図表4に『中国統計年鑑2002』のデータより2001年の数値を加えた。
[8] この結果は、阮蔚（2001b）および厳善平（2002a, b）でも述べられている。

表 3 中国 3 地域の各農産物作付面積シェア（1999 年と 2001 年）

暦　　年	沿海地域		中部地域		西部地域	
	1999	2001	1999	2001	1999	2001
農産物作付総面積シェア	33.8	33.2	42.4	43.1	23.8	23.7
穀物作付面積シェア	33.4	31.6	42.5	44.1	24.1	24.3
油料作付面積シェア	25.8	27.8	52.4	51.1	21.8	21.1
果樹園面積シェア	58.3	58.1	21	20	20.7	21.9
野菜作付面積シェア	49.3	49.8	34.4	33.6	16.3	16.6
穀物生産量シェア	37.2	35.7	42.5	43.3	19.4	21
農村労働力シェア	40	40	34.7	35	25.3	24.9
耕地面積シェア	31.7	28.4	44.7	43.2	23.6	28.4

阮（2001b）論文図表 4 に『中国統計年鑑 2002』を用いて表を加えた。
沿海地域は、北京市、天津市、河北省、遼寧省、上海市、江蘇省、浙江省、福建省、山東省、広東省、広西自治区、海南省。
中部地域は、山西省、内モンゴル、吉林省、黒龍江省、安徽省、江西省、湖南省、湖北省、河南省。
西部地域は、四川省、重慶市、雲南省、貴州省、チベット、陝西省、甘粛省、寧夏自治区、青海省、新疆自治区。

向上の実施であり、穀物食糧以外の果樹園・野菜などの農産物の増産と生産性向上の実施であった。中国政府はこれ以外にもう一つの流れである国際化（グロバリゼーション）にも対応する国内農業の構造調整を念頭において農業政策を実施してきたと推察される。それは、中国の WTO 加盟にともなう農産物の自由化に向けての国内農業の対応である。阮蔚(2001a, 2002)、厳善平(2002a) における議論を参考にしながら、国際化対応について述べておこう。中国は、2001 年 11 月中東カタールのドーハにおいて台湾とともに WTO に正式加盟が承認された。中国が WTO 加盟を申請して 15 年後の実現であった。中国に対しては、加盟後 12 年間にわたり対中特別セーフガードの経過措置、繊維セーフガードの発動期間の延長、アンチダンピング措置発動条件の緩和、中国監視機構の設置が実施されることとなった。農業部門においても段階的な自由化が約束された。すでに、2004 年に向けて小麦・トウモロコシ・米・大豆油・綿花などの関税割当枠の引下げが実施されているし、1994年から穀物食糧の価格支持政策が実施され国内生産量の拡大と供給過剰をも

たらしたが、WTOにしたがって価格支持政策は撤廃の方向にあり、上述したように農業構造調整政策が実施されている。中国農業の対外自由化政策の転換により国内農産物市場が開放された。それにともない、穀物食糧のうち、米は輸出が期待できるが、その他の小麦・トウモロコシなどの土地集約型農産物については輸入増加が予想されている。上述したように、沿海地域の労働集約型農産物の生産増加にともない、穀物食糧など土地集約型農産物の生産不足を中・西部地域が補充する傾向にあるが、補充には輸入穀物も必要になってくるであろう。しかしながら、中長期的には穀物食糧の輸入は95％の自給率を維持できる程度におさまるであろうと見られている。その程度の輸入であれば、むしろ中国農業にとってはプラス要因の方が大きいであろう。例えば、穀物食糧の輸入により国内価格の上昇を抑えることになるであろうし、量産だけでなく品質向上への取組み・農業生産コスト引き下げのための農業生産性上昇へのインパクトを与えるであろう。これらはいずれも輸入穀物が国内農業に競争圧力をもたらすことに関連している。深刻な農村労働過剰圧力をかかえている中国では、農村の余剰労働量の農外移出を可能にする労働受け入れが不可欠であるが、それが可能になり、農業生産規模の拡大と生産性向上も実現することも可能になるのであれば、農村過剰労働力の解消と農村所得の上昇が期待できるのである。このような経済環境を実現維持するためにも、沿岸地域の果樹園・野菜・食肉などの労働集約型農産物の生産拡大は、労働力吸収および所得上昇の意味において、重要な役割を担っていると思われる。巨大な国内市場の需要を満たすだけでなく、労働集約型農産物の輸出は以上の議論から理解できるように、その存在は中国農業にとって留意すべきである。

　2001年4月日本は、ねぎ等農産物3品目に対するセーフガードの暫定措置を実施した。中国はWTO加盟をその年の11月に控えていたが、加盟前の状態をうまく利用して、7月に日本に対して3品目に対して報復関税を実施した。暫定措置の経緯については他の論者に譲るが、ねぎ等農産物3品目は、中国側から見れば、沿岸地域の労働集約型農産物の対日輸出に対する日本からの制限を意味し、中国農業の事情から容易に容認できることではない日本側の対応であったと推察できる。

表 4　1999 年における中国と日本の野菜生産数量比較

	中国（万トン）	日本（万トン）	1999 比率（%）
ばれいしょ	6506	292	4.5
きゅうり	1593	77	4.8
キャベツ	1850	148	8.0
トマト	1790	77	4.3
なす	1103	47	4.3
たまねぎ	1129	121	10.7
にんじん	461	68	14.8
かぼちゃ	333	27	8.1
カリフラワー	461	3	0.7
えんどう	117	4	3.4
いんげん豆	135	6	4.4
さといも	147	25	17.0
にんにく	16	2	12.5
ねぎ	1724	53	3.1

出所：野菜供給安定基金編『中国の野菜（2）』農林統計協会
　　　農林水産省統計情報部『ポケット農林水産統計 2002 年』

3-2　中国野菜農業関係者

　ちょっと資料は古いが、**表4**は1999年における中国と日本の野菜生産量を比較したものである。中国の野菜生産はまだ増加すると思われるが、12.7億人の人口をかかえる経済であることを考慮すれば、これは驚くに当たらない当然の生産規模といえよう。2000年の中国の食料品輸出は輸出総額の5.2％と少ない割合であるが[9]、日本は食料品輸出に関して中国の最大の輸出先となっていて、年とともに増額し、中国の対日食料品のシェアは2000年では36.1％となっている[10]。このうちの野菜輸出についてさらに見てみると、日本は野菜輸出に関して中国の最大の輸出先となっていて、金額では61％（2000年）、数量では39％（2000年）のシェアとなっている[11]。

---

[9] 『中国対外経済貿易年鑑2001』の「1990-2000年中国輸出商品構成」による。
[10] 阮蔚（2002）215頁の図表8-4を参照する。
[11] 『中国対外経済貿易年鑑2001』の「2000年中国輸出主要商品輸出先」（545頁）による。

中国の野菜産地については、野菜生産を行う土地面積の資料を用いて判断することができる。2001年における主な野菜産地を野菜面積の多い順に列記すると、山東省、河南省、江蘇省、広東省、湖北省、四川省、広西自治区、河北省、湖南省、浙江省である[12]。沿海地域は10省のうち6、中部地域は3、西部地域は1が含まれている。ところで、ねぎの主な産地は、山東省・河北省・江蘇省・河南省・広西自治区の地域となっている。沿海地域の産地に偏っていることが確認できる[13]。

　野菜の生産・集荷・日本への輸出という経由で、中国の野菜は日本市場に輸入されてくる。主な野菜の流通経路についての情報は得られなかった。ここでは、セーフガード暫定措置品目である「ねぎ」のケースについて、野菜供給安定基金編(2001)の説明を参考にして、中国での野菜農業関係者について推察を試みておきたい。中国における野菜消費量の増加および野菜輸出量の増加とともに野菜生産は増加している。野菜の品目にも依存するが、主に国内野菜と輸出野菜とは作付段階においてすでに異なっている場合が多い。国内市場向けへは、地元消費以外は地元農村小市場から産地卸売市場に集荷され、主に集荷業者によって都市卸売市場に輸送され、さらに都市・地方の消費地にある小売市場で販売されている。これに対して輸出向けへは、野菜加工企業（食品公司）といわれる企業の存在が重要なポイントになっている。加工企業には国営企業・中国民営企業・日系など外資と中国企業との合弁企業・日系企業といろいろであり、第2節で述べた日系企業の「輸入業者」と連携しながら日本への野菜輸出が実現されている。加工企業は、野菜農家に提供する種子の日本からの買入れ、野菜農家との最低保証買付価格および事前の数量の契約、技術者派遣をともなう輸出向けの現地生産指導、選別を兼ねた個別農家への直接集荷、集荷された野菜の計量・選別・調整・加工・梱包の工程による日本規格にあった輸出向け製品化など、多岐にわたる業務が行われる。ここでのノウハウは、日系企業が台湾など他の地域で野菜の開発輸入の事業展開を行ってきた経験が蓄積されてきたことが活かされているように思われる[14]。ねぎの場合、農家で生産されたねぎの3割しか歩留りがなく、

---

[12] 『中国統計年鑑2002』12-14による。
[13] 野菜供給安定基金編(2001)の表3-1による。

他は国内市場流通あるいは廃棄されると報告されているように[15]、日本市場の国産品を意識して、日本市場に輸入されてすぐに流通経由で小売段階へ移行できるまでに中国国内で製品化が行われていることを意味している。日本よりも確保しやすい農地、豊富な低賃金労働力、低廉な生産コスト、日本野菜に競合する品質管理、契約生産と国際的な流通システムによる安価で安定した供給の恒常化が可能になる背景が理解できる。中国野菜の日本市場への今後の浸透は確実に進行する地歩を読み取ることができよう。

ねぎ等農産物3品目輸入増加により2国間で貿易摩擦が2001年に約8ヵ月にわたって展開された。セーフガードの本格発動がなされていたならば、農産物3品目の輸入制限が実施されることになったであろう。中国の野菜農業関係者は、野菜輸出数量の減少から経済的損失をもたらすことになる。中国政府は、中国野菜の輸出増加は、日系企業の「輸入業者」による開発輸入によってもたらされている面が大きいことに言及し、日本企業の依頼による輸出向け生産であることを指摘した。対中農産物3品目輸入増加の問題は、日本の「輸入業者」と日本の野菜産地農家との利害対立の問題であり、その両者の利害調整により日本への野菜輸出の減少による中国野菜農業関係者の経済的利益が結果として損失をもたらすことに不満を主張したことは、中国側としては当然であるといえる[16]。これに加えて、トマト・ピーマンなど他のWTO加盟国からの野菜輸入の急増が見られるのに、それらを発動の調査から外していることにも中国政府は疑問を明らかにしている。これについては第5節で議論する。

4　日本の野菜国内市場

4-1　日本の野菜産地生産者

　日本の野菜産地県について、農林水産省統計情報公表データである「2001年度都道府県別野菜産出額」より金額の多い順に抽出してみると、「千葉・北

---

[14] しかしながら、これらノウハウは中国野菜農業関係者に移転されることは時間の問題であろう。
[15] 野菜供給安定基金編（2001）による。
[16] 暫定措置が実施された後、北京市のあるスーパーに日本向け仕様のねぎが安値で陳列された場面が、ある日本の新聞で報道された。

海道・茨城・愛知・熊本・群馬・埼玉・長野・静岡・福岡・栃木・宮崎・青森・高知・福島・鹿児島・徳島」という主な道県がえられる。作付面積で見てみても大体これらの産地県はオーバーラップする。2000年度の野菜の自給率は82％であり、18％が野菜輸入に依存している。1965年度には100％、1985年度には95％であったことを考慮すると、年とともに自給率が低下してきたことがわかる[17]。この事実は日本の食料生産にとって憂慮すべきこととは一概に言えないと思うが、国際貿易から見て日本の野菜は比較劣位にあり、日本の野菜生産現場はさらに比較劣位を深める変化が起きているように思われる。その背景には、日本農業全体にも関わることであるが、野菜産地の生産コストおよび出荷コストが割高であることはいうまでもなく、野菜農家の高齢化・後継者難・労働力不足による産地生産基盤の弱体化[18]、規模の経済が期待できない小規模家族経営などが解消されずに、今後もこれらの課題は、野菜産地において継続されてゆくと思われるからである。

　野菜輸入に対して価格面において対抗することが難しいことは、今後も野菜輸入の増加が予想される。例えば、対中農産物3品目の1つである「ねぎ」について、野菜供給安定基金編（2001）の資料（33頁）によれば、山東省のある農家の10a当たり日本向け輸出ねぎの生産コストは、1996年の千葉県の平均農家におけるねぎの生産コストの約10分の1に過ぎない。生産コストに出荷コストを上乗せすれば、両者の開きはさらに拡大する。中国産の場合には保険・輸送・関税の経費が加わるが、両者の開きは顕著なものであることは想像されよう。生産・出荷・流通コストを反映した東京中央卸売市場における「ねぎ」のキロ当たり価格を総数と中国産について見てみると、1996年から2000年にかけて総数で（221,251,346,314,206）円、中国産で（96,103,165,117,106）円であった。中国産価格の約2倍が国内産価格である計算になる。野菜の国内市場も市場経済が機能していることから、野菜輸入が定着すれば、国内野菜の生産・出荷・流通コストにおける大幅な削減が実現しない限りは、野菜の自給率はさらに低下を続けることになると思われる。野菜産地では、

---

[17] これは、供給熱量総合食料自給率、金額ベースの総合食料自給率で見ても同じように自給率は低下している。
[18] 小林茂典（1999）を参考にする。

絶えざるコスト削減の試みが行われる必要があることはいうまでもない。確かに、限界的な野菜産地では、野菜輸入に押されて生産削減を余儀なくされるであろうが、外国から一層の野菜輸入が国内市場に参入するからこそ、国内の野菜産地は生き残りのためにコスト削減に一層の取り組みをすることになるのである。このことが、消費者である日本国民によってこれまで以上に安価な野菜を大量に美味しく購入されることが可能となるのである。大幅なコスト削減ができなかった野菜産地の農家は、野菜から所得をえることを断念せざるをえないという決定的な経済損失を経験することになるであろう。

　WTOのセーフガードは、輸入国において輸入増加が国内の生産者に重大な損害を及ぼしたとき、被害を受けた業界に時間的猶予を与えて、有効な産業再建・産業合理化、いわゆる構造改革をうながすことをセットにして輸入制限の発動をするというものである。セーフガードの基本的な考え方は、発動には輸入制限というコストを支払ってまでしても、競争力が低下した国内生産者を保護する必要があるか否かについて問われなければならない。相対的に非効率な生産者の経済活動を保護し、彼らの利益を温存することを目指すものでは全くない。むしろそのような考えを否定し、一時的に輸入を制限することによって再度保護なしで国際経済において国内の生産者が独力で経済活動ができるようになることが重要なのである。この考え方にしたがえば、今回日本が適用しようとしたセーフガードは、果たして支持できるかは大いに疑問が残る。実際にはセーフガードは暫定措置にとどまり発動されなかったのであるが、それでも日本政府は、2001年12月の予算復活折衝で、産地への新技術・高品質種の導入により産地の国産品の競争力をうながすことを目的に、産地支援に50億円を確保した。また、国際競争力強化に向けたねぎを含む野菜輸入6品目の産地に対して、機械・施設や新技術・品種の導入支援に2002年度には311億円（基盤整備に別途100億円）を確保した。これは、第5節で述べる自民党農業族議員の働きかけによって可能となったと推察される。

　このような財政支援によって、①生産コスト・流通コストを3割削減し、②大量で安定的な供給を可能にし、卸売市場取引ではなく市場外取引である契約取引を進め、③コスト削減には限度があるので、他方では製品差別化を

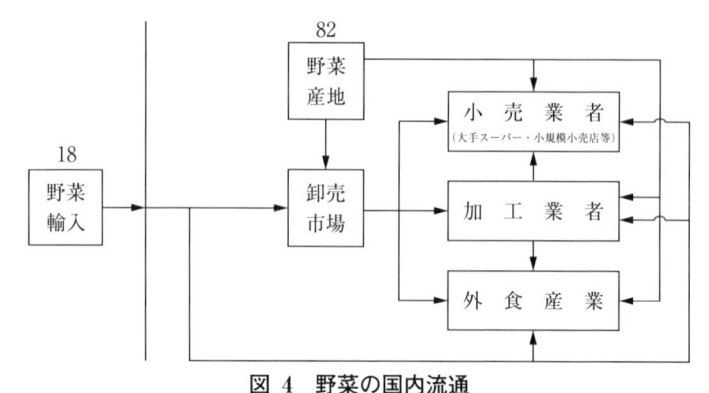

```
                    82
                 ┌──────┐
                 │ 野菜 │──────────┐
                 │ 産地 │        ┌──────────────┐
                 └──┬───┘        │  小 売 業 者 │
                    │            │(大手スーパー・小規模小売店等)│
                    ▼            └──────────────┘
  18         ┌──────┐             ┌──────────────┐
┌──────┐     │ 卸売 │────────────▶│  加 工 業 者 │
│ 野菜 │────▶│ 市場 │             └──────────────┘
│ 輸入 │     └──────┘             ┌──────────────┐
└──────┘                          │  外 食 産 業 │
    │                             └──────────────┘
    └─────────────────────────────────▲
```

図 4　野菜の国内流通

小林茂典（1999）の34頁の図を参考に作図したものである。

進めるという計画であるが、野菜産地の自らの努力も加わって野菜産地が輸入野菜に対抗する国際競争力を保持できるように生き残りに成功するかは今後の結果をみる以外にない。

4-2　日本の野菜流通・小売業界[19]

　日本の2000年の野菜自給率は82％であった。18％が野菜輸入で82％が国内産地供給であった。**図4**は野菜の流通・小売業への流れを図示したものである。矢印は野菜の流れを示している。野菜輸入も国内産地供給も直接に小売業者・加工業者・外食産業へ流通する場合と、卸売市場を通して小売業者・加工業者・外食産業へ流通する場合とがある。約80％は卸売市場経由で取引され、残りの約20％は市場外取引であり、後者の割合は増加傾向にある。本来卸売市場は、小規模で多数の産地農家と小売業者の間にあって、多種多様な品目の集荷分荷機能および物流機能・需給調整のための価格形成機能および情報受発信機能をもつことで利用されていた。輸入業者および産地農家が小売業者・加工業者・外食産業と個別に取引するといっても卸売市場の機能を持ち合わせていなければ、それはかえって取引の限界をもつことになる。

---

[19] 4-2は、伊藤元重＋伊藤研究室（2002）の第4章、尾碕亨（2000）、小林茂典（1999）の議論を参考にした。

最近の卸売市場では、セリ取引で代表されるスポット的な取引が行われるだけでなく、卸売業者による事前の価格・数量の仲介が品目ごとに行われている[20]。もちろん、卸売市場を介さずに、輸入業者および産地農家が直接に消費地業者と取引契約も交わされるようになってきた。これは、卸売市場がもつと言われている上記の機能が、運輸など物流媒体の充実、情報通信技術の進歩、産地農家の組織化（ここには農協も含まれるがそれ以外の販路開拓も含まれる）、大手スーパーなど小売業の大型化などにより、市場以外でも機能を果たすようになってきたことと密接な関連をもっていると思われる。このような動きが可能になってくると、①価格と数量を事前に契約しておくこと、②低価格で安定的に供給されること、③場合によっては周年で入手可能であることなどが、買い手として以前に比べて一層のバイイング・パワーをもつ需要業者によって強く要請されるようになるであろう。そしてこのようなニーズに対応するために、産地農家・卸売業者・輸入業者の間にさらに激しい競争が行われることになろう。

また、野菜の需要の内容は、小売業者は45％、加工・外食産業は55％となっている[21]。これは、消費者の食生活の変化が反映して、外食産業の野菜需要が近年増加傾向にあり、このような割合になっているのである。この数字からもわかるように、野菜の需要形態は、先ほど述べた①～③の要請を供給業者に突きつけているのである。

国内野菜産地は、大口の需要者のニーズに対応することを余儀なくされている。なぜならば、ここに野菜輸入が参入するメリットが大きいからである。大口の需要者の中には、消費者である国民全体が食生活と関わる大手スーパーを含む小売業者と外食産業がすっぽり入っているのである。

5　野菜産地県と自民党農業族議員[22]

野菜の消費者と野菜の生産者の経済利害について比較をしてみよう。国内

---

[20] 1999年に卸売市場法の改正で相対取引が原則自由となったこととも関連しているといわれる。
[21] ここでは、野菜と総称して議論しているが、野菜には、生鮮野菜・冷凍野菜・調整野菜などがある。加工業者の場合には、冷凍食品・調整野菜の需要が多いということがあるが、ここでは立ち入らない。

野菜産地への保護政策により国内野菜価格は上昇する。国内消費者の経済利害は、個別では少額であるが多数であることから総額では多額の経済損失を計上することになる。しかし、それは死活に関わるほどのことではなく、高くなって困ると不満を抱きつぶやくことはあるが、値上げ反対の政治的行動を起こすほどのインセンティブを多くの消費者はもっていない。特に日本の消費者団体は、野菜価格値上げよりは食料自給率低下の方に強い関心をもつ傾向がある。

　他方、野菜輸入増加により、割高の国内産野菜の需要が減少し、国内産の野菜価格が下落して採算割れを起こす限界的な産地生産者は、生産の取止め・停止に追い込まれる。国内野菜産地生産者の経済利害は、個別においては死活に関わる損失をもたらすことを意味する。国内の野菜生産者は、少なくとも経済損失が起きる前の状態に回復することを、政治の力を借りて達成したいと強く望むであろう。すなわち、値下げの原因である野菜輸入を制限し、国内野菜産地の生産増加と収入確保を、政治的な圧力によって実現することを強く求めるのである。野菜産地の農家の窮状を、全中（全国農業協同組合中央会）および全農（全国農業協同組合連合会）が取り上げ、政権党の産地選出議員および農政委員会を通じて、政府に対して輸入野菜の制限という政策実現を要請し野菜産地の利益回復を期待することになる。

　このような政治的圧力の存在を具体的な客観的資料を用いて明らかにすることは容易なことではない。ここでは、その一次接近として、野菜産地と自民党農業族といわれる議員の票田である選出地との関係を見てみる。すでに第4節でもとめた日本の主な野菜産地県は「17道県」であった。もう一度列記すると：「千葉・北海道・茨城・愛知・熊本・群馬・埼玉・長野・静岡・福岡・栃木・宮崎・青森・高知・福島・鹿児島・徳島」である。また、2-1の表2で示した2000年の日本の主な輸入野菜に関連する、2000年における日本の主な産地県を**表5**にまとめることができる。表5にある道県を列記すると：「青森・高知・福岡・熊本・群馬・茨城・大分・宮崎・岩手・愛媛・栃木・

---

[22] ここでは国内産野菜保護を支持する自民党農業族議員の政治行動を取り上げる。しかし日本政府の対外農業政策を含む農業政策に大きく関与している農林水産省がどういう対応をしたかについても議論をする必要があるが、資料の制約もあり扱わなかった。しかし、6-1のWTOでの「日本提案」などから農林水産省のスタンスは容易に推察されよう。

表 5 日本の輸入野菜と国内産野菜

	輸入量 トン・H12	輸入比率	国内収穫量 トン・H12	産地都道府県と全国シェア（5%以上）
にんにく	29225	61.5	18288	青森（80）：H12
なす	1970	0.4	476900	高知（11）・福岡（7）・熊本（7）・群馬（6）・茨城（5）：H12
乾しいたけ	9144	63.6	5236	大分（28）・宮崎（13）・岩手（10）・愛媛（5）・栃木（5）：H12
ねぎ	37375	6.5	536700	千葉（14）・埼玉（10）・茨城（9）・北海道（7）：H11
生しいたけ	42057	38.5	67224	群馬（8）・北海道（7）・岩手（6）・茨城（6）・徳島（6）：H12
畳表（千枚）	20300	59.4	13872	熊本（95）・福岡（5）：H12
生鮮トマト	13003	1.6	806300	熊本（9）・千葉（7）・愛知（6）・茨城（6）・北海道（6）：H12
ピーマン	10326	5.7	171400	宮崎（23）・茨城（16）・高知（12）・鹿児島（7）・岩手（6）：H12
たまねぎ（生鮮）	262179	17.4	1247000	北海道（51）・兵庫（11）・佐賀（11）：H11
かぼちゃ（生鮮）	133167	34.4	253600	北海道（44）・鹿児島（7）・茨城（5）：H12
ブロッコリー（生鮮）	79181	48.9	82900	埼玉（17）・愛知（14）・北海道（6）・群馬（5）：H11
しょうが（生鮮）	47826	59.2	32902	根しょうが：高知（46）H12
さといも（生鮮・冷凍）	76219	24.8	230500	千葉（17）・宮崎（11）・鹿児島（9）・埼玉（8）：H11
レタス	4773	0.9	537200	長野（27）・茨城（14）・香川（7）・兵庫（6）：H11
生鮮いちご	5527	2.6	205300	栃木（12）・福岡（11）・熊本（7）・静岡（7）・長崎（6）：H12
冷凍ほうれんそう	44978	12.4	316400	千葉（12）・埼玉（11）・群馬（8）・茨城（5）：H11

出所：野菜供給安定基金編『2001年野菜輸入の動向』農林統計協会
　　　農林水産省統計情報部『ポケット農林水産統計2002』

千葉・埼玉・北海道・徳島・愛知・鹿児島・兵庫・佐賀・長野・香川・静岡・長崎」の「23道県」である。また、後述することに関連して、農林水産省が、2001年1月以降、急増する輸入野菜を政府調査して監視する対象品目として公表した野菜は、表5にある野菜の品目のうち、「にんにく」から「たまねぎ」の9品目であった。これら9品目に該当する道県は、上述表5の「23道県」のうち、長野・香川・静岡・長崎の4県を除く19道県となる。農林水産省による監視対象品目は、野菜以外に「うなぎ・わかめ・木材・加糖調製品・合板・かつお」があげられたが、「うなぎ」(愛知・鹿児島・静岡・宮崎)以外は産地の特定化が難しいことから、「うなぎ」の産地のみを加えると新たに静岡が加わり、監視対象品目に関わる産地県は「20道県」となる。

　他方、2000年は森内閣の年であった。4月5日〜7月4日の期間が第一次森内閣、7月4日〜翌年の4月26日の期間が第二次森内閣であった。さらに12月5日には第二次森改造内閣が発足し、農林水産大臣などの閣僚等が入れ替わった。2000年の森内閣の時期[23]において、自民党総合農政調査会および自民党農林水産物貿易調査会では、野菜等の輸入増加に対するセーフガード実施のための農産物の絞込みと政府調査を要請する議論が行われた。上記2つの調査会は、第一次森内閣と第二次森改造内閣の発足に対応してそれぞれ7月24日、2月7日に一部議員の入れ替えを行っている[24]。2001年4月のセーフガード暫定措置実施のタイミングは、その年の7月に予定されていた参議院選をにらんだものであったと理解されているが、第二次森改造内閣に対応した調査会のメンバーの変更もそれを考慮したものであると推察される。さて、2時期の上記2調査会メンバーに農林水産大臣・副大臣・政務次官を加えた「資料」(本章末に添付)をもとに、野菜産地県と関わりのある議員数をカウントすると、**表6**にまとめられる。表6の分母の数字は各調査会等の自民党議員のメンバー数を表わし、分子は各調査会等に属する自民党議員の内、「17道県」「23道県」「20道県」で選出された議員の数を表わす。参議院議員には＊印を付け、比例代表制度による衆参議院選出議員はその出身道県

---

[23] 細谷(2001)・内田(2001)・堀口(2001)では、セーフガード暫定措置に至る政治的プロセスについて議論を行っている。以下の議論はこれらに負うている。

[24] それぞれの調査会の議員メンバーは、「資料」として本章の末に添付している。

第 7 章　中国野菜輸入増加に関わる経済利害を中心にして　　167

表 6　産地道県と自民党農業族議員の選出道県割合・関係道県割合

自民党の農業関係の2つの調査会等→	第一次森内閣 総合農政	第一次森内閣 農林水産貿易	第一次森内閣 大臣等	第二次森改造内閣 総合農政	第二次森改造内閣 農林水産貿易	第二次森改造内閣 大臣等
主な野菜「17道県」	29/49 (11/17)	16/23 (10/17)	2/3	32/47 (13/17)	14/22 (9/17)	4/5
主な輸入野菜競合する「23道県」	35/49 (14/23)	16/23 (10/23)	2/3	32/47 (17/23)	14/22 (9/23)	4/5
監視対象の輸入野菜と競合する「20道県」	35/49 (13/20)	16/23 (10/20)	2/3	32/47 (16/20)	14/22 (10/20)	4/5

注：本論文巻末の「資料」と本論文の表5などを用いて作成

を選出道県としてカウントした。各調査会には野菜産地の道県の議員だけでなく、コメ産地のように野菜産地以外の農業県に関係する議員もメンバーとなっている。また、各調査会のメンバーでありながら、必ずしも産地利益を支持する農業族議員ではなく、いわゆる「国際派」農業族議員であるかもしれないし[25]、野菜産地の道県であっても野菜産地とは異なる選挙区から選出された議員かもしれない。このように野菜産地の道県からの自民党議員として扱うとしても詳細には一致しない議員も存在する点については留保しておく必要がある[26]。しかしながら、表6の数字より、「各調査会等において、野菜産地の道県選出の自民党議員は約3分の2以上を占めている」という結果が得られる。また、表6の括弧の数字は、該当する道県に各調査会に属する議員がどの程度いるかを示したものである。農林水産貿易調査会の数字は約2分の1であるが、総合農政調査会の数字は先程と同様に約3分の2以上となっている。このことより、今回の2001年4月対中農産物3品目セーフガード暫定措置の実施には、野菜産地の生産者の経済利益を弁護するために、自

---

[25] 青木健（2002）は「国際派」農林族が近年少なくなったことを述べている。
[26] 野菜輸入から国内野菜産地生産者の利益を保持することが、政権党（自民党）農業族議員の「族益」に関わるだけでなく、日本の国益に貢献すると考える人もいる。他方、国民の大多数は消費者であり消費者の利益の拡大を求めることが、日本の国益に貢献すると考える人もいる。経済学は効率的な市場経済の均衡において、生産者の利益を保護した場合と消費者の利益を優先する場合、それぞれどのような経済的利益が生じるかについて分析結果を提供してくれる。利害が対立する場合どちらの経済利益を優先するかについては、経済学の議論を参考にして、それぞれの価値判断で選択することになる。

民党農業関係2調査会の政治的影響力は確かに存在したと推察することは的外れではないように思われる。

他方、すでに引用した表5には、2000年における主な輸入野菜の数量の日本野菜総量に占める割合（輸入比率）が示してある。割合が10％を超えている品目をあげると、①「にんにく・乾しいたけ・生しいたけ・畳表・たまねぎ・かぼちゃ・ブロッコリー・しょうが・さといも・冷凍ほうれんそう」の10品目がえられる。次に主な輸入野菜の数量でみて、過去5年の前年比変化率および輸入数量の2000年の1996年に対する倍率を表7に示してみた。両者を考慮して、年によって減少するなどの変動がなく、しかも大きく増加してきている（倍率は1.5以上）輸入野菜の品目をあげると、②「なす・ねぎ・生しいたけ・畳表・生鮮トマト・ピーマン・たまねぎ・しょうが・冷凍ほうれんそう」の9品目が見いだせる。さらに、2000年の主な輸入野菜のうち、輸入国が分散しないで1国に特定できるように、1国で90％以上のシェアをもつ品目を、表2からもとめると、③「にんにく（中国）・なす（韓国）・乾しいたけ（中国）・ねぎ（中国）・生しいたけ（中国）・畳表（中国）・しょうが（中国）・さといも（中国）・レタス（アメリカ）・冷凍ほうれんそう（中国）」の10品目がえられる。中国からの野菜輸入の増加が顕著に多いことが改めてわかる。以上3つの抽出（①～③）を行ったが、いずれの項目にも現れている品目を絞ってみると、「生しいたけ・畳表・しょうが・冷凍ほうれんそう」の4品目となる。いずれも中国からの輸入品目であることがわかる。しかし、これら4品目をさらに見てみると、(i)「生しいたけと畳表」は、統計的にはそれぞれ林産物と工芸農作物であり、野菜に分類されていないこと、(ii)「しょうが」は、ここでは「生鮮しょうが」を取り上げているが、「調製品のしょうが」も入れると「タイ産のしょうが」も関わってくること、(iii)「冷凍ほうれんそう」は、生鮮でないことから、日本の輸入需要先は主に食品加工業者・外食産業と思われる。いずれにせよ、以上のことより、資料を見る限りでは、特定の国である中国からの農産物輸入が近年増加していて国内産と比較して大きな割合をもつ品目は、「生しいたけと畳表、しょうが（生鮮）・冷凍ほうれんそう」の4品目であることが見出される。

以上のことを踏まえて、2001年4月の対中農産物3品目セーフガード暫定

第7章　中国野菜輸入増加に関わる経済利害を中心にして　169

表 7　主な輸入野菜の過去 5 年の前年比変化率と輸入数量

％　　　倍　　　　　　畳表は千枚・他はトン

	1997	1998	1999	2000	2000/1996	1996	1997	1998	1999	2000
にんにく	7.6	5.3	−1.7	11.3	1.24	23574	25373	26717	26260	29225
なす	19.4	291.7	24.6	19.0	6.94	284	339	1328	1655	1970
乾しいたけ	30.4	−3.7	1.1	0.0	1.27	7206	9400	9049	9146	9144
ねぎ	−2.2	362.4	211.6	76.3	24.85	1504	1471	6802	21197	37375
生しいたけ	6.7	20.6	0.7	33.0	1.72	24394	26028	31396	31628	42057
畳表（千枚）	−24.1	19.9	31.2	49.6	1.79	11369	8628	10344	13569	20300
生鮮トマト	94.6	322.3	110.9	49.5	25.90	502	977	4126	8700	13003
ピーマン	46.1	51.2	27.0	45.2	4.07	3985	5823	8807	11185	16237
たまねぎ（生鮮）	−5.3	17.2	9.2	17.3	1.42	184455	174611	204639	223435	262179
かぼちゃ（生鮮）	−5.7	−5.0	19.5	−13.5	0.93	143790	135665	128875	153964	133167
ブロッコリー（生鮮）	−2.7	4.7	21.4	−13.2	1.07	73767	71811	75158	91239	79181
しょうが（生鮮）	5.7	−8.0	12.7	39.3	1.53	31318	33101	30462	34337	47826
さといも（生鮮・冷凍）	−31.0	−3.0	6.9	22.0	0.87	87567	60460	58665	62715	76504
さといも（生鮮）	−76.5	2.1	67.9	97.1	0.79	25643	6025	6149	10322	20345
さといも（冷凍）	−12.1	−3.5	−0.2	7.2	0.91	61924	54435	52516	52393	56159
レタス	−13.8	152.3	−37.8	33.4	1.80	2646	2280	5753	3577	4773
生鮮いちご	4.3	−4.1	11.2	10.6	1.23	4491	4686	4494	4999	5527
冷凍ほうれんそう	13.1	49.6	−3.0	1.2	1.66	27074	30633	45814	44426	44978

注：ピーマンの統計は 2000 年になってはじめてピーマンのみの数値に分離して公表されるようになったため、ここでの数値はとうがらし属を含む数値になっている。そのことを考慮してみる必要がある。
出所：野菜供給安定基金調査情報課編『2001 年野菜輸入の動向』農林統計協会

　措置の実施にいたるまでの自民党農業族などの動きを箇条書きの形で記述し、何故に「ねぎ・生しいたけ・畳表」の 3 品目に集約されたかについて議論を進める。

①1997年日本政府は、「にんにくとしょうが」について輸入急増を抑えるために、セーフガードを目指して中国政府と2国間協議を行ない、結果として中国側の輸出自主規制の約束を取り付けた。表7を見る限り、効果は限定的であったように思われる。対中農産物3品目にこの2品目が含まれていないのは、ここでの事情が考慮されていると見ることができよう。

②韓国政府も1997年以来、中国産「にんにく」の輸入急増に苦慮してきた。1999年11月にセーフガード暫定措置を発動し、さらに2000年2月には本発動を実施した。これに対して、2000年7月に中国政府は韓国産のポリエチレンと携帯電話の輸入差し止めという報復措置を実施した。その後協議が行われたが簡単には解決しなかった。自民党農業族の議員はこの情報について熟知していたはずである。日本が対中農産物のセーフガードを実施すれば、このような中国の報復措置があることは当然わかっていたはずである。ただし、韓国の場合には本格発動後に報復関税を経験していることから、暫定措置の段階では中国の報復措置は行われないと甘い状況判断がなされていたのではないかと思われる。

③2000年9月自民党農林水産貿易調査会の特別委員会は、輸入野菜に対するセーフガード発動について議論を行った。また、2000年11月自民党総合農政調査会農業基本政策小委員会は、輸入野菜に対するセーフガード発動について議論を行った。谷洋一農相もこの件で積極的に働きかけを行っている。小委員会で取り上げられた野菜等6品目は「生しいたけ・ねぎ・生鮮トマト・ピーマン・たまねぎ・い草（畳表）」であった。上で議論したように、「生しいたけ・畳表」は野菜ではないが、データの数値からはある程度対外的に説得力をもつと思われる。しかし、他の4品目「ねぎ・生鮮トマト・ピーマン・たまねぎ」はいずれも野菜であるが、「たまねぎ」以外は、輸入数量は国内産の10％以下の水準に止まる品目であった。

④2000年12月5日、第二次森改造内閣が発足し、農相に群馬県選出の谷津大臣、副大臣に熊本県選出の松岡利勝議員と新潟県選出の田中直紀議員が就任した。群馬県は「なす・ねぎ・生しいたけ・ほれんそう」の産地であり、熊本県は「なす・畳表・生鮮トマト・生鮮いちご」の産地である。就任後、12月19日谷津大臣は、すでに「生しいたけ・畳表・ねぎ」の3品目を対象に一

般セーフガードの発動に向けた政府調査を開始することを明らかにし、調査開始についてWTOへの通報が行われた。

⑤何故に「生しいたけ・畳表」に加えて、野菜の「ねぎ」が選ばれたのであろうか？　自民党農業関係2調査会でどのような議論が展開されたかについて明らかではない。しかしながら、これまでの議論から推察することが一つある。それは、④の野菜4品目のうち、「ねぎ」以外の「生鮮トマト・ピーマン・たまねぎ」の主要輸入国が中国ではないという点が絞込みの過程で微妙に影響したのではということである。上記4品目の第1位輸入国は、それぞれ順に韓国・オランダ・アメリカである。これらはいずれもWTO加盟国であるし、「生鮮トマト」の第2位の輸入国はアメリカ（12％シェア）であり、「ピーマン」の第2位の輸入国は韓国（20％シェア）であり、韓国輸入のシェアは急拡大している。そして「たまねぎ」の第2位の輸入国はニュージーランドであり、第3位の中国が急拡大の兆候をみせている。これら4品目は生しいたけ・畳表・ねぎとは違って、中国からはほぼ100％の輸入を行っておらず、第1位は他の国であり、しかも高いシェアをもってはいるが、他の国からも輸入しているという特徴が共通点として存在している。分散して複数の国を対象にするセーフガード発動は、特にアメリカが絡む品目は、日本として除こうという意図が自民党農業族および農水省側に働いたのではないかと思われる。3-2でも触れたように、中国政府が、日本政府は意図的に中国のみに絞ったセーフガード暫定措置の発動であると非難したことは、的外れではない面をもっているように思われる。すなわち、「生しいたけ・畳表」の100％輸入国は中国であるが野菜ではない。野菜輸入増加の悲鳴が聞こえる中で、中国からの100％輸入品目でこれまで扱ってこなかった生鮮野菜として、「ねぎ」が浮上したのである。

⑥2001年1月下旬に農水省は、輸入が増えて国内生産に損害が出る恐れがある農林水産物に対して「監視対象品目」として選定し、さらに損害の危険性が高まる農林水産物に対して「緊急監視対象品目」として選定して、（一般）セーフガード発動に必要な情報を収集する政府調査（モニタリング体制）を実施し検討することとした。また、前者は「レベル1」ともいわれ四半期ごとに、後者は「レベル2」ともいわれ毎月情報収集をすることとした[27]。レベル1に

は、「にんにく・なす・乾しいたけ・わかめ・うなぎ・かつお」の 6 品目が、レベル 2 には、「ねぎ・生しいたけ・畳表・生鮮トマト・ピーマン・たまねぎ・木材（製材品および集成材）」の 7 品目が選定された。2 月にはレベル 1 に「合板」が追加され、4 月にはレベル 1 に「加塘調製品」が、レベル 2 にはレベル 1 の「わかめ・うなぎ」が追加され、レベル 1 は 6 品目（表 5 および表 7 には 6 品目のうち野菜 3 品目は掲載されている）、レベル 2 は 9 品目（表 5 および表 7 には 9 品目のわかめ・うなぎ・木材の 3 品目を除く 6 品目が掲載されている）の農林水産物 15 品目が選定された。レベル 2 の品目は「セーフガード予備軍」の可能性をもっていると理解することができる。「ねぎ・生しいたけ・畳表・わかめ・うなぎ」の主要輸出国である中国、「トマト・ピーマン」の主要輸出国である韓国との間で、セーフガード暫定措置の実施前の 2 月から 3 月にかけて、「対日輸出の自粛」の合意が模索された。「生鮮トマト」は主にミニトマトで加工用であること、「ピーマン」は国産と種類が異なり競合が強くないこと、「たまねぎ」は端境期の輸入であること[28]、「わかめ・うなぎ」は民間レベルでの調整の可能性があることなどから[29]、「ねぎ・生しいたけ・畳表」の 3 品目に絞られて行ったと推察できる。

⑦「ねぎ・生しいたけ・畳表」3 品目の主要産地道県は、表 5 より、「千葉・埼玉・茨城・北海道・群馬・岩手・徳島・熊本・福岡」の 9 道県である。総合農政調査会および農林水産貿易調査会に属する議員の票田である選出道県を、平成 13 年 2 月の各調査会について見てみると、それぞれ（8/9、7/9）という数字がえられる。自民党農業族議員の強いバックアップのもとにセーフガード暫定措置が実施されたといえる。

以上見てきたことより、客観的な経済統計による判断のみによってセーフガード暫定措置が実施されただけではなく、野菜産地から自民党農業族議員

---

[27] WTO のセーフガード条項を適用するには、過去 5 年間の経済データ 9 項目を状況証拠として提示することになっている。9 項目は、①輸入量増加率、②輸入増加量、③国内市場占拠率、④販売、⑤生産、⑥生産性、⑦操業度、⑧損益、⑨雇用となっている。

[28] 堀口（2001）の議論 56 頁を参照。

[29] 内田（2002）64 頁および日本経済新聞社編（2001）168 頁の議論によれば、対中農産物 3 品目のセーフガード暫定措置実施後、中国政府は一貫して主張してきたことをアピールする意味も込めて、「わかめとうなぎ」について、民間レベルの輸出自主規制の合意を 2001 年 6 月と 7 月に成立させた。それと前後して、対日報復措置の実施も行なわれた。

への要請、当該産地県選出の大臣・副大臣・政務次官の存在、参議院選挙の自民党候補者への集票の配慮などが、微妙に政策決定に影響を及ぼして暫定措置の実施がなされたと理解することは否定できないであろう。

6 日本の対外農業政策

6-1 日本提案

　1994年のウルグアイ・ラウンド農業協定の合意事項は、1995年～2000年の6年間、加盟国において国内法の改正などを通じて実施されてきた。日本でも、1995年11月これまでの食糧管理法を廃止し、価格保護政策から稲作経営安定対策への政策転換が行われた。また、1999年7月「食料・農業・農村基本法」が制定され、WTO農業協定への対応が行われた。

　農業協定合意の実施期間終了1年前より継続交渉を開始することが約束されていたことを受けて、2000年3月よりWTO農業交渉が開始された。各国が交渉提案を提出する第1段階（2000年3月～2001年3月）、提出された交渉提案の詳細な説明と相互に論評しあう第2段階（2001年4月～2002年2月）、各国の交渉提案を整理し交渉の大枠を決定する第3段階（2002年3月～2003年3月）を経て、2003年9月メキシコで開催される第5回閣僚会議において各加盟国が約束事項を提出することとされ、2005年1月1日までに農業以外の分野も含めた合意事項を一括して受諾して新ラウンドを終結させることが予定された。日本政府は、2000年12月にこのスケジュールにしたがって農業交渉のための「日本提案」を提出した。同じ時期に、農産物輸入に対するセーフガード発動の議論が進行していたことは、日本政府の対外農業政策の背景を理解する上で重要な意味をもっている。日本政府の「日本提案」は、各国にはそれぞれ多様な農業が存在し、その多様性を共存させることを前提にした枠組の上で議論を展開するとしている。もちろん日本政府は、WTO農業協定で約束した、「世界の農産品市場における制限・歪みを是正するために、農業に対する助成・保護を漸進的に削減する」ことを実施し、それに反対するものではないが、貿易自由化を進めるのに際して「農業の多面的機能への配慮および食料安全保障の確保」といった「非貿易的関心事項」

(Non-Trade Concerns：NTC）にも留意しながら、具体的な「市場アクセス」「国内支持」「輸出規律」「開発途上国への配慮」などの項目に対して日本政府の主張を盛り込んだ提案となっている。特に、「市場アクセス」および「国内支持」において、品目ごとの柔軟性を確保できる方式を強く主張する内容になっている。農産物輸入大国である日本としては、効率性を前面にした農業交渉には応じられないとして、NTCへの配慮を強く主張する立場を鮮明に打ち出したのである。ここでいう農業の多面的機能とは、①国土の保全、②水源の涵養、③自然環境の保全、④良好な景観の形成、⑤文化の伝承、⑥保健休養、⑦地域社会の維持活性化などを内容とするものである。これらは、農産物を輸入することによって得ることはできないとし、国内農業生産がある水準以上達成されることによって有形・無形の価値がはじめて創り出されるものであるとしている。すなわち、国内農業生産のある水準の確保が、経済学のいう結合生産・公共財・外部経済をともない、農業の多面的機能が十分に供給されるというのである。そしてこのことが可能になるならば、食料自給率を高めることが可能になり、食料安全保障の点からも望ましいとしている。一層のNTCを考慮したWTO農業協定を成立させることは、日本にとって重要な事項として位置付けられている[30]。実際、NTCに関する国際会議の閣僚会議を日本政府主導で開催されてきた。しかしながら、「日本提案」およびNTCについて、多くの加盟国の賛同を得るに至っていない。それは、WTOの基本的な考え方が自由貿易体制の確立であることから、「多様な農業の共存」を前提とする「日本提案」を受け入れることはそれと対立することを意味するからである[31]。確かに、WTO農業協定には交渉においてNTCを考慮することが規定されているが、それの位置付けは、自由貿易主義一辺倒ではなく日本などの反対勢力の意見も聞きながら交渉を進めるという補助的な存在となっているのである。

---

[30] 国内農業生産を増加させる政策介入としてベストな政策は、理論的には生産補助金政策である。ここの議論では、外部経済などが存在して価格機構のみでは適正な水準が達成されないために、政策介入によって達成されるというものである。吉野（2002）の図10-3にこれに関する議論がある。別の議論として、国民が農業の多面的機能を理解して、農業の国内生産水準の増加を強く望んだとするとき、これは「農業生産の集団選好」と呼ぶことができよう、やはり生産補助金政策がベストな政策として議論することができる。寺町（1983）のⅣ章を参照。

[31] 田代（2001）にはこの点について明快な議論が展開されている。

2000年12月日本政府はWTOに「日本提案」を提出したが、その中の市場アクセスの項目において、「季節性があり腐敗しやすい等の特性をもった農産物へのセーフガードの適用」を提案している。国内では、野菜の輸入急増に対してセーフガードの適用が検討されていた時期と重なり、「日本提案」の考え方が反映されたと推察することができよう。もちろん、今回の対中農産物3品目にセーフガードにより、日本農業の多面的機能および食料安全保障の低下に直接影響を与えるものではないことはいうまでもないが、自由貿易主義的な農業交渉の流れに抵抗せざるをえない日本政府の立場と符合するものであった。

6-2 日中農産物貿易協議会

セーフガード暫定措置の実施は、日本側としてはWTO農業交渉に提出した「日本提案」のテストケースという意味合いも込められていたと推察される。他方、中国側としては、2001年11月カタールのドーハのWTO総会での中国加盟承認前の自国の立場を利用する対応が、報復関税ということだったと推察される。結果的には、日本政府は暫定措置に止まりセーフガードの本格発動へと進展しなかったこと、また中国政府は報復関税を撤廃したことは、いずれも両国にとって適切な選択であったと言えよう。両国政府は、日中農産物貿易協議会を2002年に入り開催することに合意した。今後予想される中国からの野菜輸入増加による農産物貿易摩擦の解決モデルとして注目された。そして、2002年2月と3月に暫定措置対象の3品目に関する協議が行われた。民間団体として、日本側からは全国農業協同組合連合会（全農）・全国い生産団体連合会などの生産者団体や輸入業者の代表、中国側からは食品土畜産出口商会やねぎの集荷・輸出業者、畳表などの輸出業者団体である軽工工芸品進出口商会などが参加した。これに農林水産省や対外貿易経済合作部など両政府の担当官も同席した。協議では、「輸出自主規制」の運営の仕方・最低輸出価格の設定などについて話し合われた[32]。両国間で貿易摩擦という政治問題化を回避する意味では、日中協議は両国にとって歓迎すべきこ

---

[32] 内田（2002）の70-71頁の議論を引用する。

とであったかもしれない。しかしながら、WTO ではセーフガード協定において、輸出自主規制による解決は「灰色措置」として明示的に禁止している。日中両国政府はすでに WTO の加盟国になっているのに、何故このような協議の実現が可能だったのか理解に苦しむ。しかし中国の WTO 加盟により、日本も含む加盟国は 2012 年まで中国に対してのみ適用できる「対中国経過的セーフガード」の存在が、両国を 2 国間貿易協議へと向かわせたことは確かなようである。

7　余剰分析による整理と対外貿易政策の視点

7-1　余剰分析による整理

　第 2 節から第 6 節において中国野菜輸入増加に関わる経済主体の経済利害を中心に詳細な議論を行ってきた。ここでもう一度余剰分析を用いながら議論を整理しておきたい。近年日本の野菜輸入が増加したことについて、**図 5a** の無貿易状態と自由貿易状態の比較によって見ることができる。AD は日本の野菜の需要曲線、FS は日本の国内野菜の供給曲線、NX* は中国の野菜の輸出供給曲線、KM は日本の野菜の輸入需要曲線を表わし、点 G は無貿易均衡、点 L、点 C および点 E は自由貿易均衡を表わす。実際には外国からの野菜輸入には関税が賦課されているがここでは無視している。野菜輸入がゼロの状態から野菜輸入が増加した状態に変化することにより、野菜の貿易利益（= 各国の総余剰の純増）は、**図 5a の左図**より、輸入側は KPL（=GCE）、輸出側は PNL をえる。輸出側の貿易利益の中には、日本企業による輸入業者の経済利益も含まれている。さらに**図 5a の右図**より、日本の国内生産者余剰は WBCG だけ減少し、日本の消費者余剰は WBEG だけ増加する。輸出側の中国の野菜農家・集荷業者・日本企業の輸入業者などは野菜輸出に当然積極的であるが、輸入側である日本国内の野菜産地生産者は野菜輸入に消極的となる。日本の野菜産地生産者の利害と対立するのは、中国の野菜関係者だけでなく日本の野菜の消費者に加えて日本企業の輸入業者も関わっているのである。しかしながら、国内では、これについて余り留意されることはなく、日本の野菜産地生産者の経済損失が局地的に大きいことから、自民党農

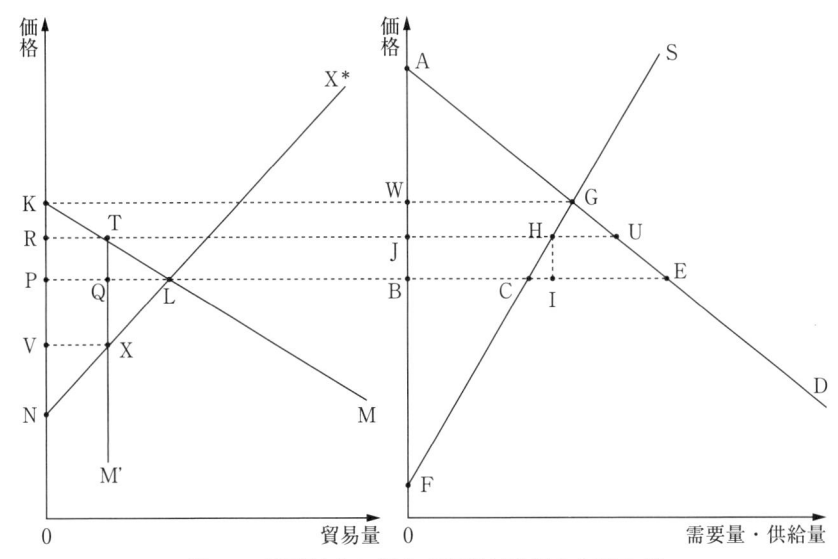

第 7 章　中国野菜輸入増加に関わる経済利害を中心にして　177

図 5a　野菜輸入に対する関税割当制の余剰分析

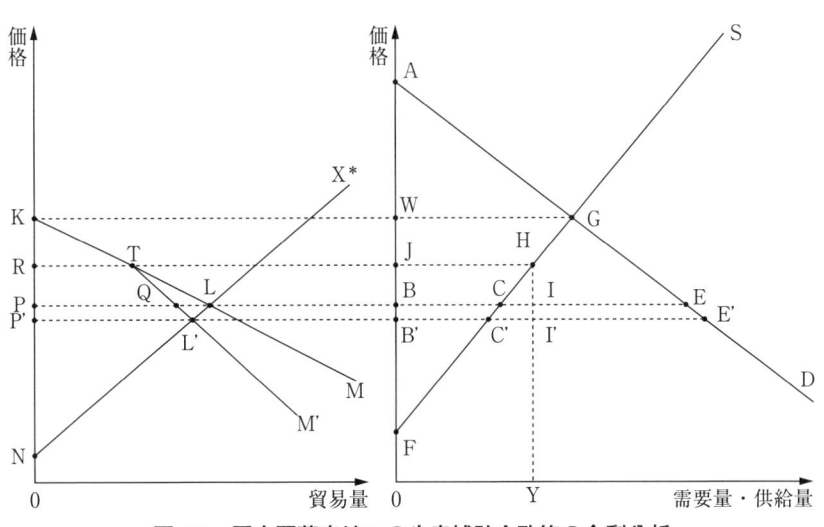

図 5b　国内野菜産地への生産補助金政策の余剰分析

業族議員への政治的圧力を背景に、日本政府の野菜輸入に対する対外農業政策は保護主義的となったのである。第5節でも述べたことであるが、日本国民はここでいう消費者であり、図5aより、野菜輸入の増加は産地生産者の経済損失以上に消費者の経済利益をえることになるが、政府による対外農業政策は、国内野菜産地の生産者の利益保全を優先するものであった。農産物を生産する産地・農家の利益を保護・弁護するのみの政府の対応から、農産物を需要することによって受益者となる国民である消費者の利益にも留意した政府の対応が望まれる。確かに、第6節で述べた「日本提案」にも消費者および市民社会への配慮がなされているが、食料の安定供給を海外輸入ではなく国内農業に依存することを前提にしているために、食料のある程度の輸入制限もやむを得ないという議論につながっているのである。日本は、国民の食料需要を満たす上で、国内農業による供給に依存度を高める方針でよいのかについてさらに検討を加える必要がある。なぜならば、日本は比較優位をもつ工業製品を輸出することにより、低価格で安定的な食料供給を海外から輸入することも選択肢としてもつことができるからである。

2001年4月に対中農産物3品目に関税割当制が実施された。ある水準までの輸入数量に対して政府がこれまでの輸入業者に割当てを行ない、それ以上の輸入をする場合には高関税を課すというものであった。図5aでは、これまでの輸入量PL（＝CE）のうち、輸入割当量をRT（＝HU）とし、それ以上の輸入量に対して高関税を課すとしている（図5aの左図において、日本の輸入需要曲線KMをKTM'に変更することによって示されている）。高関税は高いゆえに輸入割当量以外の輸入量をゼロとなるように設定するとしている（図5aにおいて、内外価格差TX以上の高関税を課すとしている）。関税割当制による効果は、自由貿易状態と比較して、輸出側の貿易利益はVNXへと減少し、輸入側の貿易利益は輸入割当によるレント余剰RVXTが加わり、KVXTへと変化する。他方、日本の野菜産地の生産者はJBCHの余剰を増加させ、消費者はJBEUの余剰を減少させる。そしてレント余剰であるRVXTについては、輸入業者あるいは小売業者など仲介・流通業者の利得となる。野菜産地生産者の利益保全のための関税割当制は、とくに国内消費者に経済損失をもたらして始めて実現可能になるのである。このようなコストを支払う理由

は経済的に正当化されるのか極めて疑問といわざるをえない。

WTO農業交渉の「日本提案」には、農業の多面的機能および食料安全保障というNTCを考慮した市場アクセス・国内支持・輸出規律が加味された。WTO加盟国の賛同を得るには至っていないが、仮にNTCを考慮する貿易政策を実施することになれば、農産物に対する輸入増加に対する制限が日本政府によって実施される可能性が出てくるであろう。その際に、貿易政策論からえられている議論が参考になる。それは、農業の多面的機能を実現するためには、輸入数量を制限するという介入方法ではなく、国内生産量を直接増加する介入方法を選択すべきであるという点である[33]。図5aにおける関税割当制による場合には、国内生産量水準の点Hを達成するのに、消費者および輸出国側に犠牲を及ぼすことになる。しかしながら、生産補助金政策を代わりに実施して、**図5b**にあるように、国内生産量水準点H（=0Y）を達成するならば、もっと少ないコストの支払いによって実現可能になることがわかる。図5bの記号は、図5aの記号と対応するように記載されている。自由貿易状態と生産補助金政策の状態を比較すると、関税割当制ほどではないが輸出側の貿易利益は野菜輸入の国際価格の下落によりPP'L'Lだけ減少し、輸入側の貿易利益はTQLの減少とPP'L'Qの追加増加をもたらす。日本の輸入需要曲線がKMからKTM'となっているのは、生産補助金政策によって日本の国内野菜生産が増加することを反映している（図5bにおいて、生産補助金政策により自由貿易状態にくらべて国内生産量がCI（=QL）だけ増加するように描かれている）。さらに、野菜産地生産者の余剰は生産補助金政策によってJBCHだけ増加し、消費者はBB'E'Eだけ余剰を増加させる。しかしながら、この結果が可能になるには、生産補助金政策の実施のためには、JBT'H（=JBIH+BB'T'I）だけの政府支出の財源を国民から徴収しなければならないのである。野菜輸入の国際価格が、日本の生産補助金政策によってほとんど影響を受けないのであれば、上記のPP'L'Q、BB'E'E、BB'T'Iはゼロとなり、自由貿易状態に比べてHCIだけ死重ロスとなることもわかる。農業の多面的機能に多くの価値を見出すとしても、それをWTOの農業協定の枠

---

[33] 同様の議論は、唐木（2002）および吉野（2002）においてみられる。

内で達成するためには、生産補助金政策がベストな政策と考えられる。生産補助金政策を実施するには、政府予算を計上して国会の承認をえるプロセスが必要なことから、国民の眼に補助金の必要性を問うという意味においてもチェックが作用する点でも適切であるといえる。しかしながら、このような生産補助金政策は、現在進行中のWTO農業交渉で議論されている「国内支持」の政策のうち「黄」の政策に該当すると思われることから、この政策の実施も加盟国の賛同をえることは極めて難しいといえる。

7-2 比較優位論の視点から

　中国政府が日本政府による農産物3品目のセーフガード暫定措置実施に対する日本批判を行った項目の1つに、今回の貿易摩擦は日本と中国の利害対立問題ではなく、日本の国内野菜産地生産者と日本の野菜輸入業者の利害対立問題であると主張した。中国政府は背景に開発輸入に深く関わる日本の野菜輸入業者の存在を的確に見抜いていたのである。企業の海外事業展開というグローバリゼーションが国際的に進められる最近の国際経済状況の中で、国境を越える商品の輸入増加のみに注目する従来の貿易摩擦の図式を単純に適用する時代はすでに終わったことを端的に示していることを意味している。安価で周年的にしかも規模的にも安定供給が可能なように開発輸入を進めている日本企業の輸入業者が、日本の国内の食料事情に大きな影響を与える状況が確実に進行していることを、中国との今回の貿易摩擦に際してわれわれは改めて知らされたのである。すでに農産物以外の工業製品においては、開発輸入という方法は、比較優位論にいう自由貿易論に立脚した当たり前の国際事業展開の有力な選択肢としてすでに市民権をえている国際取引なのである。それが農業部門においても行われたに過ぎないともいえるのであるが、農業という産業の存在は製造業とは異なる扱いを受け、所轄官庁も経済産業省ではなく農林水産省と別であり、政権党の自民党は票田獲得の視点からも農産物産地の票田には細かい配慮を忘れないでいる。このこともあり、開発輸入による中国産タオル輸入の増加に対する救済を要請した大阪泉州地区のタオル業界と、中国産野菜輸入増加に対する救済を要請した野菜産地生産者とはある意味では同列の扱いを受けて当然であるが、実際はそのよ

うな扱いとはならなかった。

　さらに述べておくべきことがある。2001年6月中国政府は、WTOに未加盟である立場をうまく利用して、日本が対中農産物輸入3品目のセーフガード暫定措置を実施したことに対して報復措置を行った。その内容は、日本製の自動車、携帯・自動車搭載電話、空調機の輸入に対して、中国国内法である「輸出入関税条例第6条」に基づいて、特別関税100%を課すというものであった。中国の対日輸出3品目とは全く異なる業種で、しかも日本の中国への輸出としては重要な製品に対する報復措置であった。乗用車については、2001年1月に3000 cc以下の輸入車に対する関税が引き下げられたこともあり、輸出機会の拡大が期待できる時期でもあったことから、2001年下期の日本自動車企業の輸出被害額は512億円となると予測された。さらに、2002年にまで報復措置が継続されるならば、その被害額は約4,200億円と予測された[34]。乗用車・携帯電話・空調機の関係企業は中国への直接投資を急ぐことが強いられることとなった。今回の報復措置は、中国がWTOに加盟する直前の出来事であったとはいえ、輸入により打撃を受けた日本の野菜産地を農産物とは直接関係のない輸出製品の業界に犠牲を強い、さらにその規模は救済する野菜産地の損失額を大きく上回ることも起きかねないことを明確に示したという点では、日本にとって十分に苦い良薬であったと思われる。また、野菜産地の救済のためのコストを支払うのは、輸出製品の業界だけではないということである。野菜を需要する消費者である国民全員も高い野菜を購入するというコストを支払うのである。輸入品に対して打撃を受ける業界は声を大にして救済を訴える傾向が強く、関係する業界を救済することが国益を保持することであると錯覚を起こしてしまうのである。この点はこれまで本章においてすでに繰り返し述べてきたところである。農業という特別扱いをしている産業に属する野菜について、その産地の経済利益が野菜輸入増加によって損失を受ける。その損失の存在のみに政治的援護の手が行き過ぎるのではないのか。そのために、他の産業・他の業界・国民全体は、その援護に必要なコストを負担することになるのである。比較優位論に立脚した国際取

---

[34] 『日本経済新聞』2001.8.23. および青木（2002）の137頁による。

引の実施により実現する貿易利益・国民全体の消費者利益の存在については、日本政府は政策運営に際して一層の留意をすべきである。

　近年、WTO の新ラウンド貿易交渉だけでなく、APEC という国際会議の場において、そして ASEAN+3 の国際会議の場において、そしてさらに自由貿易協定を進めようとする関係国との交渉の場において、漸進的に自由貿易の方向へ協定を進展させる動きが起きている。特に日本を含む先進国への期待は大きくなっている。日本もその潮流に乗ろうと交渉を進めている状態にある。しかしながら、1つのネックになっているのが、日本の対外農業政策であるという指摘を世界から受けている。その理由は、新ラウンドに向けた WTO の農業交渉のための「日本提案」の内容から日本の視点は容易に推察することができる。しかしながら、比較優位に立脚した対外貿易政策を基本とした WTO の貿易交渉、および多くの国が締結を進めている自由貿易協定が行われていることを考えると、先進国である日本は、もう一段踏み込んだ農業分野の国内調整の実施を組み込んだ対外農業政策へと政策転換を行う必要があると思われる。

参考文献

　青木健（2002）「日本のセーフガード発動の政治経済学」青木健・馬田啓一編『日本の通商政策入門』東洋経済新報社, 第8章

　伊藤元重＋伊藤研究室（2002）『日本の食料問題を考える：生産者と消費者の政治経済学』NTT 出版

　内田英憲（2002）「セーフガードの意味するもの：日本の視点から」『農業と経済』第68巻第6号, 64-71, 5月号

　王志剛（2001）『中国青果物卸売市場の構造再編』九州大学出版会

　尾碕亨（2000）『輸入野菜急増下における野菜流通環境の変化と産地の対応』農政調査委員会, 日本の農業 213

　唐木閎和（2002）「日中貿易とセーフガード」池間・大山編著『国際日本経済論』文眞堂, 第9章

　阮蔚（2001a）「構造調整圧力強まる農業」鮫島敬治・日本経済研究センター『中国 WTO 加盟の衝撃：対中ビジネスはこう変わる』日本経済新聞社, 第11章

　阮蔚（2001b）「野菜の中国からの開発輸入」『中国経済』7月号, 60-72

　阮蔚（2002）「中国の対米輸入・対日輸出拡大で揺れる農産物市場」鮫島敬治・日本経済研究センター編『中国の世紀 日本の戦略：米中緊密化の狭間で』日本経済新聞社, 第8章

厳善平（2002a）「中国における農産物貿易の動向とWTO加盟の影響」『中国経済』1月号
厳善平（2002b）「農業経営と流通の変化」『農業と経済』5月号, 24-32
小林茂典（1999）『輸入野菜流通と卸売市場』農政調査委員会, 日本の農業210
田代洋一（2001）「自由貿易主義と日本の農産物貿易戦略」『農業と経済』第67巻第13号11月号, 5-12
寺町信雄（1983）「集団選好による保護貿易政策の分析」『貿易政策の分析』成文堂, Ⅳ章
寺町信雄（2003）「中国野菜輸入増加に関わる経済利害を中心にして」Project on the Chinese Economy, Open Research Center, Kyoto Sangyo University, Discussion Paper Series No. CHINA-06
寺町信雄（2004）「中国野菜輸入増加に関わる経済利害を中心にして」『京都産業大学論集』社会科学系列, no. 21, March, 1-29
日本経済新聞社編（2001）「ウナギ：セーフガードで浮かび上がった意外な素顔」「野菜：生鮮デフレを跳ね返す元気な産地」『値段でわかる日本経済』日経ビジネス人文庫
農政ジャーナリストの会編（2001）『日本の農業の動き138：野菜をめぐる輸入と国内供給』農林統計協会,（金子弘道論文, 藤島廣二論文, 西田宏太郎論文, 藤井滋生論文, 山野昭二論文を所収）
細野章（2001）「セーフガード発動を巡る経過と課題」『農業と経済』第67巻第6号5月号, 23-30
堀口健次（2001）「セーフガードの意味と背景」『農業と経済』第67巻第13号11月号, 50-60
野菜供給安定基金編（2001）『中国の野菜(2)―山東省のねぎを中心として―』農林統計協会
野菜供給安定基金調査情報課編（2002）『2001年野菜輸入の動向：統計と解説』農林統計協会
吉野文雄（2002）「日本の農産物自由化問題」青木健・馬田啓一編『日本の通商政策入門』東洋経済新報社, 第10章
農林水産省Web Site：http://www.maff.go.jp/sogo_shokuryo/sg_kanren/
農林水産省Web Site：http://www.maff.go.jp/wto/

184　第2部　日中貿易の実証分析

資　料

	第一次森内閣に対応 (H12.7.24.)		第二次森改造内閣に対応 (H13.2.7.)	
農林水産大臣	谷　洋一	兵庫5区	谷津　義男	群馬3区
農林水産副大臣			松岡　利勝	熊本3区
農林水産副大臣			田中　直紀*	新潟
農林水産大臣政務次官	石破　茂	鳥取1区	金田　英行	北海道7区
農林水産大臣政務次官	三浦　一水*	熊本	国井　正幸*	栃木

自民党総合農政調査会

会長	堀之内　久男	比例九州（宮崎）	堀之内　久男	比例九州（宮崎）
会長代理	中川　昭一	北海道11区	中川　昭一	北海道11区
	二田　孝治	秋田1区	二田　孝治	秋田1区
	若林　正俊*	長野		
最高顧問	江藤　隆美	宮崎2区	江藤　隆美	宮崎2区
顧問	小里　貞利	鹿児島4区	小里　貞利	鹿児島4区
	大原　一三	比例九州（宮崎）	大原　一三	比例九州（宮崎）
	久間　章生	長崎2区	久間　章生	長崎2区
	野呂田　芳成	秋田2区	近岡　理一郎	山形2区
	葉梨　信行	茨城3区	野呂田　芳成	秋田2区
	保利　耕輔	佐賀3区	葉梨　信行	茨城3区
	牧野　隆守	福井2区	保利　耕輔	佐賀3区
	宮下　創平	長野5区	牧野　隆守	福井2区
	村岡　兼造	秋田3区	宮下　創平	長野5区
	井上　吉夫*	鹿児島	井上　吉夫*	鹿児島
	上杉　光弘*	宮崎	上杉　光弘*	宮崎
副会長	赤城　徳彦	茨城1区	青山　丘	比例東海（愛知）
	衛藤　征士郎	大分2区	赤城　徳彦	茨城1区
	遠藤　武彦	山形2区	遠藤　武彦	山形2区
	太田　誠一	福岡3区	太田　誠一	福岡3区
	亀井　久興	島根3区	亀井　久興	島根3区
	河村　建夫	山口3区	木村　太郎	青森4区
	北村　直人	北海道13区	北村　直人	北海道13区
	栗原　博久	新潟4区	栗原　博久	新潟4区
	古賀　誠	福岡7区	古賀　誠	福岡7区
	古賀　正浩	福岡6区	佐藤　静雄	北海道4区
	佐藤　静雄	北海道4区	佐藤　剛男	福島1区
	坂井　隆憲	佐賀1区	七条　明	比例四国（徳島）
	鈴木　俊一	岩手2区	鈴木　俊一	岩手2区
	園田　博之	熊本4区	園田　博之	熊本4区
	田野瀬　良太郎	奈良4区	田野瀬　良太郎	奈良4区
	武部　勤	北海道12区	武部　勤	北海道12区
	松岡　利勝	熊本3区	谷　洋一	兵庫5区
	松下　忠洋	比例九州（鹿児島）	松下　忠洋	比例九州（鹿児島）
	宮路　和朗	鹿児島3区	宮路　和朗	鹿児島3区
	村上　誠一郎	愛媛2区	宮本　一三	兵庫9区
	持永　和見	宮崎3区	持永　和見	宮崎3区
	谷津　義男	群馬3区	森　英介	千葉11区
	柳沢　伯夫	静岡3区	横内　正明	山梨3区
	横内　正明	山梨3区	岩永　浩美*	佐賀
	岩永　浩美*	佐賀	魚住　汎英*	熊本
	太田　豊秋*	福島	太田　豊秋*	福島
	鹿熊　安正*	富山	鹿熊　安正*	富山
	片山　虎之助	岡山	金田　勝年*	秋田
	金田　勝年*	秋田	亀谷　博昭*	宮崎
	亀谷　博昭*	宮崎	須藤　良太郎*	比例代表（群馬）
	国井　正幸*	栃木	田村　公平*	高知
	須藤　良太郎*	比例代表（群馬）	矢野　哲郎*	栃木
	矢野　哲郎*	栃木		

第 7 章　中国野菜輸入増加に関わる経済利害を中心にして　　185

自民党農林水産物貿易調査会

委員長	中川　昭一	北海道11区	中川　昭一	北海道11区
委員長代理	鈴木　俊一 二田　孝治	岩手2区 秋田1区	鈴木　俊一 二田　孝治	岩手2区 秋田1区
常任顧問	谷津　義男	群馬3区		
顧問	髙村正彦	山口1区	臼井　日出男	千葉1区
副会長	赤城　徳彦 遠藤　武彦 金田　英行 岸本　光造 北村　直人 栗原　博久 古賀　正浩 園田　博之 武部　勤 中山　成彬 松岡　利勝 松下　忠洋 宮路　和明 森　英介 太田　豊秋* 景山　俊太郎* 国井　正幸* 須藤　良太郎*	茨城1区 山形2区 北海道7区 和歌山2区 北海道13区 新潟4区 福岡6区 熊本4区 北海道12区 宮崎1区 熊本3区 比例九州（鹿児島） 鹿児島3区 千葉11区 福島 島根 栃木 比例代表（群馬）	赤城　徳彦 遠藤　武彦 木村　太郎 岸本　光造 北村　直人 栗原　博久 古賀　正浩 園田　博之 武部　勤 萩山　教厳 馳　浩 松下　忠洋 宮路　和朗 森　英介 太田　豊秋* 金田　勝年* 須藤　良太郎* 三浦　一水*	茨城1区 山形2区 青森4区 和歌山2区 北海道13区 新潟4区 福岡6区 熊本4区 北海道12区 富山 石川1区 比例九州（鹿児島） 鹿児島3区 千葉11区 福島 秋田 比例代表（群馬） 熊本
事務局長	赤城　徳彦	茨城1区	赤城　徳彦	茨城1区

注）＊印は参議院議員を示す。選挙区が記入してない議員は選挙制度による。
　　比例代表制の議員は出身都道府県を記入した。

186　第 2 部　日中貿易の実証分析

第 8 章　日中韓 ASEAN の対米輸出構造の比較
――関論文の分析方法を用いて――[1]

1　はじめに

　日中韓 ASEAN[2]の対米輸出構造の変化について議論する。分析ツールは、各国の輸出構造を統計的に評価するものとして関（2002a）[3]が開発したものを用いる。関（2002a）の問題意識には、中国経済の急速な発展により中国の輸出構造が高度化してきていることで、中国は「雁行形態的な輸出構造」[4]を崩しているのではないかということにあった。それに対する答えは、彼が実証分析を行なった 1990 年から 2000 年までの期間において、「中国の機械産業全体の競争力が上昇しているとはいえ、水準は依然として低く、中国の産業高度化の進展は雁行的経済発展の枠を超えるものではない」とし、「中国の輸出構造が雁行形態の議論に基づく発展順序を崩しているとは考えにくい」と結論を導いている。そしてさらに、中国と日本の工業製品および IT 製品の対米輸出について、両国は「競合的というよりはむしろ補完的な関係にある」と結論している。
　本章は、1999 年-2007 年の OECD 貿易データを新しく利用し、関（2002a）

---

[1]　本章の原論文は朱・寺町（2011）である。2008-2009 年度の期間、京都産業大学大学院経済学研究科での院生朱立峰氏との共同研究の成果の一部を朱・寺町（2011）の論文として作成した。本章はその論文の文言の一部を手直ししているがほとんどそのまま掲載している。平成 21 年 7 月 6 日に京都大学東アジア研究センターの「研究会」において発表の機会をもった。参加者の劉徳強先生（京都大学）および岑智偉先生（京都産業大学）からは有益なコメントをいただいた。『京都産業大学論集』のレフェリー 2 名の先生には貴重なコメントをいただいた。ここに感謝の意を表します。申すまでもなく残されている誤謬はわれわれにあります。

[2]　統計データの制約で、ASEAN 加盟国 10 カ国の内ミャンマー・ブルネイの 2 カ国を除くインドネシア・カンボジア・シンガポール・タイ・フィリピン・ベトナム・マレーシア・ラオスの 8 カ国を ASEAN として扱い、以下では ASEAN8 と呼称する。

[3]　関志雄論文は *RIETI* のディスカッション・ペーパー 2002a と 2002b（英文）、それに『NR 知的資産創造』に掲載された 2002c がある。いずれも同じ内容の論文である。ここでは、2002a 論文を関論文として議論する。なお、関（2002d）にも彼の分析結果が掲載されている。関（2002a）の結果は、深尾（2003）、小島（2004）でも引用・評価されている。

が開発・提示した分析ツールを用いて、日中韓 ASEAN8 の対米輸出構造を比較する。そしてこれらの国・地域の「雁行形態的な輸出構造」について議論することを目的としている[5]。第2節では、本章で使用する統計データについて説明し、さらに、関 (2002a) が開発した「付加価値指標」、「輸出高度化指標とその偏差値」、「任意の2国の対米輸出競合度」の算出方法についても説明する。そして、これらの統計数値と「雁行形態的な輸出構造」との関連について述べる。次の第3節では、前節の数値の算出結果を工業製品について、第4節では、IT 関連製品について明らかにし、日中韓 ASEAN8 の対米輸出における雁行形態的な輸出構造について議論する。そして第5節では、まとめと今後の課題について述べる。

2 付加価値指標と輸出高度化指標

本節では次の第3節と第4節で議論する統計的な数値に関連して、使用データ、算出方法、経済的意味について議論する。関 (2002a) が用いた貿易データ[6]を用いることが望ましいが、入手できていないことから、ここでは、OECD の *International Trade by Commodity Statistics* (*ITCS*) より、米国が世界各国から工業製品を輸入する輸入額を「世界各国の対米輸出額データ」として用いる[7]。期間は 1999 年-2007 年である。HS 分類という点では、関 (2002a) と同じであるが、HS (1996 年 version、以下では「HS96」と呼称する)

---

[4] 小島 (2003)、山澤 (2001) および池間 (2009) などの「雁行形態論」の説明では、輸入 → 国内生産 → 輸出という「基本形」を前提に貿易・生産パターンの時間的推移について議論がなされている。関 (2002a) でも同様に雁行形態論の「基本形」を想定しているが、工業製品 (あるいは IT 関連製品) の詳細な対米輸出品目のすべてをセットにした国別輸出構造を中心に議論がなされている。そして、彼が開発した統計数値をベースにして、「対米輸出構造の国別比較とその時間的推移」について明らかにしている。以下でも、彼の手法を踏襲して分析している。これを「雁行形態的な輸出構造」と呼称する。

[5] 関 (2002a) では、「貿易特化係数」(純輸出比率) および「顕示的比較優位」(*RAC*) を用いた分析も行なわれているが、ここでは後述するように、各国・地域の輸出構造を統計的数値として算出する「付加価値指標」「輸出高度化指標とその偏差値」「任意の2国の対米輸出競合度」を用いた分析に限定して議論を進める。

[6] 米国商務省の「*U.S. Imports History*」(*CD-ROM*) より 1990 年-2000 年における米国が輸入している約200カ国の輸入データが用いられた。HS10 桁分類という詳細なデータであり、工業製品約10000 品目を含む内容であった。以下に述べるように、ここで用いるデータ数はおよそその半分であり、算出結果に影響することは否めない。

の6桁分類の工業製品4259品目を利用する。他方、後述する第i財の付加価値指標の算出に用いる1人当たりGDP（PPP・ドル表示）は[8]、世界銀行の統計[9]より入手している。

2-1　第i財の付加価値指標

各国の工業製品（あるいはIT関連製品）の対米輸出構造を統計的な数値として把握する手法の第1段階として、関（2002a）が開発した「第i財の付加価値指標」の算出がある。「第i財の付加価値指標」とは、第i財を対米輸出している輸出国jの付加価値である1人当たりGDP（PPPドル表示：y_j）の対数値Y_jを、すべての対米輸出国に対して加重平均を行なって算出した数値V_iのことである[10]。加重平均には、「第i財の対米世界輸出総額に占める第j国の輸出シェアS_{ij}」を加重のウェイトにして算出する。これを算式で表すと次のようになる[11]：

$$V_i = linv_i = S_{i1}lny_1 + \cdots + S_{in}lny_n$$
$$= S_{i1}Y_1 + \cdots + S_{in}Y_n \quad , where \quad \sum_{j=1}^{n} S_{ij} = 1$$

なお以下では、算出した付加価値指標V_iの数値が相対的に高い第i財を「高付加価値財」、相対的に低い第i財を「低付加価値財」と呼称して議論を進める。

---

[7] なお、各国の対世界輸出ではなく、各国の対米輸出を扱うのは、関（2002a）と同様に、これもデータ入手の制約による。
[8] 関（2002a）で用いられている1人当たりGDP（ドル表示）の出所は不明であるが、ここでは同じデータを用いないで、購買力平価による1人当たり名目GDP（ドル表示）を世銀データより入手し、OECD貿易データとの突き合わせで157カ国を確定し利用している。これは、購買力平価表示でない名目値を用いた関論文の付加価値指標には、日本と中国の数値がバイアスをもたらす原因になっているという深尾（2003）のコメント（p.43）に対するわれわれの対応である。中国の1人当たりGDPは単なる名目値より購買力平価表示の方が高い数値となり、日本のそれは低い数値となる。このことにより付加価値指標のバイアスが一部緩和されると思われる。さらに、購買力平価表示による1人当たりの名目値を用いることにより、各国の経済水準をより的確に国際比較することができると思われる。なお以下では、購買力平価表示でドル表示の各国の1人当たりGDPを「1人当たりGDP（PPPドル表示）」と呼称して議論する。
[9] http://databank.worldbank.org/
[10] なお、Y_jは対数値であり、その加重平均である第i財の付加価値指標V_iも対数値となっている。
[11] 次の算式の$V_i = linv_i$のv_iは、V_iの真数である。

2-2　第 j 国の輸出高度化指標とその偏差値

次に、各国の対米輸出構造を統計的な数値として把握する手法の第2段階として、同じく関（2002a）が開発した「第 j 国の輸出高度化指標」の算出がある。「第 j 国の輸出高度化指標」[12]とは、第 j 国が対米輸出している工業製品（あるいはIT関連製品）i の付加価値指標 V_i を、すべての工業製品（あるいはIT関連製品）に対して加重平均した値 H_j のことである。加重平均には、「第 j 国の工業製品（あるいはIT関連製品）の対米輸出総額に占める第 i 財の輸出構成比 W_{ij}」を加重のウェイトにして算出する。これを算式で表すと次のようになる[13]：

$$H_j = linh_j = W_{1j}linv_1 + \cdots + W_{mj}linv_m$$
$$= W_{1j}V_1 + \cdots + W_{mj}V_m \quad , where \quad \sum_{i=1} W_{ij} = 1$$

算出した第 j 国の輸出高度化指標 H_j を、他の対米輸出国の輸出高度化指標と統計的に比較するために、第 j 国の輸出高度化指標の「偏差値」を求める。そのためには、各国の対米輸出高度化指標 H_j の算出に加えて、第 i 財の付加価値指標 V_i を、「世界の工業製品（あるいはIT関連製品）の対米輸出総額に占める第 i 財の世界輸出構成比 W_{wj}」でウェイト付けした、「世界の工業製品（あるいはIT製品）の対米輸出高度化指標」H_w を算出する。そしてさらに、対米輸出高度化指標の「標準偏差 σ」も算出して、「第 j 国の工業製品（あるいはIT関連製品）の輸出高度化指標 H_j の偏差値」を求める[14]。その「偏差値」の計算式は：

$$第 j 国の H_j の偏差値 = 50 + 10[(H_j - H_w)/\sigma]$$

となる。世界の工業製品（あるいはIT関連製品）の対米輸出高度化指標」H_w を50になるように正規化していることから、第 j 国の輸出高度化指標 H_j の偏差値が50を超えているならば、第 j 国の輸出高度化は世界平均を上回る輸出構造をもち、その偏差値が50を超えていないならば、第 j 国の輸出高度

---

[12] 輸出高度化指標 Hj も対数値となっている。
[13] 次の算式の $H_j = lnh_j$ の h_j は、H_j の真数である。
[14] 以下では1999年・2003年・2007年の各年の工業製品（あるいはIT関連製品）の輸出高度化指標 H_j は正規分布を描くことを仮定して議論する。

化は世界平均を下回る輸出構造をもつ。したがって、対象の国・地域の偏差値を算出することにより、雁行形態的な輸出構造の序列順位を明らかにすることができるとともに、時間的な推移も明らかにすることができる。

2-3　h国のn国との対米輸出競合度

最後に、各国の工業製品（あるいはIT関連製品）の対米輸出構造を他国と比較する別の統計的な数値として、「h国のn国との対米輸出競合度」がある。これも関（2002a）が開発・提示したものである。イメージとしては、任意の2国である、h国とn国の対米輸出品目について、横軸に第i品目の付加価値指標V_iをとり、縦軸に両国の第i品目の対米輸出額をとって、h国とn国に対応した山型の曲線をそれぞれ描いてみる。そのとき2つの山型の曲線が相互に重なる部分ができていることを確認する。この重なる部分の合計をそれぞれの国の対米輸出総額に占める割合として求める。すなわち、「h国のn国との対米輸出競合度C_{hn}」は、両国の重なる部分の合計額がh国の対米輸出総額のどれくらいの割合（パーセント値）となっているかを示した数値として算出する。同様に、「n国のh国との対米輸出競合度C_{nh}」は、両国の重なる部分の合計額がn国の対米輸出総額のどれくらいの割合（パーセント値）となっているかを示した数値となる。

なお以下の議論において、任意の2国であるh国のn国との対米輸出競合度C_{hn}が「50％を上回る」場合には、h国は対米輸出においてn国と「補完的な関係というよりは競合的な関係」が強いといい、逆に、h国のn国との対米輸出競合度C_{hn}が「50％を下回る」場合には、h国は対米輸出においてn国と「競合的な関係というよりは補完的な関係」が強いとして議論を進める。

2-4　雁行形態的な対米輸出構造

「雁行型経済発展論」では、特定国の経済発展が進むのに対応して、特定の産業の構造が「輸入→国内生産→輸出」という「雁行形態」的な時間的推移をともなうという「基本形」を議論している。さらにその国の経済発展の経過とともに、労働集約財→資本集約財→知識集約財へと産業構造の高度化・多様化が進むことを明らかにしていると同時に、産業構造の高度化を展開する

「先発国」と先発国から直接投資・技術伝播を吸収して追い上げる「後発国」が併存する「重層的な雁行形態」が形成される世界経済についても明らかにしている。しかしながら、学説的には長い歴史をもち、今日においても実証的な確認の議論および理論分析の試みが続けられているが、未だ多くの研究者が納得する理論の確立までには至っていないのが実情である[15]。「雁行型経済発展論」との文脈を明確にするために、本章での「雁行形態的な対米輸出構造」について少し説明を加えておく必要がある。

　各国・地域の経済発展の差異について、簡便であるが1人当たり所得水準の差異によってとらえることは多くの研究者が認めるところである。そして、1人当たり所得水準が相対的に高い国は、高付加価値財を相対的に多く、低付加価値財を相対的に少なく対米輸出する輸出構造をもつ「先発国」である。他方、1人当たり所得水準が相対的に低い国は、高付加価値財を相対的に少なく、低付加価値財を相対的に多く対米輸出する輸出構造をもつ「後発国」である。両国の経済発展の時間的推移により、これら当該国の対米輸出構造は変化することが予想される。このような枠組みの議論を「雁行形態的」という限定的な言葉を付した「対米輸出構造」と呼ぶのである。

　具体的には、各国・地域の「雁行形態的な対米輸出構造とその時間的推移」を統計的数値と図（対米輸出構造の図のことをいう）による比較によって議論が進められる。それには2つの統計的数値に凝縮される。1つは、工業製品（あるいはIT関連製品）の付加価値指標、対米輸出国の輸出高度化指標、そしてその偏差値を算出することによって、「日中韓ASEANの偏差値」の順位を明らかにすることである。他の1つは、対米輸出金額という規模の側面を考慮した「任意の2国の対米輸出競合度」を算出して比較することである。いずれも付加価値である1人当たり所得水準と高付加価値財・低付加価値財をベースにした統計的数値であり、「雁行形態的な対米輸出構造とその時間的推移」の議論に用いられる。

---

[15]　山澤（2001）および池間（2009）の議論を念頭に議論をまとめている。

図表1 日中韓 ASEAN8 の GDP 比較

PPP 表示 GDP 比較

	1995	1999	2003	2007
日本	1.1	1.1	1.3	1.6
中国	0.7	1.0	1.5	2.6
韓国	0.2	0.3	0.4	0.5
ASEAN8	0.4	0.5	0.7	0.9

出所：世界銀行の統計データをもとに加工

名目ドル表示 GDP 比較

	1995	1999	2003	2007
日本	4.8	4.0	3.9	4.0
中国	0.7	1.0	1.5	3.1
韓国	0.5	0.4	0.6	1.0
ASEAN8	0.6	0.5	0.7	1.2

出所：世界銀行の統計データをもとに加工

PPP 表示の1人当たり GDP 比較

	1995	1999	2003	2007
日本	10.5	11.3	12.8	15.7
中国	0.7	1.0	1.5	2.5
韓国	6.0	7.0	9.4	12.4
ASEAN8	1.3	1.3	1.7	2.3

出所：世界銀行の統計データをもとに加工

名目ドル表示の1人当たり GDP 比較

	1995	1999	2003	2007
日本	48.4	39.9	38.3	39.7
中国	0.7	1.0	1.5	3.0
韓国	13.3	11.1	15.6	25.1
ASEAN8	1.7	1.3	1.7	2.8

出所：世界銀行の統計データをもとに加工

3　工業製品における日中韓 ASEAN8 の対米輸出構造

3-1　日中韓 ASEAN8 の規模の比較

　経済規模を示す GDP の拡大の状況を見ることにより、当該国の経済発展と産業構造の高度化の変化を推察することができる。**図表1**は日中韓 ASEAN8 の PPP 表示 GDP の総額と名目ドル表示 GDP の総額、それに1人当たりの PPP 表示 GDP と1人当たり名目ドル表示 GDP を、いずれも1999年の中国の数値を1として、他の年、他の国・地域の数値がどのようになっているかを示したものである[16]。1995年-2007年の期間、中国、韓国・ASEAN8、日本の順に名目ドル表示 GDP が成長した[17]。中でも中国の経済成長は顕著であったのに対して、日本の経済成長は低迷状態を継続した。

---

[16] ドル表示の総額の名目 GDP と1人当たりの名目 GDP および購買力平価（PPP）表示の総額の GDP と1人当たりの GDP は、世界銀行（World Bank）が公表しているデータを用いている。なお、ASEAN8 の名目 GDP は、加盟8ヶ国の名目 GDP の合計値によって表し、1人当たり（ドル表示および PPP ドル表示の）ASEAN の名目 GDP は、名目 GDP 合計値を加盟8ヶ国人口（世界銀行の公表データ）の合計値で除してえている。

図表 2　日中韓 ASEAN8 の工業製品の対米輸出額の比較

	1995	1999	2003	2007
日本	1.5	1.5	1.3	1.7
中国	0.5	1.0	1.8	3.9
韓国	0.3	0.4	0.4	0.5
ASEAN8	0.7	0.8	0.8	1.2

出所：OECD の HS 分類の貿易データより算出。
1995 年は SITC 分類の貿易データより算出。

PPP 表示の GDP（PPP）においても、経済成長の順は変わらなかった。日本の GDP（PPP）の数値は、2003 年には中国の数値を下回る状態となった。同じ期間、総額の GDP の成長を反映して中国、韓国・ASEAN8、日本の順に 1 人当たり名目ドル表示 GDP および 1 人当たり PPP 表示 GDP（PPP）も上昇した。中国の上昇率はここでも顕著であった。しかしながら、2007 年の中国の 1 人当たり名目ドル表示 GDP は、ASEAN8 の数値を超え 2,500 ドルを上回ったが、日本・韓国の数値を超えるには至っていない。また同年の中国の 1 人当たり GDP（PPP）は、同様に ASEAN8 の数値を超え 5,000 ドルを上回ったが、韓国の約 27,000 ドル、日本の約 34,000 ドルには大きな開きがあることも確認できる。以上の名目ドル表示および PPP 表示の GDP の規模拡大に対して、それぞれの工業製品の対米輸出はどうであったか。**図表 2** は、日中韓 ASEAN8 における 1995 年・1999 年・2003 年・2007 年の工業製品の輸出額について、中国の 1999 年の対米輸出額を 1 として算出した数値を示している。図表1と図表2を見ることにより日中韓 ASEAN8 の GDP 成長の高い低いに対応して、日中韓 ASEAN8 の工業品の対米輸出額の増加にも高い低いが起きている。また、中国は、高い GDP 成長率を上回る率で、工業製品の対米輸出額を増加させたことも示している。

1995 年には中国の工業製品の対米輸出額は日本のそれの 3 分の 1 であったが、2003 年には中国の対米輸出額は日本のそれを上回り、2007 年には日本

---

[17] 図表1の名目ドル表示 GDP の数表において、各国・地域の 1995 年の数値に対する 2007 年の数値の倍数を求めるとき、その倍数の大小順は、当該期間 12 年間の平均成長率の高低順になることがわかる。他の数表についても同様の操作を行ない、平均成長率の高低順を明らかにすることができる。

図表 3 工業製品における日中韓 ASEAN8 の対米輸出高度化指標の偏差値

	1990	1995	1999	2000	2003	2007
日本	55.2	56.5	54.4	56.6	55.3	56.1
中国	31.1	33.5	35.5	36.2	38.8	40.8
韓国	43.2	49.4	48.6	49.0	50.2	51.4
ASENA8			44.4		43.2	43.0

出所：OECD の HS 分類の貿易データより算出。1990・1995・2000 年の数値は関（2002a）より引用。

のそれの2倍を上回るほどに拡大したことがわかる。その拡大のテンポの速さは突出している。

以下では、日中韓 ASEAN8 の工業製品の対米輸出の総額の変化に加えて、工業製品の対米輸出構造の変化について議論する。特に、日中韓 ASEAN8 の間で、「雁行形態的な輸出構造」が 1999 年-2007 年の期間を通してどのように変化したかについて詳しく見ていく。

3-2　日中韓 ASEAN8 の工業製品における対米輸出高度化指標の偏差値

日中韓 ASEAN8 の工業品の対米輸出構造を表す対米輸出高度化指標 Hj を正規化した数値をまとめたものが、**図表3**の「偏差値」である。図表3では、関（2002a）が算出した 1990・1995・2000 年の偏差値も掲載している[18]。対米輸出高度化指標の「偏差値」は、輸出構造の高度化を相対的に見ることができる。日本の偏差値は、日中韓 ASEAN8 の中では期間を通して常に 50 を超え、54-56 の数値をキープし、ASEAN8 の偏差値は、43-44 の数値をキープしていることがわかる。これに対して、韓国の偏差値は 2003 年以降には 50 を超えるようになった。中国の偏差値は期間を通して 50 を超えることはなかったが、1990 年には 31 だった数値が 2007 年には 40 を超える数値にまで上昇させてきたことがわかる。工業製品における対米輸出構造が少しずつ高度化してきたことを意味している。中国の工業製品の対米輸出高度化は、

---

[18] 図表3における 1990・1995・2000 年の関（2002a）の数値と 1999・2003・2007 年のわれわれの数値の間には少し違いが見られる。これは、利用している貿易データおよび1人当たり GDP のデータの違いが反映していると思われる。

第 8 章　日中韓 ASEAN の対米輸出構造の比較　195

図表 4　日中韓 ASEAN8 の工業製品における対米輸出構造の図

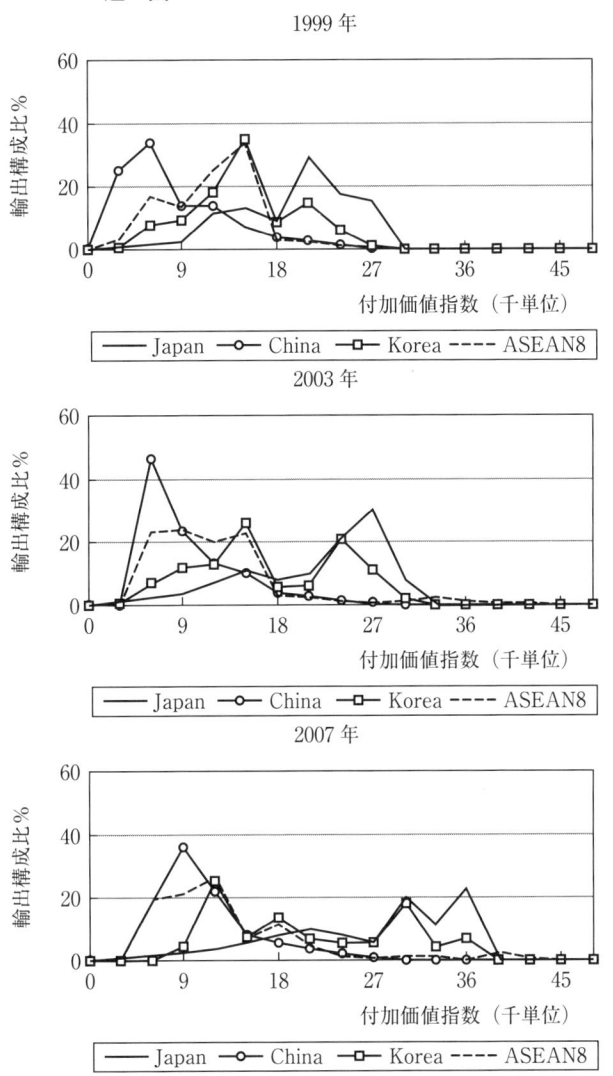

日本・韓国には及ばないが、ASEAN8 の対米輸出に対しては着実に追い上げる存在になっている。とはいえ、対米輸出高度化指標の偏差値で見る限りでは、雁行形態的な輸出構造は、期間を通して、日本＞韓国＞ASEAN8＞中国という順位を変更することは起きなかったと結論することができよう。もちろん、ASEAN8 加盟国では、シンガポールの偏差値は韓国とほぼ同じ数値をもつ国、マレーシア・タイ・フィリピンの偏差値は中国とほぼ同じ数値をもつ国、そしてそれらより低い偏差値をもつ国が入り混じっていることを付言しておきたい[19]。

3-3　日中韓 ASEAN8 の工業製品の対米輸出構造の図

日中韓 ASEAN8 の工業製品の対米輸出高度化指標の偏差値に加えて、対米輸出構造を図に描くことにより、雁行形態的な対米輸出構造の推移をより明確にすることができる。**図表 4** は、1999 年・2003 年・2007 年の日中韓 ASEAN8 の工業製品の対米輸出構造の図である。この図表 4 は 4259 品目の工業製品の対米輸出構造を概略的に示すために、データを加工してグラフに描いたものである[20]。横軸にグループ化した「付加価値指数」の数値を[21]、縦軸にその数値に対応した品目の「輸出構成比 W_{ij}（％）」をとっている。

前項（3-2）において、日中韓 ASEAN8 の工業製品の対米輸出高度化指標の偏差値の大小関係は、期間を通して、日本＞韓国＞ASEAN8＞中国であり、さらに日中韓については偏差値の数値を高めてきている。このことを反映して、図表 4 では、期間を通して、日中韓のそれぞれの対米輸出構造の図が全般的に右へシフトしていることがわかる。そしてさらに、中国の対米輸出構造の山型の曲線は、ASEAN8 の山型の曲線を追い越すところまでは至っていないが、右方向から ASEAN8 の曲線に接近しているように思われる。ASEAN8 の対米輸出構造の山型の曲線は、中国の山型の曲線より右側を保

---

[19]　ASEAN8 にまとめて議論しているために ASEAN8 の各国の数値は省略している。なお、ASEAN8 の偏差値は、8 カ国の工業製品の対米輸出額を品目ごとに集計して加重平均のウェイトを算出し、ASEAN8 の対米輸出高度化指標 $H_j(j=Asean8)$ を求めて偏差値を算出している。
[20]　図表 4 と同様に横軸にはグループ化した付加価値指標をとり、縦軸にはそれに対応した品目別「輸出シェア S_{ij}」（これは品目の「輸出構成比 W_{ij}」とは異なることに注意）をとった対米輸出構造の図を描くことも可能である。図表 4 の対米輸出構造の図と類似した対米輸出構造の図がえられるが、偏差値との関連がないことを理由に言及するに留める。

第 8 章　日中韓 ASEAN の対米輸出構造の比較　197

図表 5　工業製品における h 国の n 国との対米輸出競合度

競合度 C_{hn}		1990	1995	1999	2000	2003	2007
日本	C_{jc}	3.0	8.3	17.5	16.3	26.3	34.0
	C_{jk}			16.2		19.2	19.1
	C_{ja}			21.9		16.9	18.4
中国	C_{cj}			26.8		19.2	14.8
	C_{ck}			16.4		11.5	8.4
	C_{ca}			33.0		27.3	23.0
韓国	C_{kj}			67.2		65.8	62.5
	C_{kc}	24.0	27.1	44.6	37.5	53.8	63.1
	C_{ka}			62.5		41.6	41.9
ASEAN8	C_{aj}			39.6		27.9	26.2
	C_{ac}			39.0		61.4	75.2
	C_{ak}			27.2		20.0	18.2

出所：OECD の HS 分類の貿易データより算出。1990・1995・2000 年の数値は関（2002a）より引用。競合度が約 50％を超える枡目は網かけになっている。

ちながら、低付加価値指数が 20,000 以下の品目を対米輸出している。他方、韓国の対米輸出構造の山型の曲線は、低い付加価値指数の品目も高い付加価値指数の品目も広範囲に対米輸出を行なっている。このことは、中国・ASEAN8 の対米輸出の品目だけでなく日本の対米輸出の品目とも競合的な関係をもつことを意味している。日本の対米輸出構造の山型の曲線は、右端に位置し、日中韓 ASEAN8 では最も高付加価値指数の品目を多く対米輸出していることがわかる[22]。

---

[21] 日中韓 ASEAN8 の工業製品の対米輸出構造の図について、関（2002a）の脚注 2 では「個別の製品のシェアをそのままそれぞれの付加価値指標に対応させるのではなく、付加価値指標に沿ってある刻みをもって製品をグループ分けし、シェアを集計」したと述べている。本章でも同様の手法で図表 4 が描かれている。しかし異なる点は、横軸の数値である。付加価値指標 V_i を指数関数 $Exp[V_i]$ に代入して脚注 11 でいう V_i の真数 v_i である「付加価値指数」の数値を図表 4 の横軸にとっている。すべての対象品目の付加価値指標の数値に対応する付加価値指数の数値を低い順に並べ替え、さらに 3,000 刻みで製品をグループ分けしている。図の横軸の数値の単位は千とし、0 から 48（千）までをとっている。横軸の数値は、例えば、3,001-6,000 のグループならば、そのグループの数値を 6,000 として示している。他方、図の縦軸の数値は、その付加価値指数に対応する品目の輸出構成比（図表 4）あるいは輸出金額合計値（付図表 A）を示している。

3-4 日中韓 ASEAN8 の工業品における対米輸出競合度

図表4の縦軸に、日中韓 ASEAN8 それぞれの品目別対米「輸出構成比(％)」ではなく、品目別対米輸出金額をとることによって(**付図表 A**)、日中韓 ASEAN8 それぞれの対米輸出構造の山型の曲線が重なり合う部分を競合度の数値として示すことができる。**図表5**は、工業製品における h 国の n 国との対米輸出競合度の数値をまとめたものである(図表の枡目が網かけになっている部分は競合度の数値が50％を超えていることを表す)。なお、図表5における1990・1995・2000年の数値は、関(2002a)の結果を引用したものである。競合度 C_{hn} (あるいは C_{nh}) の添え字の j, c, k, a は、それぞれ日本、中国、韓国、ASEAN8 を意味する。

日本からみた競合度 C_{jn} $(n=c, k, a)$ では、中国との競合度 C_{jc} が年とともに高くなり、2007年には30％を超えるレベルにまで上昇していることから、工業製品を対米輸出する日本にとって、中国は徐々に競合的な関係を増しつつあるといえる。これに対して日本の韓国と ASEAN8 との競合度は中国ほどではないことから、韓国と ASEAN8 は日本にとって中国より一層補完的な関係にあるといえる。

中国からみた競合度 C_{cn} $(n=j, k, a)$ では、日本・韓国・ASEAN8 との競合度がいずれも年とともに低くなり、中国は工業製品の対米輸出において、日本・韓国・ASEAN8 いずれとも競合的な関係を減らしつつあるといえよう。とはいえ、中国にとっての ASEAN8 は、1999年には33％、2007年には23％の競合度をもつ存在になっている。

韓国からみた競合度 C_{kn} $(n=j, c, a)$ では、日本・中国・ASEAN8 との競合度がいずれも高い数値を示している。具体的な数値で示せば、2007年には日本・中国との競合度は60％を超える数値を示し、韓国は工業製品の対米輸出において日本・中国と競合的な関係が強いことがわかる。ASEAN8 との競合度では、2003年および2007年には40％を超える数値となっていることから、1999年よりは競合的な関係が緩くなっている。

ASEAN8 からみた競合度 C_{an} $(n=c, k, a)$ では、中国との競合度が顕著に高

---

[22] 相対的に低い付加価値指標をもつ財を低付加価値財、高い付加価値指標をもつ財を高付加価値財と定義しているが、このことは付加価値指数についても同様に用いている。

く、2003年には約60%、2007年には約75%という数値を示している。ASEAN8にとって、工業製品の対米輸出において中国は競合的な関係が強い存在になっていることがわかる。日本・韓国に対しては競合度が年とともに低下していることから、競合的な関係というよりは補完的な関係になりつつあるといえる。

　ここで、第3節の議論をまとめておくことにしよう。1999年から2007年の期間を通して、日中韓 ASEAN8 の対米輸出高度化指標の偏差値をみるとき、日本＞韓国＞ASEAN8＞中国という偏差値の順序付けがえられた。特に中国の偏差値は ASEAN8 の偏差値を超えることはなかった。さらに、工業製品の対米輸出構造の図を図表4に描いてみることができた。山が1つのもの、複数の山があるものといろいろであるが、日中韓 ASEAN8 の山型のグラフは、期間を通して、中国→ASEAN8→韓国→日本の順に、横軸を左から右方向へと山が連なるように描かれていることが大まかではあるが観察された。すなわち中国・ASEAN8 は主に低付加価値財に、日本・韓国は主に高付加価値財に、比較優位の品目群が存在しているといえる。これは、日中韓 ASEAN8 の対米輸出には「雁行形態的な輸出構造」が存在することを意味している。

　また、中国の工業製品の対米輸出額は、GDPの成長率よりさらに速いスピードで規模拡大をした。このことは、日中韓 ASEAN8 の対米輸出構造の比較に大きな影響を与えることとなった。対米輸出競合度を算出するとき、日韓 ASEAN8 相互の対米輸出競合度は、期間を通してそれほど大きな変化はみられなかった（ただし、1999年の C_{ka} は除く）。しかし、日韓 ASEAN8 の中国との対米輸出競合度は程度の差はあるとはいえ、いずれも徐々に高くなってきたこと、そして中国の日韓 ASEAN8 との対米輸出競合度はそれとは逆に、いずれも徐々に低くなってきたことを確認した。図表4の縦軸を品目別対米輸出金額に変更して、中国の対米輸出構造の山型のグラフを実際に描いてみると、競合度の結果がよくわかる。特に2003年・2007年の中国の対米輸出構造の山型のグラフは、低付加価値財の領域に対応する部分において、日本・韓国・ASEAN8 の山型のグラフをほとんど覆いかぶさるように描かれることがわかる（付図表Aを参照）[23]。

200　第2部　日中貿易の実証分析

　関（2002a）は、1990年-2000年の期間、日本と中国の工業製品の対米輸出について、競合的な関係というよりは補完的な関係にあると結論した。われわれは彼の分析方法を1999年から2007年の期間に延長して適用を試みた。その結果、延長した期間における、日本と中国の工業製品の対米輸出は、関（2002a）と同様に引き続き、競合的な関係というよりは補完的な関係にあると結論することになった。しかしながら、これまでの議論から明らかなように、中国の日本との対米輸出競合度は徐々に低くなってきたのに対して、日本の中国との対米輸出競合度は徐々に高くなってきたことを（1999年には17.5％であったが、2007年には34％となった）、われわれの結論の留意事項として付け加えておく必要がある。

4　IT関連製品における日中韓ASEAN8の対米輸出構造の算出結果

　前節では日中韓ASEAN8の工業製品の対米輸出構造について統計的な数値を使用して議論を行なったのに続いて、本節では前節同様に、関（2002a）の議論に対応するIT関連製品について議論を行なう。なお、IT関連製品の品目分類は、JETROの分類[24]にしたがって、①コンピュータ・周辺機器類、②事務用機器類、③通信機器、④半導体等電子部品類、⑤その他電気・電子部品、⑥映像機器類、⑦音響機器、⑧計測器・計器類の8分類に構成されている。

---

[23]　関（2002a）は、縦軸を工業製品の対米輸出金額をとって、日本と中国の対米輸出構造の山型のグラフを1990年・1995年・2000年について示している。そこでの中国のグラフは左寄りの低くて小さい山型のグラフが、他方、日本のグラフは右寄りの高くて大きな山型のグラフが描かれている。しかし、年とともに中国のグラフは、相対的に左寄りであることには変わりはないが、高くて大きな山型のグラフへと変化していることが観察できる。

[24]　http://www.jetro.go.jp/world/statistics/には、IT関連製品の9分類のHS2007の分類番号が掲載されている。しかし、本章で用いる貿易データはHS96分類であるため、IT関連製品は8分類になり、8443.31, 8525.80, 8486を除いた分類番号になっている。これは、関（2002a）のIT関連製品8分類と同一のものである。

第 8 章　日中韓 ASEAN の対米輸出構造の比較　201

図表 6　日中韓 ASEAN8 の IT 関連製品の対米輸出規模と工業製品に占める割合

	1999	2003	2007	1999	2003	2007
日本	2.2	1.3	1.2	30.2	21.1	15.2
中国	1.0	2.4	5.7	21.3	28.1	31.1
韓国	0.9	0.7	0.8	50.7	38.5	34.0
ASEAN8	2.5	2.0	2.5	64.0	52.8	45.5

出所：OECD の HS96 分類の貿易データより作成。

図表 7　日中韓 ASEAN8 の IT 関連製品における対米輸出高度化指標の偏差値

IT 関連製品	1990	1999	2000	2003	2007
日本	54.5	52.8	55.5	54.3	56.2
中国	33.9	41.7	40.7	44.3	45.1
韓国	46.2	50.3	49.7	50.5	51.5
ASEAN8		48.8		48.5	49.6

出所：OECD の HS 分類の貿易データより算出。
1990・2000 年の数値は関（2002a）より引用。

4-1　日中韓 ASEAN8 の IT 関連製品の対米輸出規模と割合

1999 年-2007 年の期間における日中韓 ASEAN8 の IT 関連製品の対米輸出は、どのような展開をしたかについて先ず総額で見てみよう。**図表 6** の左側は、1999 年の中国対米輸出額を 1 として表した数値であり、図表の右側は、それぞれの国・地域の工業製品対米輸出額に占める IT 関連製品対米輸出額の割合を示した数値である。

1999 年には ASEAN8 の IT 関連製品対米輸出額が、日中韓のそれよりも大きい状態にあった。しかし 2007 年には中国の対米輸出額は日韓 ASEAN8 を大きく抜いた状態になったことがわかる。また、IT 関連製品対米輸出の工業製品に占める割合は、中国は上昇傾向にあるのに対して、日韓 ASEAN8 は低下傾向にある。このことより、IT 関連製品における中国と ASEAN8 の競合関係は激しさを増してきたと推察される。

図表 8　日中韓 ASEAN8 の IT 関連製品における対米輸出構造の図

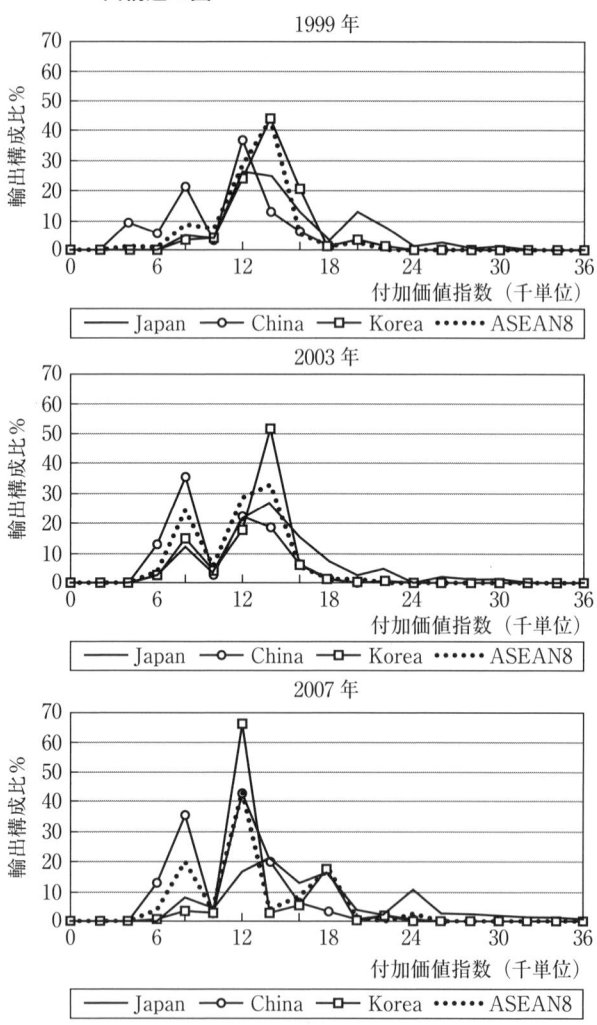

4-2　日中韓 ASEAN8 の IT 関連製品の対米輸出偏差値

　OECD の HS96 分類による IT 関連製品数は 229 品目がある。これらの品目を利用して日中韓 ASEAN8 の対米輸出高度化指標を算出し、前節と同様

の計算手続きを行なって**図表7**のように偏差値を求めることができる[25]。

1999年-2007年を通して、IT関連製品の日中韓ASEAN8の対米輸出高度化指標の偏差値の順位は、日本＞韓国＞ASEAN8＞中国と変わっていないことを先ず確認することができる。中国のこの期間のIT関連製品の対米輸出は他の日韓ASEAN8と比較して顕著に規模を拡大させたにもかかわらず、順位は工業製品の偏差値の順位と同じであった。

4-3　日中韓ASEAN8のIT関連製品の対米輸出構造の図

偏差値による比較に加えて、日中韓ASEAN8のIT関連製品の対米輸出構造の図が参考になる。**図表8**は、図表4と同様の形式で横軸にはIT関連製品の付加価値指数を2,000刻みでまとめ、縦軸にはそれに対応するIT関連製品の対米「輸出構成比（％）」をとって、対米輸出構造の図を示すことができる[26]。

日中韓ASEAN8の各偏差値は、1999年から2007年へと順序を変えずに同じかあるいは高くなっている。ところが、ここでの図表8を観察すると、IT関連製品をまとめて描いているために、IT関連製品の8分類を特定化することはできないが、ある特徴が見られる。まず1999年には日中韓ASEAN8の対米輸出構造の山型のグラフは、いずれも付加価値指数12,000-14,000の範囲で高い輸出構成比を集中させている。次に2003年と2007年には日中韓ASEAN8の対米輸出構造のグラフは、8,000-14,000の範囲で高い輸出構成比の山があり、国・地域により高さは異なるが、いずれも2つあることが確認できる（ただし、2007年の日本の対米輸出構造のグラフは、全体的に右方向にシフトしている）。そして最後に上述の日中韓ASEAN8の偏差値の順序が、日本・韓国・ASESAN8・中国となっている背景には、対米輸出構造のグラフの高い山とそれに対応する付加価値指数そして付加価値指標の数値が反映していると思われる。

---

[25] IT関連製品8分類それぞれについて、日中韓ASEAN8の各年の偏差値を算出することは可能であるがここでは深く立ち入らない。
[26] 図表8の横軸には同様にグループ化した付加価値指標をとり、縦軸にはそれに対応したIT関連製品の品目別「輸出シェアS_{ij}」をとった対米輸出構造の図もえられるが、脚注20で述べたように言及するに留める。

図表 9 日中韓 ASEAN8 の IT 関連製品における対米輸出競合度

		IT 関連製品				
		1990	1999	2000	2003	2007
日本	C_{jc}	3.5	34.3	31.8	65.2	79.2
	C_{jk}		31.3		30.5	29.5
	C_{ja}		58.4		55.8	56.7
中国	C_{cj}		74.5		35.7	16.8
	C_{ck}		38.7		22.0	13.3
	C_{ca}		73.2		55.4	35.2
韓国	C_{kj}		77.4		57.3	43.0
	C_{kc}		44.1		75.4	91.3
	C_{ka}		87.4		64.4	70.7
ASEAN8	C_{aj}		49.7		36.7	26.9
	C_{ac}		28.8		66.4	78.6
	C_{ak}		30.1		22.5	23.0

出所：OECD の HS 分類の貿易データより算出。1990・2000 年の数値は関 (2002a) より引用。競合度が約 50％ を超える枡目は網かけになっている。

4-4 日中韓 ASEAN8 の IT 関連製品の対米輸出競合度

IT 関連製品の輸出規模を考慮して雁行形態的な対米輸出構造の推移を議論するには、前節 (3-4) と同様に対米競合度を算出して比較する必要がある。**図表 9** は、日中韓 ASEAN8 の IT 関連製品の対米輸出競合度をまとめたものである。

日中韓 ASEAN8 の対米輸出規模を示した、工業製品の図表2と IT 関連製品の図表6からわかるように、IT 関連製品の対米輸出額の増加の方が工業製品の対米輸出額の増加より顕著であることを反映して、工業製品の競合度より IT 関連製品の競合度の方が全般的に高い数値を示している。IT 関連製品の工業製品に占める割合は、国・地域によって程度の差はあるが、かなり高い数値を示していることから、IT 関連製品の対米輸出構造についてさらに掘り下げて議論する意義は大きい。

以下の図表9の議論に役立つように**図表 10** を併せて作成した。図表の列には IT 関連製品 8 分類を、図表の行には 1999 年・2003 年・2007 年の日中韓

第 8 章　日中韓 ASEAN の対米輸出構造の比較　205

図表 10　日中韓 ASEAN8 の IT 関連製品 8 分類別の対米輸出の構成比率

	日本			中国			韓国			ASEAN8		
	1999	2003	2007	1999	2003	2007	1999	2003	2007	1999	2003	2007
1	35.4	33.1	13.9	41.4	50.8	44.3	34.8	29.1	19.4	53.9	59.7	46.3
2	4.6	1.2	0.1	4.5	1.5	0.5	0.4	0.2	0.1	0.8	0.5	0.5
3	8.4	6.4	9.4	12.4	13.7	22.1	11.0	45.7	48.8	4.7	13.2	19.7
4	18.0	6.2	16.9	3.9	1.2	2.3	42.3	4.6	17.0	28.0	8.7	18.1
5	12.8	16.0	21.6	20.3	12.2	10.3	6.2	6.8	7.0	4.7	5.1	5.3
6	12.2	25.6	21.8	9.3	14.6	15.8	4.5	11.7	5.7	6.2	9.6	5.8
7	2.0	1.1	0.4	5.2	3.0	2.1	0.2	0.7	0.1	1.0	1.0	0.4
8	6.5	10.5	15.9	3.1	3.0	2.4	0.5	1.1	1.8	0.9	2.1	3.9
合計	100	100	100	100	100	100	100	100	100	100	100	100

出所：OECD の HS 分類の貿易データより算出。構成比率が 10％ を超える枡目には網かけになっている。
8 分類は、①コンピュータおよび周辺機器類、②事務用機器類、③通信機器、④半導体等電子部品類、⑤その他電気・電子部品、⑥映像機器類、⑦音響機器、⑧計測器・計器類である。

ASEAN8 をとり、それぞれの対米輸出構成比率が示されている。

　日本からみた競合度 C_{jn} $(n=c,k,a)$ では、中国との競合度 C_{jc} が年とともに高くなり、2003 年には 65％ を超え、2007 年には 80％ に近付いていることから、IT 関連製品を対米輸出する日本にとって、中国とは競合的な関係にあるといえる。さらに ASEAN8 との競合度も対象期間を通して 60％ 弱を保っていることから、ASEAN8 は中国よりは高くないが、日本にとって競合的な関係にあるといえよう。これに対して韓国との競合度は対象期間を通して 30％ 前後にとどまっている。このような結果は、IT 関連製品の対米輸出の規模拡大が顕著な中国と AEEAN8 において、特に分類 1 の「コンピュータ・周辺機器類」の輸出構成比率が 40％～50％ という高い数値（図表 10 を参照）を示していることが影響していると言える。

　中国からみた競合度 C_{cn} $(n=j,k,a)$ では、日本・韓国・ASEAN8 との競合度がいずれも年とともに顕著に低くなっている。中国は IT 関連製品の対米輸出の規模拡大によって日韓 ASEAN8 との競合的な関係を低下させているといえる。とはいえ、中国にとって ASEAN8 は、1999 年には 73％、2007 年

には35％の競合度をもつ存在になっている。

　韓国からみた競合度 C_{kn}（$n=j, c, a$）では、日本との競合度は低下傾向にあるが、中国・ASEAN8との競合度は、いずれも高い数値を示している。このことは、韓国は中国・ASEAN8との間でIT関連製品の対米輸出において強い競合的な関係にあるといえる。このような結果には、中国・ASEAN8に比べて韓国のIT関連製品の対米輸出規模が相対的に小さいことが影響していると思われる。

　ASEAN8からみた競合度 C_{an}（$n=c, k, a$）では、中国との競合度が顕著に高く、2003年には66％、2007年には79％という数値を示している。ASEAN8にとって、工業製品でみた際と同様にIT関連製品においても、対米輸出において中国は競合的な関係が強い存在になっていることがわかる。他方、日本・韓国に対しては競合度が年とともに低下していることから、競合的な関係というよりは補完的な関係になりつつあるといえる。

　ここで、第4節の議論をまとめておくことにしよう。日中韓ASEAN8のIT関連製品の対米輸出高度化指標の偏差値は、日本＞韓国＞ASEAN8＞中国という順位を、1999年から2007年の期間を通して変わらずに維持されてきた。しかしながら、それに対応するIT関連製品の対米輸出構造の図である図表8をみるとき、日中韓ASEAN8の山型のグラフは、第3節の図表4のように、左から右方向に山が連なる「雁行形態的な輸出構造」の図を観察することは困難であるといえる。図表8において、1999年には日中韓ASEAN8それぞれの対米輸出構成比の高い数値はいずれも付加価値指数が12,000-14,000になっていたし、2003年・2007年には山型のグラフが複数の山をもつようになっていて、「雁行形態的な輸出構造」の図として山型のグラフが連なる状況を観察することはできなかった。また、日中韓ASEAN8のIT関連製品の対米輸出競合度をそれぞれ比較するとき、中国の突出した対米輸出増の影響が色濃く現われることとなった。中国の日韓ASEAN8との対米輸出競合度はいずれも低下傾向を示したのに対して、日韓ASEAN8それぞれの中国との対米輸出競合度は増加傾向を示した（1999年の日本の中国との対米輸出競合度は34.3％であったが、2007年には79.2％にまで上昇した）。このことは、図表8の縦軸を対米輸出金額にすることによってえられる対米

輸出構造の図を描き、山型のグラフを観察することにより確認することができる。特に2007年の対米輸出構造の図において、中国の山型のグラフが、ASEAN8・韓国・日本の山型のグラフの多くの部分、特に横軸の相対的に低い付加価値指数の領域に対応する部分を、上から覆いかぶさるように描かれることと符合する（**付図表Bを参照**）。

関（2002a）は、1990年-2000年の期間におけるIT関連製品の対米輸出について分析をした結果、日本と中国は工業製品だけでなくIT関連製品に限定した場合においても、両国のIT関連製品の対米輸出は競合的関係というよりは補完的関係がまだ強いと結論している。われわれのここでの分析は、IT関連製品に関しては、関（2002a）の結論を追認できないという結論になっている。確かに、IT関連製品の対米輸出高度化指標の偏差値では、日本は中国を上回る数値がえられているが、IT関連製品の対米輸出構造の図および対米輸出競合度では、雁行形態的な輸出構造は明確に観察できないだけでなく、日本からみた中国の存在は、IT関連製品の対米輸出に関しては、すでに補完的な関係というよりは競合的な関係となっているといえるのである。

5　おわりに

関（2002a）は、1990年-2000年の期間、日本と中国の工業製品およびIT関連製品の対米輸出構造について、彼が開発・提案した「付加価値指標・輸出高度化指標の偏差値・競合度」などの統計的な数値を適用して、「雁行形態的な対米輸出構造」が存在することを明らかにした。そして、日本と中国の工業製品およびIT関連製品の対米輸出は、競合的な関係にあるというよりは補完的な関係にあると結論した。

本章は、関（2002a）の分析手法を踏襲しながら[27]、1999年-2007年の期間、

---

[27] 分析に使用されたデータについて述べておきたい。関（2002a）では、対米輸出額については「*U.S. Imports History*」（米国商務省）、1人当たりGDPについては名目ドル表示GDPを使用しているのに対して、本章では、対米輸出額については「*International Trade by Commodity Statistics*」（OECD）のHS96貿易データ、1人当たりGDPについては世界銀行のPPPドル表示GDPを使用している。われわれの分析は、関（2002a）の単なる延長した適用ではなく、われわれなりに改善を加えたものになっていることに留意されたい。

日中韓 ASEAN8 の工業製品および IT 関連製品の対米輸出について「雁行形態的な輸出構造とその時間的推移」について、実証的な議論を行なったものである。

　先ず当該期間における日中韓 ASEAN8 の工業製品の対米輸出は、日本＞韓国＞ASEAN8＞中国という順位で「雁行形態的な輸出構造」の推移が存在することを確認した。そしてさらに、日本と中国の工業製品の対米輸出は、日本の中国との対米輸出競合度は少しずつ高まってきたとはいえ、競合的な関係というよりは補完的関係にあると結論した。これは関（2002a）の結論と同様の結果となった。

　他方、当該期間における日中韓 ASEAN8 の IT 関連製品の対米輸出は、「雁行形態的な輸出構造とその時間的推移」が存続したという結論を導くことは難しいことを明らかにした。そしてさらに、日本と中国の IT 関連製品の対米輸出は、対米輸出高度化指標の偏差値の比較では日本は 50 以上、中国は 50 以下の数値を示したけれども、両国は補完的な関係を継続したということはできず、むしろ両国は対米輸出において競合的な関係を強めて来たと結論した。これは関（2002a）の結論を追認できないという結論を導く結果となった。

　今後の課題として二つ指摘して締めくくりとしたい。1 つは、本章で使用している輸出品目に対応する付加価値指標に関連することについてである。この指標（および指数）の数値の大小によって、高付加価値財・低付加価値財と呼称して議論を行なってきた。そして、購買力平価ドル（PPP）でみた 1 人当たり GDP の高い国は高付加価値財の対米輸出を、低い国は低付加価値財の対米輸出をすることを想定して議論を行なってきた。この想定（第 2 節（2-4）でも述べている）を裏付ける理論的な説明が、池間（2009）においてなされているが、さらなる明確な理論的議論が必要である。また、本章では高付加価値財・低付加価値財を定義の形で与えているが、2 財の具体的内容については明らかにしていない。付加価値指標（および指数）の品目の背景にある HS96 分類の品目とそれと関連する SITC 分類の品目を突き合わせることによって、その具体的内容—例えば、化学製品・原料別製品（鉄鋼製品など）・一般機器・輸送機器・電気機器・精密機器・軽工業品・繊維衣類というように—

を明らかにする必要がある。

　もう1つは、対米輸出構造に深く関わる要因として、特に中国・ASEAN8における世界からの対内直接投資の役割は極めて重要である。日本企業・韓国企業および欧米企業などが中国・ASEAN8に生産拠点および販売拠点をもつために、中国・ASEAN8へ直接投資を行なっている。そしてその大きな割合が対米輸出となって輸出構造に大きな影響を与えていることが推察される。しかも最近の製造業の直接投資では、企業の全生産工程のすべてが進出先国にまとめて移転されるのではなく、企業の分割された生産工程が生産立地に応じて複数の進出先国に移転されるケースが多くなってきたことも指摘されている。若杉（2009）・木村（2009）では、直接投資を行なう企業は、その生産工程の一部を他国にも移転させながらより適した国際的な生産・流通活動を行なうようになってきたことについて実証的な議論を行なっている。また、貿易品目の内容には、産業単位の最終製品という枠内では十分に扱えない品目（例えば、一般機械・電気機器・自動車などの部品・産業用素材、資本財など）が、多種多様に、貿易品目に含まれるようになってきた。以上のことより、本章で議論する各国・地域の対米輸出構造については、対内直接投資・対外直接投資の要因を明示的に扱った議論が加わる必要がある。さらに、対米輸出の品目を高付加価値財・低付加価値財の区別をするのに加えて、その品目の内容を産業用資材・部品・資本財・消費財など用途別に区分する「BEC分類」を用いることにより、対米輸出構造の内容をより明らかにする必要がある。

　すでに国際貿易は最終生産物のみの輸出入の時代ではなく、国際的な生産・販売ネットワークの中で国際貿易が関わる時代になってきている。このような状況を踏まえた追加的な研究作業を行なうことにより、「雁行形態的な対米輸出構造とその時間的推移」について、一層深く立ち入った研究が可能になると思われる[28]。

---

[28] 本章が扱った期間は1999年-2007年であった。期間を拡張すること、輸出の貿易データだけでなく輸入の貿易データも扱い議論を拡張することなどの研究も継続することが望まれる。

参考文献

池間誠（2009）「雁行型経済発展の形態論」池間誠編著『国際経済の新構図—雁行型経済発展の視点から—』文眞堂，第3章

木村福成（2009）「東アジア経済の新たな潮流と雁行形態論」池間誠編著『国際経済の新構図—雁行型経済発展の視点から—』文眞堂，第6章

小島清（2003）『雁行型経済発展論［第1巻］：日本経済・アジア経済・世界経済』文眞堂

小島清（2004）「アジア地域貿易の雁行型発展」『雁行型経済発展論［第2巻］：アジアと世界の新秩序』文眞堂，第4章

関志雄（2002a）「中国の台頭とIT革命で雁行形態が崩れたか—米国市場における中国製品の競争力による検証—」RIETI（独立行政法人経済産業研究所），02-J-006

Kwan, C.H.（2002b）"The Rise of China and Asia's Flying-Geese Pattern of Economic Development: An Empirical Analysis Based on US import Statistics," RIETI Discussion Paper Series 02-E-009, July.

関志雄（2002c）「中国の台頭とIT革命で雁行形態が崩れたか」『NR知的資産創造』野村総合研究所，6月号

関志雄（2002d）『日本人のための中国経済再入門』東洋経済新報社

深尾京司（2003）「中国の産業・貿易構造と直接投資：中国経済は日本の脅威か」伊藤元重＋財務省財務総合政策研究所編著『日中関係の経済分析—空洞化論・中国脅威論の誤解—』東洋経済新報社，第1章

朱立峰・寺町信雄（2010）「日中韓ASEANの対米輸出構造の比較—関論文の分析方法を用いて—」京都産業大学大学院経済学研究科ディスカッション・ペーパー，No. 2010-01

朱立峰・寺町信雄（2011）「日中韓ASEANの対米輸出構造の比較—関論文の分析方法を用いて—」『京都産業大学論集』社会科学系列 no. 28, March, 115-139

若杉隆平（2009）「オフショアリングと新たな国際分業—雁行型経済発展論の再考—」池間誠編著『国際経済の新構図—雁行型経済発展の視点から—』文眞堂，第5章

山澤逸平（2001）「アジア太平洋地域での産業移転」『アジア太平洋経済入門』東洋経済新報社，第3章

第 8 章　日中韓 ASEAN の対米輸出構造の比較　211

付図表 A：3-3 の図表 4 の工業製品の対米輸出構造の図の縦軸に対米輸出金額をとって表した図表である。関 (2002a) の 1990 年・1995 年・2000 年の日中の対米輸出構造の図に比べて、中国の存在が年とともに顕著に大きくなってきていることを確認できる。

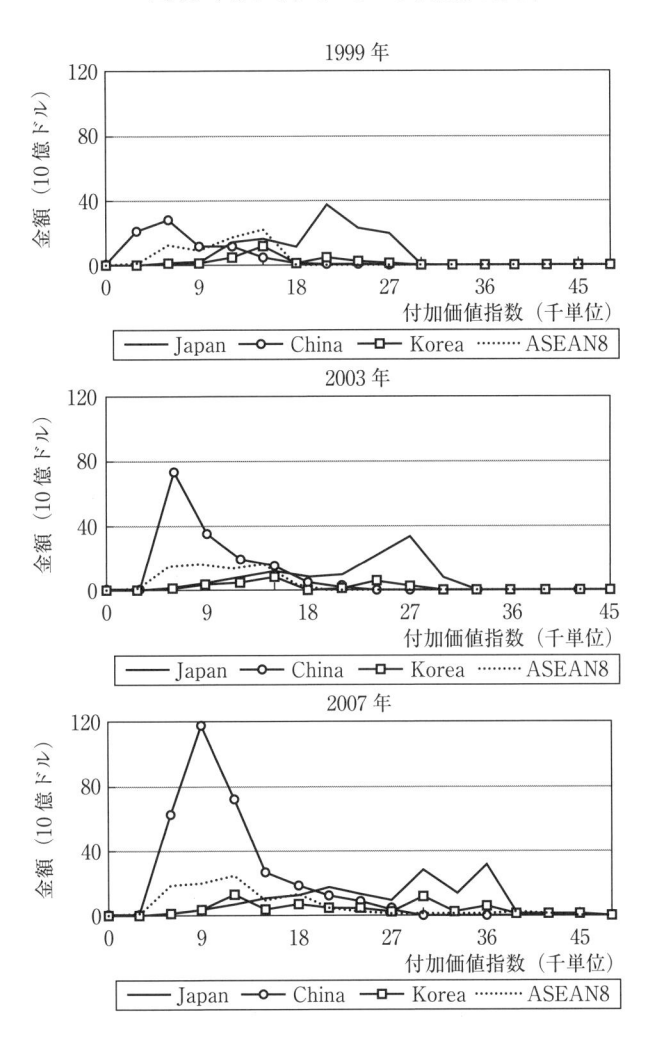

1999 年

2003 年

2007 年

212   第2部　日中貿易の実証分析

付図表 B：4-3の図表8のIT関連製品の対米輸出構造の図の縦軸に対米輸出金額をとって表した図表である。中国の存在が年とともに顕著に大きくなってきていることをここでも確認できる。

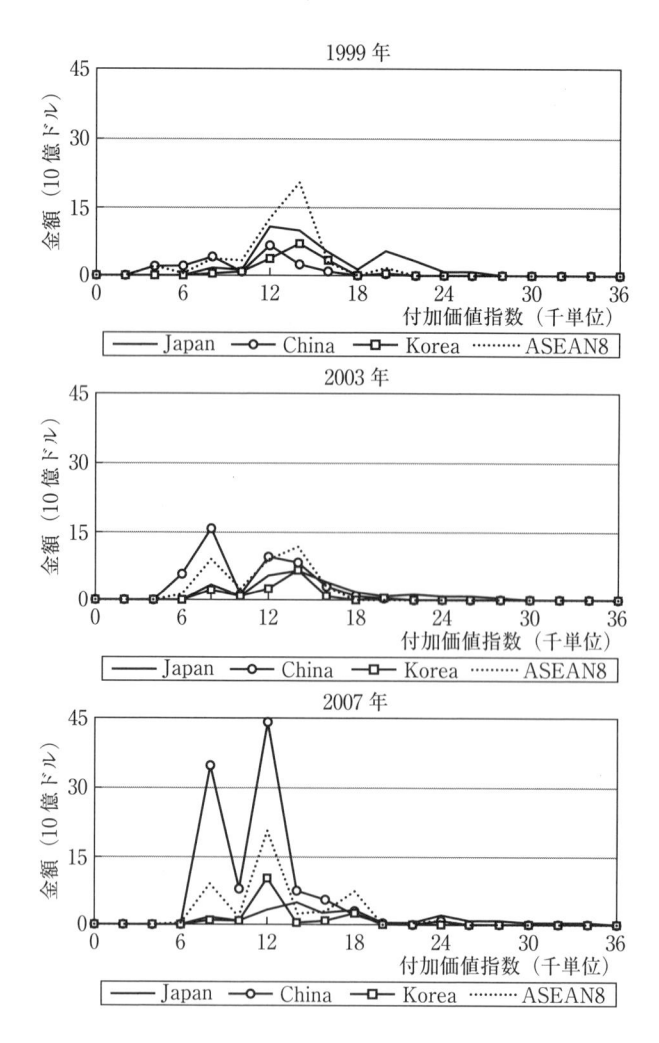

第 9 章　純輸出比率曲線について[1]

1　はじめに

　ある国（あるいは地域、例えば ASEAN）の貿易相手国（あるいは対世界、対地域）との財貿易の状況を図示することによって、貿易構造を明らかにするために開発された分析ツールを「純輸出比率曲線」(Net Export Ratio Curve：NER Curve) という。それは、縦軸に各財の純輸出比率[2]の数値をとり、横軸にその財の貿易規模シェア[3]の累計値の数値をとって表した曲線である。寺町はこれまで論文では寺町 (2006)、寺町 (2007)、寺町 (2008)、寺町 (2009)、Nguyen and Teramachi (2012) で議論を深めてきた。また学部の講義でもある国の貿易構造について説明する際に「純輸出比率曲線」を用いてきた。これまでの研究・講義を通じて、「純輸出比率曲線」に関する導出法、分析方法、メリット・限界について大体わかってきたので、この場を借りて小論としてまとめることにした。

　「純輸出比率曲線」は、貿易構造を扱う分野において例を見ない新しい図表というわけではない。過去の文献では、これに類似した図は提供されてきたし、寺町もその影響を強く受けながら現在の「純輸出比率曲線」の図表に至っている。また、「純輸出比率曲線」の「純輸出比率」という用語も、これまで「貿易特化係数」という用語でしばしば用いられてきた[4]。「純輸出比率曲線」の議論に進む前に、「純輸出比率曲線」を生み出した経緯について先行研究に触れながら議論を進める[5]。

---

[1]　本章の原論文は寺町 (2014) であり、一部を手直しして掲載している。
[2]　ある財 j の純輸出比率の算出式などについては後述する。
[3]　ある財 j の貿易規模シェアの算出式などについても後述する。
[4]　寺町 (2006)、寺町 (2007) において、「貿易特化係数」という用語を実際に用いてきた。しかし、算出する係数は、単に純輸出の比率であるはずなのに、貿易の特化を決定する重要な係数という響きがあり、一方向の貿易、双方向の貿易もありうる可能性の中では強すぎる表現と思われる。このため本章では、「純輸出比率」という呼称を採用している。

先ず、渡辺（1982）の図6-1（p.173）と図6-2（p.175）がある。産業連関分析で使用されるスカイラインマップを想起する図でもある。前者の図は、貿易特化係数（ここでいう純輸出比率）の数値を低い順に22部門の製造業部門について縦軸に並べ、横軸にはそれぞれの部門に対応する「貿易特化係数の数値と貿易収支の値」をとり、各部門の貿易特化係数の点の軌跡と各部門の貿易収支の数値を表わす棒グラフの2つを示している。他方、後者の図では、縦軸に貿易品目の品番を番号順に並べ、さらにそれぞれの貿易品目の（ここでいう）貿易規模シェアの数値に対応した長さを縦軸にとり、横軸には該当する品目の貿易特化係数（ここでいう純輸出比率）の値をとり、各貿易品目の貿易規模シェアの縦軸の幅と貿易特化係数の横軸の長さからそれぞれに該当する矩形グラフをもとめている。われわれの「純輸出比率曲線」のように、純輸出比率（貿易特化係数）の数値を高い順に並べることを基本としているのではなく、貿易品目の貿易特化係数の数値を貿易品目分類の番号順に並べて議論している点が異なっているところである。

もう1つ別の出所として、高中（2000）がある。そこにはバラッサタイプの顕示的比較優位 Revealed Comparative Advantage（RCA）を用いた国別の「RCA構造」の図が導出されている。縦軸にはRCAの数値をとり、横軸にはRCAの高い数値順に貿易品目を並べて、RCAの点の軌跡を示したものである。さらにもう1つ、縦軸には同様にRCAの数値をとり、横軸には輸出比率（ここでいう貿易規模シェアに対応した用語で表現するならば輸出規模シェアとなる）の数値をとり、縦軸のRCAの長さと横軸の輸出比率の幅による矩形グラフを導いている[6]。

渡辺（1982）・高中（2000）は、いずれもわれわれの「純輸出比率曲線」とは異なるものであるが、ある国（あるいは地域）の対外的な貿易構造の特徴を明らかにすることを目的に、貿易データの加工データを用いて曲線を作成して議論するという点は共通している。渡辺（1982）で用いられた加工データは、

---

[5] 寺町（2006）の図5-4（130ページ）では、「純輸出比率（曲線）」という用語ではなく「貿易特化係数（曲線）」と呼称し、曲線の形状も階段状とは異なる折れ線グラフの表現となっている。

[6] これ以外に、特定貿易品目あるいは業種を取り上げ、縦軸には「競争力指数」（ここでいう純輸出比率）を、横軸には年次をとり、特定貿易品目あるいは業種の競争力指数の時系列的な推移について国際間比較をして、「重層的追跡」という呼称で議論がなされている。

第 9 章　純輸出比率曲線について　215

われわれの用語でいえば、各貿易品目の純輸出比率と貿易収支の数値、各貿易品目の純輸出比率と貿易規模シェアの数値である。この点、われわれの「純輸出比率曲線」を導出する加工データを算出する際に大いに参考にしている。しかし、渡辺 (1982) では導出された「矩形型」の曲線から貿易構造の全体像についてはあまり関心を向けてられず、むしろ製造業部門 22 部門の貿易構造変化の傾向に議論の中心が置かれていた。これに対して、われわれの「純輸出比率曲線」は、比較の基準となる基準年の純輸出比率曲線を必ず右下がりの曲線になるように順序付けをして作図し、当該国の対外的な貿易構造を全体としてとらえることに重きを置いて議論をしている。この点は両者の異なるところとなっている。他方、高中 (2000) で用いられる加工データは、各貿易品目の RCA と輸出規模シェアの数値を用いている。これは、われわれが採用している数値とは異なる。しかし、RCA 数値を高い順に貿易品目を並べて、導出される「RCA 構造」の曲線を異時点間において比較することによって貿易構造の特徴を図示している。このわかりやすい手法は、われわれの純輸出比率曲線を導出する際に大いに参考になっている。以上のように、2 つの先行研究の手法を部分的に取り入れながら、われわれの「純輸出比率曲線」の導出が可能になっているといえる。

　以下の第 2 節では「純輸出比率曲線」の導出方法を、第 3 節では 1 つの具体例として「純輸出比率曲線」による日本の対外貿易構造の特徴について議論する。そして、第 4 節ではまとめを述べる。

2　「純輸出比率曲線」の導出法

　「純輸出比率曲線」の座標は、縦軸にはある部門（あるいは財）の「純輸出比率」の数値をとり、横軸には対応するある部門（あるいは財）の累計された「貿易規模シェア」の数値をとる。「純輸出比率 (NER_j)」は、ある部門 j の純輸出額をその部門の輸出額と輸入額の和で除して数値の百分率を表したものである。算式で示せば、ある部門 j の「純輸出比率 (NER_j)」は、輸出額を EX_j、輸入額を IM_j とすると、

$$NER_j = [EX_j - IM_j]/[EX_j + IM_j]*100$$

と表すことができる。算式の数値がプラス100に近いほど、輸出額は輸入額に比べて大きいことを、数値がマイナス100に近いほど、輸入額は輸出額に比べて大きいことを、そして数値がゼロに近いほど、輸出額と輸入額は同程度の大きさであることを意味する[7]。純輸出比率の算式から、ある部門の純輸出比率が正値であるときには、その部門の輸出額が輸入額を上回り、純輸出比率が負値であるときにはその逆に輸入額が輸出額を上回る。このことから、前者の場合にはその部門を「輸出財」部門、後者の場合にはその部門を「輸入財」部門と呼称することにする。

他方、「貿易規模シェア」（Trade Scale Share：TSS）は、ある部門（あるいは財）jの輸出額と輸入額の和を輸出総額と輸入総額の和で除した数値の百分率で表わしたものである。算式で示せば、ある部門jの「貿易規模シェア（TSS_j）」は、輸出額の合計を$\sum_j(EX_j)$、輸入額の合計を$\sum_j(IM_j)$とすると、

$$TSS_j = \left\{ \frac{EX_j + IM_j}{\sum_j(EX_j + IM_j)} \right\} * 100$$

と表わすことができる。数値は0から100の間の数値をもち、対象とする貿易品目の輸出額と輸入額の和の大小により、その貿易規模シェアの数値も大小となり、すべての部門の貿易規模シェアの累計値は100となる。

ところで、純輸出比率について3点ほど、もう少し立ち入って議論をしておきたい。純輸出比率の算式に類似した算式に「貿易重複度（TOL：Trade of Overlapping）」がある。ある部門jの「貿易重複度（TOL_j）」は、

TOL_j
$= Min[輸出額 EX_j, 輸入額 IM_j]/Max[輸出額 EX_j, 輸入額 IM_j]$

と表される。この算式は、産業内貿易について議論する石田（2011）、石戸他

---

[7] 純輸出比率の数値は百分率で表しているが、小数値で表しても問題ない。その場合には、算式の数値がプラス1に近いほど輸出額が輸入額に比べて多いことを、数値がマイナス1に近いほど輸入額が輸出額に比べて多いことを、そして数値がゼロに近い場合には輸出額と輸入額が同程度の大きさであることを意味する。

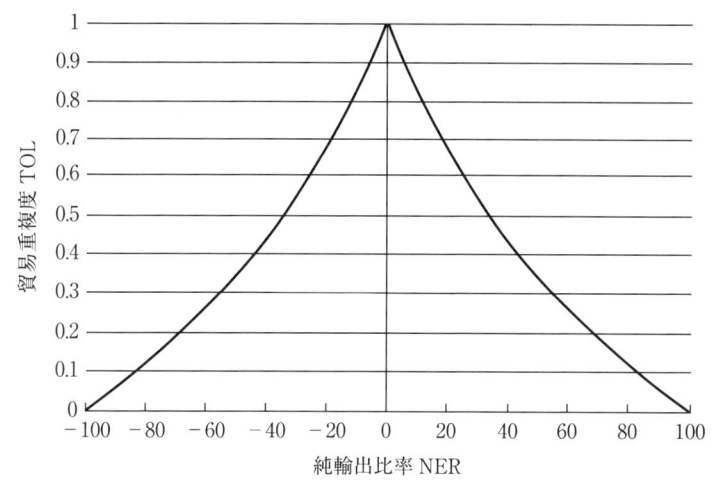

図1 純輸出比率 NER と貿易重複度 TOL

（2005）などの論文において多数採用されている。「純輸出比率」と「貿易重複度」は一見関連していないように思われるが、両者は各部門の輸出額と輸入額を用いて算出した数値であることから、**図1**において示すように、両者は密接な関連をもっていることがわかる[8]。「純輸出比率」の数値を横軸にとり、それに対応する「貿易重複度」の数値を縦軸にとっている。ある部門の輸出額と輸入額が重複する程度が大きい場合には、「貿易重複度」の数値は1に近い。ある部門の輸出額と輸入額が重複する程度が小さい場合には、「貿易重複度」の数値は0に近い。これに反して、「純輸出比率」は前者の場合には0に、後者の場合には100あるいは－100に近い数値をとり、純輸出比率と貿易重複度は直線的ではないが逆比例的な関係をもつことがわかる。ある部門の貿易重複度の数値が0.1であるとき、それに対応する「純輸出比率」の数値は、±81.818となる。輸出額と輸入額の規模が10倍の開きがある場合の数値である。このように両者には密接な関連があることがわかる。

さらに第2点では、ある部門（あるいは財）の「純輸出比率」の数値が、±

---

[8] 図1は、仮想的な輸出額と輸入額をNERとTOLの式に代入するシミュレーション計算によって描かれている。初出は寺町（2008）である。

218　第2部　日中貿易の実証分析

表 1　越日貿易の NER と TSS

NER（%）	1991-95	1996-00	2001-05	2006-10
一次産品	95	92	87	80
軽工業品	58	56	50	48
重工業・機械製品	-97	-65	-38	-33

TSS（%）	1991-95	1996-00	2001-05	2006-10
一次産品	51	31	25	22
軽工業品	19	29	24	21
重工業・機械製品	30	40	51	57

80の範囲内にあるときには産業内貿易に関する用語で「双方向」貿易の部門（財）という。逆に「純輸出比率」の数値が±80の範囲外にあるときには「一方向」貿易の部門（財）という。ここではこの概念の議論はしないが、輸出額と輸入額の倍率が9倍の開き、4倍の開き1.5倍の開き、1倍の開きであるとき、それぞれの純輸出比率の数値は、±80、±60、±20、0となる。したがって、9倍以上の開きがある場合は「一方向」貿易の部門（財）、9倍以下の開きの場合には「双方」貿易の部門（財）ということになる。

　最後に、純輸出比率は正値と負値をもつのに対して、貿易重複度は正値のみをもつ。貿易構造について議論する際に、その部門がどの程度の輸出財部門なのか輸入財部門なのかは、重要な情報である。貿易重複度の数値ではその情報は得られないが、純輸出比率の数値からはそれがえられる。数値が100に近い場合には、その部門（財）は一方向的で輸出財部門だとすることができる。同様に、数値が-100に近い場合には、その部門は一方向的で輸入財部門だとすることができる。他方、純輸出比率の数値が0に近い場合には、正値であればその部門は双方向的な輸出財部門であり、負値であればその部門は双方向的な輸入財部門であるということができる。

　さて、「純輸出比率」と「貿易規模シェア」の説明を用いて、「純輸出比率曲線」を導出する作図法について次に説明することにする。以下の説明に使用する表と図は、Nguyen and Teramachi（2012）において議論した表と図にさらに手を加えたものである。表1はベトナムからみた対日貿易構造をSITC

第 9 章　純輸出比率曲線について　219

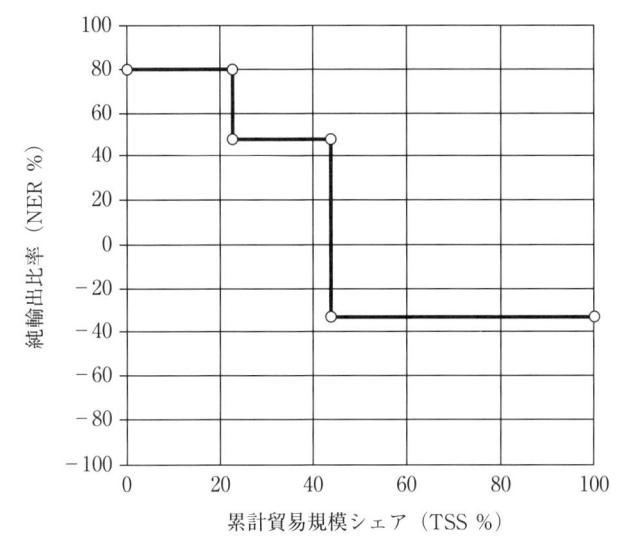

図 2　ベトナムの対日純輸出比率曲線：2006-2010（基準年）

大分類の貿易データを 3 部門[9]に整理しまとめたものである。1991 年から 2010 年を 4 期間に区分し、各期間の各部門の純輸出比率（NER）と貿易規模シェア（TSS）を算出したものである。

表 1 の数値を利用して、基準年とする 2006-2010 年の純輸出比率曲線を導出する。**図 2** の縦軸には、当該期の 3 部門の「純輸出比率の数値」を高い順に並べ、横軸には、それに対応した当該期の「当該部門の貿易規模シェアの累計値」を並べて作図している。さらに、留意すべき点は、作図にあたり、各部門の貿易規模シェアの大きさが横線の長さでわかるように、純輸出比率曲線を階段状の形状となるように、工夫して導出している[10]。図 2 より、ベトナムの 2006-2010 年の対日貿易構造は、一次産品と軽工業品が輸出財部門であり、重工業・機械製品部門が輸入財部門であることが読み取れる。機械製品部門の貿易規模シェアは 57％もあるので、階段状の横の長さが顕著に

---
[9] SITC の 1 桁と 2 桁の分類番号を用いて、一次産品は 0, 1, 2, 3, 4 番を、軽工業品は 65, 8 番（87, 88 を除く）を、重工業・機械製品は 5, 6（65 を除く）, 7, 87, 88 番を集計して 3 部門の貿易データを加工している。
[10] Excel を用いて階段状になるようにデータ入力をして作図する。

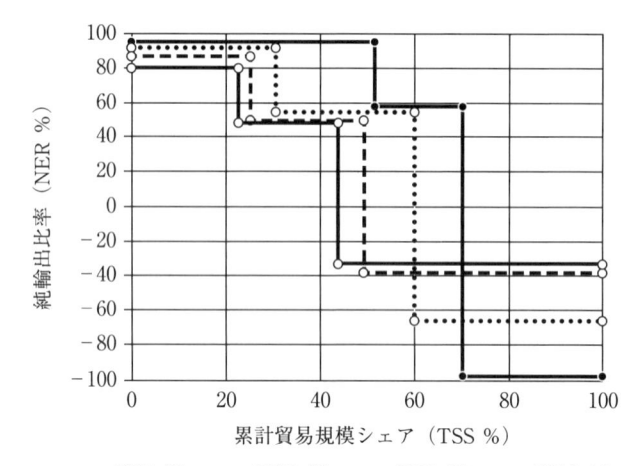

220　第2部　日中貿易の実証分析

図3　ベトナムの対日純輸出比率曲線：1991-2010

　なっていることも読み取れる。
　他の年はどのような貿易構造になっているかという疑問が当然起きている。**図3**はそれに答えるために作図されたものである。基準年と他の年の純輸出曲線を比較するには、1つの約束事が必要である。それは、基準年の各部門の純輸出比率について先ず順序付けを行ない、次に、他の年の各部門の純輸出比率の数値をその順位にしたがって並べ替え、各年に対応した純輸出比率曲線を作図することである。図3を見ると、いずれの純輸出比率曲線も右下がりの階段状の曲線となっている[11]。いつもこのような曲線の推移が見られるわけではなく、時系列的な推移によっては階段が基準年期の右下がりの形状とは異なり、上下に凸凹した形状を含む曲線になる場合が大いにあることを知っておく必要がある。以上が複数年を含む純輸出比率曲線の導出法である。
　純輸出比率曲線の導出に関わることでさらに追加すべき点を2・3点述べ

---

[11] 図3を用いた1991年-2010年におけるベトナムの対日貿易構造の場合にはすべての曲線が右下がりとなっているが、いつもこのようにすべての曲線が右下がりになるとは限らない。さらなるベトナムの対日貿易構造の議論は、Nguyen and Teramachi（2012）を参照のこと。

ておきたい。

　第1に、純輸出比率曲線群の図は図3のように描かれる。その場合、輸出財部門と輸入財部門が何でそれがどの程度の強さで起きているかを明確にするためには、図には必ず各年と各部門の純輸出比率の数値と貿易規模シェアの数値をまとめた表（ここでは表1がそれに相当する）を付属表としてセットで掲載する必要がある。ここでいう「純輸出比率曲線」とは、複数年の純輸出比率曲線群の図と、それに付属する純輸出比率と貿易規模シェアの数値をまとめた表を併せて提示する図表であることを意味している。第2に、純輸出比率曲線群が上下に凸凹した階段状の形状を含む場合には、順位相関係数という統計的な処理をして貿易構造の変化の程度を数値によって明らかにする必要がある[12]。第3に、ここでの例は、時系列的な純輸出比率曲線群の比較であったが、同じ年における異なる貿易相手国との貿易構造を比較する議論も可能である。

3　具体的な例：純輸出比率曲線による日本の対外貿易構造

3-1　4部門による純輸出比率曲線

　純輸出比率曲線を具体的に理解するために、日本の対外貿易構造をケース・スタディとして取り上げる[13]。1979年-2013年の35年間の日本の対世界貿易構造について、SITC分類の4部門（一次産品・軽工業品・重工業品・機械製品）でみた純輸出比率曲線は、**図4**と**表2**で示すことができる[14]。基準年は1999-2003年としている。4つの年の純輸出比率曲線はいずれも単調な右下がりの階段状の曲線という形状になっている。基準年の曲線は必ず単調な右下がりの曲線となるが、他の年期についても途中で階段の上下凸凹がない曲線群となっている。

　1979年から2013年の35年間を通して、日本は一次産品と軽工業品[15]を輸入財部門とし、重工業品と機械製品を輸出財部門とする貿易構造を継続して

---
[12]　スピアマンの ρ による順位相関係数の具体的な議論は第3節で行なわれる。
[13]　東アジアの貿易相手国の輸出入額である貿易額に占める対日輸出シェア・対日輸入シェアは、近年中国との貿易額が急激に増加してきたことを受けて低下傾向にある。詳しくは第10章第2節の議論を参照のこと。ここでは純輸出比率曲線に関わることのみを議論する。

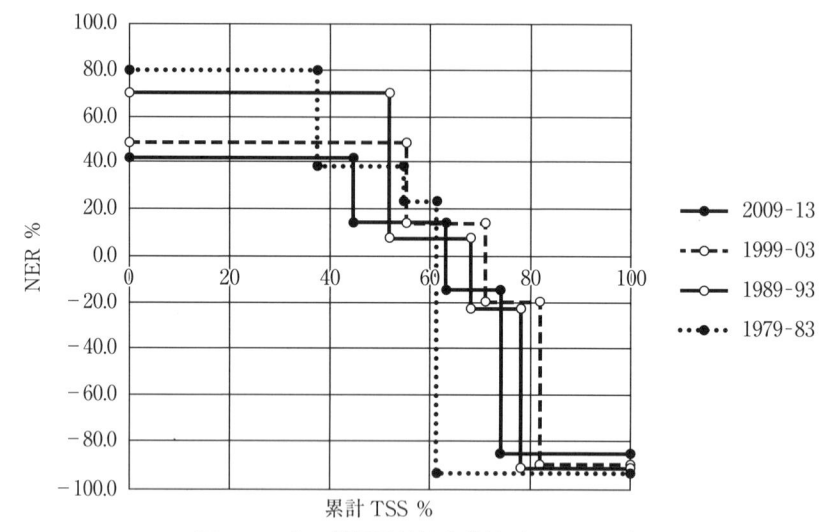

222　第2部　日中貿易の実証分析

図 4　日本の対世界純輸出曲線 (1979-2013)

行なってきたことを確認することができる。各部門の純輸出比率および貿易規模シェアには時の経過とともに変化が見られる。特に、日本の輸出財部門である機械製品の純輸出比率の数値は徐々に低下傾向になること、さらに、軽工業品と一次産品の純輸出比率のマイナス値が低下傾向にあることも注目すべき点である。これは、それぞれの輸出額と輸入額の差額が相対的に縮小することであり、一方向的な貿易ではなく双方向的な貿易構造になりつつあることを意味している。しかし、SITC貿易データは細分類では約3000品目

---

[14] 以下の議論で使用する貿易統計について、輸出額は *fob* 表示のドル建てを、輸入額は *cif* 表示のドル建てを用いている。ここでの議論では、輸出額と輸入額を同じ扱いをした貿易統計を使用することが望ましい。すなわち、A国のB国への *fob* 輸出額を貿易統計として用いるのであれば、A国のB国からの輸入額はA国の *cif* 輸入額ではなく、B国のA国への *fob* 輸出額の貿易統計を用いることが望ましいことを意味する。*cif* 貿易統計であれば、輸出額も輸入額も *cif* 表示のデータということになる。しかし、A国のB国からの *cif* 輸入額とB国のA国への *fob* 輸出額の乖離額、A国のB国への *fob* 輸出額とB国のA国からの *cif* 輸入額の乖離額は単に *fob* と *cif* の違いの額だけであるとは理解できない以上の大きな乖離の額となっている。このことを理由に、扱う貿易統計データをわざわざ *fob* 表示あるいは *cif* 表示に統一するよりは、A国の *fob* 表示の輸出額とA国の *cif* 表示の輸入額をA国の貿易統計として利用した方がまだ誤差が少ないという判断をしている。

[15] 軽工業品は1979-83年には輸出財部門であったことを付記しておく。

表 2 日本の対世界純輸出比率 (NER) と貿易規模シェア (TSS)

NER	1979-83	1989-93	1999-03	2009-13
機械製品	79.8	70.4	49.1	43.0
重工業品	39.2	8.6	15.2	15.3
軽工業品	24.3	−22.4	−19.0	−14.2
一次産品	−93.4	−91.0	−89.4	−84.3

TSS	1979-83	1989-93	1999-03	2009-13
機械製品	37.2	51.7	54.8	44.4
重工業品	17.3	16.3	15.8	18.5
軽工業品	6.7	9.9	11.1	10.8
一次産品	38.8	22.1	18.3	26.3

出所：OECD, ITCS, SITC ver2 貿易データ。1999-03 年を基準年とし網かけにしている。

もあり、それらを4部門に集約した貿易データを扱う極めて大雑把な議論であることにも留意しなければならない。

　以下では、4部門の貿易財を10種類にもう少し細分化した貿易データにした場合と、ある年の輸出額と輸入額を主要な貿易相手国に分解する貿易データにした場合の2つのケースについて、純輸出比率曲線を用いた日本の対外貿易構造の特徴をさらに議論する。

3-2　10業種による純輸出比率曲線

　1979年から2013年までを5年ごとに平均をもとめ、1979-83年、1989-93年、1999-2003年、2009-13年の4期[16]をとりだし、1989-93年を基準年として作図したのが図5である。図5の付属表である表3には、各年の10業種[17]

---

[16] 1969-73年の純輸出比率曲線は図5にはない。それを加えると図が煩雑になりすぎるために除いている。

[17] SITC分類の1桁と2桁の番号を用いて4部門から10業種に再分類を行なっている。一次産品は食料品と原油・原材料に区分し、前者を0,1,4とし、後者を2,3としている。軽工業品は繊維・繊維製品とその他軽工業品に区分し、前者を65,84とし、後者は84,87,88を除く8,9としている。重工業品は化学製品と原料別製品に区分し、前者を5とし、後者は65を除く6としている。機械製品は一般機械・電気機械・輸送機械・精密機械の4つに区分し、一般機械は71,72,73,74,75とし、電気機械は76,77とし、輸送機械は78,79とし、精密機械は87,88としている。

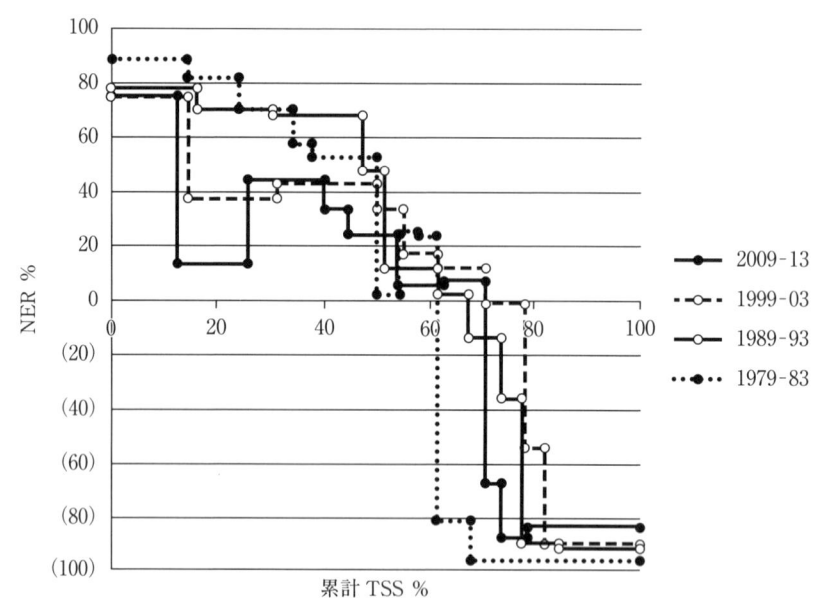

224　第2部　日中貿易の実証分析

図5　日本の対世界純輸出比率曲線

の純輸出比率（NER）と貿易規模シェア（TSS）がまとめられている。表3には、1969-73年の数値も掲載されている。4部門の純輸出比率曲線を表す図4に比べて10業種の純輸出比率曲線は単調な階段状の右下がりになっているのは、基準年期の1989-93年のみであり、他の年の純輸出比率曲線は、上下に凸凹した階段状の曲線になっている。図5と表3を用いながら、日本の対外貿易構造の特徴について議論する。

　日本の対世界に向けての輸出財部門は、45年間継続して、輸送機械、電気機械、一般機械、精密機械、原料別製品、化学製品であった。その他軽工業品および繊維・繊維製品については、基準年の1989-93年以降、輸出財部門から輸入財部門に移行している。さらに食料品および原油・原材料は45年間継続して輸入財部門となってきた。以上3点は、日本の経済発展による産業構造の変化に伴った対外貿易構造変化の特徴であるとして、従来から指摘されてきた点であり、このことは図5の純輸出比率曲線群によって確認でき

表 3 日本の対世界純輸出比率 (NER) と貿易規模シェア (TSS)

JPN WRD NER	2009-13	1999-03	1989-93	1979-83	1969-73
輸送機械	75.7	75.5	77.8	88.7	84.5
電気機械	13.8	37.9	70.5	82.4	80.7
一般機械	44.2	42.6	68.5	71.1	35.8
精密機械	33.4	34.0	48.4	58.5	48.8
原料別製品	24.5	17.4	12.1	53.3	49.7
化学製品	5.9	12.9	2.8	2.6	14.0
その他軽工業品	7.3	−0.5	−13.7	25.0	32.4
繊維・繊維製品	−67.0	−54.2	−35.6	23.6	57.3
食料品	−87.3	−89.8	−90.0	−81.2	−66.6
原油・原材料	−83.7	−89.3	−91.4	−95.7	−92.5

JPN WRD TSS	2009-13	1999-03	1989-93	1979-83	1969-73
輸送機械	12.6	14.6	16.2	14.4	12.3
電気機械	13.3	17.6	14.4	9.7	7.9
一般機械	14.2	17.7	17.1	10.0	8.9
精密機械	4.2	5.0	4.0	3.1	2.8
原料別製品	9.4	8.3	10.1	12.5	15.8
化学製品	9.1	7.5	6.2	4.8	5.6
その他軽工業品	7.6	7.3	6.0	3.3	4.0
繊維・繊維製品	3.1	3.8	3.9	3.4	6.5
食料品	4.7	5.9	6.8	6.4	8.8
原油・原材料	21.6	12.3	15.4	32.5	27.3

出所：OECD, ITCS, SITC ver2 貿易データ。1989-93 年を基準年とし網かけにしている。

る。

　図5と表3はさらに輸出財部門の推移について注目すべき特徴がみられる。輸送機械の純輸出比率は期間を通して大きな変化はないが、電気機械・一般機械・精密機械の純輸出比率の数値は低下傾向にあり、特に一般機械・電気機械において顕著である。このことは産業内貿易すなわち一方向貿易でなく双方向貿易が日本と世界の貿易相手国の間で起きていることを意味している。他方、繊維・繊維製品の純輸出比率の数値は、輸出財部門から輸入財

表 4　スピアマン ρ による順位相関係数

順位相関係数	1969-73	1979-83	1989-93	1999-03	2009-13
1969-73	1				
1979-83	0.830**	1			
1989-93	0.757**	0.963**	1		
1999-03	0.696*	0.939**	0.975**	1	
2009-13	0.648*	0.896**	0.933**	0.951**	1

ρ=0 の帰無仮説による片側検定をしている。
＊は 5% 有意で、＊＊は 1% 有意で帰無仮説を棄却することを表している。

部門へと移行していることも顕著に示されている。

　各年の貿易構造の変化を統計的な数値によって議論することができる。各年の純輸出比率の数値を大きい順に番号を付けて、その順位が他の年とどの程度類似しているかを示す「スピアマンの ρ による順位相関係数」[18]を算出することができる。順位相関係数の数値が 1 に近ければ双方の年の純輸出比率曲線による貿易構造の順位に変化は少なく、−1 に近ければ双方の年の純輸出比率による貿易構造の順位は全く逆方向の変化になっているし、0 に近ければ双方の年の純輸出比率による貿易構造の順位は全くばらばらで相関関係はないと見ることができる。表 4 は 5 つの年の双方の順位相関係数を算出してまとめたものである。ρ=0 の帰無仮説による片側検定も行なっている。計算結果からいえることは、純輸出比率曲線による日本の対外貿易構造は、過去 45 年間比較的徐々に構造変化を遂げながら、2009-2013 年の貿易構造に推移してきたといえる。

3-3　日本の主要貿易相手国別の純輸出比率曲線

　日本の対世界の輸出額・輸入額は、すべての貿易相手国の輸出額・輸入額を集計した額である。ここに示した図 6 および図 7 は、日本の主要な貿易相手国の輸出シェアと輸入シェアを時系列的に描いたものである[19]。2000 年代初頭までは輸出・輸入とも日本の貿易相手国の 1 位はアメリカであったが、

---

[18]　スピアマンの ρ による順位相関係数については加納・浅子・竹内（2011）を参照した。
[19]　主要な輸入相手国である中東の産油国は図 7 からは除かれていることに留意されたい。

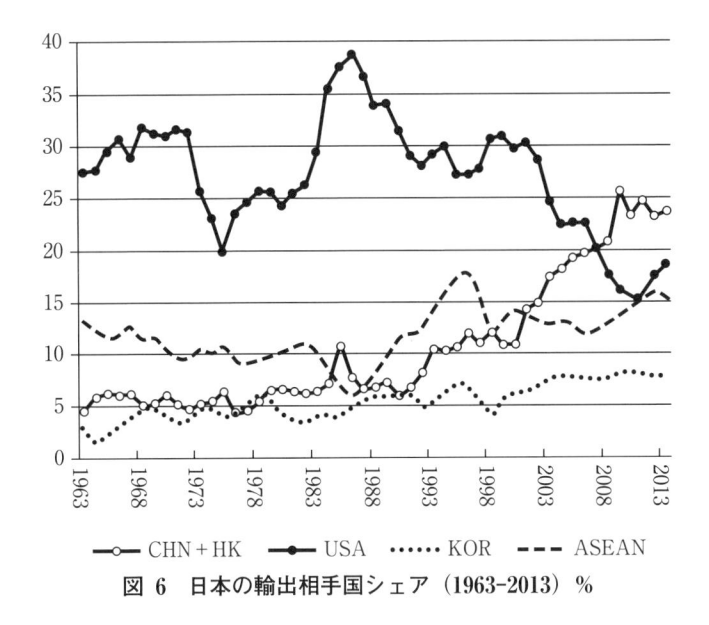

第 9 章　純輸出比率曲線について　227

図 6　日本の輸出相手国シェア（1963-2013）%

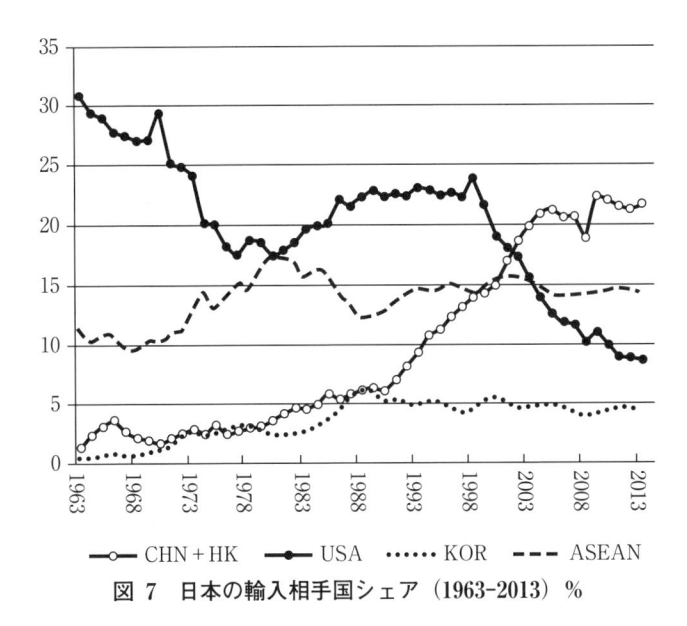

図 7　日本の輸入相手国シェア（1963-2013）%

最近ではアメリカに代わって中国が輸出・輸入ともに 1 位になっていることがわかる。日本の貿易額の約 4 分の 1 のシェアが中国との貿易で占められている[20]。前項 3-2 では、日本の対世界の純輸出比率曲線の時系列的な推移をみたが、ここでは、2009-13 年の対世界の純輸出比率曲線の構成要素である、日本の主要貿易相手国（ASEAN、アメリカ、韓国、中国[21]）との純輸出比率曲線をもとめる。基準年にあたるものとして基準国 ASEAN を選択し、2009-2013 年の ASEAN の 10 業種の純輸出比率を高い数値順に並べ、他の貿易相手国の純輸出比率の数値を ASEAN の順位にしたがって並べ替えて純輸出比率曲線を描く。日本の主要貿易相手国の 2009-2013 年の純輸出曲線群の図と、その付属表である主要貿易相手国の純輸出比率と貿易規模シェアをまとめた表は、**付録**に付図 1 と付表 1 として掲載している。

日本の対主要貿易相手国の 2009-2013 年における純輸出比率曲線（付図 1 と付表 1）からいえることは、基準国 ASEAN と比べて他の日本の貿易相手国の純輸出比率曲線は単調ではなく上下に凸凹した階段状の曲線となっている。これは要素賦存状態が貿易相手国 4 国において異なることが、形状の異なる純輸出比率曲線を示す結果となっている。このことをより明確に示すには、統計的な処理が必要になる。日本の対世界・対 ASEAN・対アメリカ（USA）・対韓国（KOR）・対中国（CHN＋HK）の純輸出比率曲線のスピアマンの ρ による順位相関係数がそれであり、**表 5** にまとめられている。この係数は順位を問題にするだけで、貿易規模の大小は考慮に入れていないことに留

---

[20] この点は、後の議論と関わってくる。
[21] 中国の貿易データを使用する場合には、香港の扱いが重要になる。ここでは、日本の対中国の輸出額は日本の中国と香港への *fob* 輸出額の合計値とし、日本の対中国輸入額は日本の中国と香港からの *cif* 輸入額の合計値としている。付録にある付図 1 と付表 1 において、中国を CHN＋HK としているのはこのことを意味して使用している。*fob* 輸出額は仕向地主義による貿易データの処理が行われている。中国の港・空港に直接向かった輸出品以外に、香港を仕向地とした香港向け輸出品の多くは香港経由で最終的には中国本土に到着する輸出品があると推察される。一方、*cif* 輸入額は原産地主義による貿易データの処理が行われている。中国を原産地とする中国からの輸入品は直接中国の港・空港から日本に輸入されるもの以外に、香港経由で日本に輸入されるものも中国からの日本の *cif* 輸入額にカウントされている。もちろん中国から香港に輸出されて香港で付加価値が加えられたものと、香港を原産地とするものを加えた香港からの日本の *cif* 輸入額は、先ほどの中国からの日本の *cif* 輸入額とは重なるところはないと推察される。ここでは中国貿易データは、1 国 2 制度に基づき香港を含めた貿易データと位置付け、中国と香港の *fob* 輸出額の合計値、*cif* 輸入額合計値を中国の輸出入額の貿易データとして扱っている。

第 9 章 純輸出比率曲線について　229

表 5　スピアマン ρ による順位相関係数（2009-13）

順位相関係数	WORLD	Asean	USA	KOR	CHN＋HK
WORLD	1				
Asean	0.612*	1			
USA	0.212	0.818**	1		
KOR	0.642*	0.794**	0.394	1	
CHN＋HK	0.952**	0.588	0.2	0.812**	1

$\rho=0$ の帰無仮説による片側検定をしている。
＊は 5％有意で，＊＊は 1％有意で帰無仮説を棄却することを表している。

意する必要があるが，対アメリカの純輸出比率曲線は対韓国および対中国の純輸出比率曲線とはずいぶん順位を異にする形状になっていることが確認できる。対 ASEAN と対中国は類似の貿易構造を有していると思っていたが，順位相関係数を見る限りでは，対アメリカと対韓国の方が対中国よりも似通う順位相関を示している。また，日本の対中国の輸出入のシェアが貿易相手国では 1 位になっていることを反映して，対世界と対中国の純輸出比率曲線の順位相関係数が高い数値を示していることは極めて示唆的な結果といえる。

4　おわりに

　ある国（あるいは地域）の対外貿易構造を図表によってわかりやすく表現することを目的に工夫されたものが，「純輸出比率曲線」である。ある時点のある国の貿易相手国（あるいは対世界，対地域）との貿易構造を表すために，横軸に累計した貿易規模シェアの数値をとり，縦軸に純輸出比率の数値をとって，純輸出比率曲線をもとめる。図に描かれる具体的な部門あるいは業種の階段状の線を明確にする純輸出比率と貿易規模シェアの数値をまとめた付属表を，導出した純輸出比率曲線とセットにして提供されたものが「純輸出比率曲線」である。そしてさらに前節では，純輸出比率曲線による日本の対外貿易構造について具体的に議論を試みた。

　国際貿易論におけるリカード貿易論・ヘクシャー・オリーン貿易論など比

較優位論の理論的な議論を説明した後に、現実の経済の対外貿易構造について貿易データを用いて説明が行われる。その際、理論的な説明と現実の貿易構造との整合性および妥当性が議論される。すなわち、ある国の対外貿易構造はいかなる要因が背景にあって起きているかについて議論する要素賦存論およびFactor Contents論の議論、さらに、輸出と輸入が双方向に行なわれる貿易構造の背景は何かを見る産業内貿易論の議論が、理論的および実証的に展開されることになる。それらの議論の入り口として、ここで議論した「純輸出比率曲線」による対外貿易構造の議論は、1つの役割を果たすと期待できる。

確かに、ある国（あるいは地域）の対外貿易構造を「純輸出比率曲線」を用いて明らかにすることはできるが、大きな期待をもつことは十分に慎むべきである。貿易品目の細分類データは、SITC分類では約3000品目、HS分類では約5000品目ある。これらのすべての純輸出比率と貿易規模シェアを算出して、純輸出比率曲線を導くことは可能である。しかしながら、描けたとしてもそれから何かを新たに期待できるとは思えない。純輸出比率曲線にこだわらないで、膨大な貿易品目の純輸出比率を垂直的産業内貿易と水平的産業内貿易の議論に適用したり、用途別分類（BEC）へのデータ変換による産業用資材等・部品などの中間財の議論に適用したりするという方向に、議論を展開する方が生産的である。1980年代以来、理論的にも実証的にも産業内貿易に関する多数の論文が発表されてきたことからも明らかなように、細分類された各貿易品目の純輸出比率の数値は、一方向的な数値だけでなく双方向的な数値を多数の貿易品目が示し、さらに水平的な産業内貿易および垂直的な産業内貿易に区分した内容になっている。大分類の業種別の貿易構造を明らかにする「純輸出比率曲線」の議論だけでは不十分な議論に留まることを認識しておくべきである。

現実の国際経済のモノ市場では、企業の海外事業展開が活発に行なわれるようになり、国際的な生産および流通のネットワークが形成され、それぞれの国の国内市場は国際市場に密接にリンクするようになってきた。そのために、これまでのモノの国際市場のメインは最終財であった状態が大きく変化してきた。生産工程間貿易、tasks貿易、国際価値連鎖、フラグメンテーショ

ン、オフショア・アウトソーシングなどいろいろな側面に注目しながら議論[22]が展開されるようになってきた。ここでの「純輸出比率曲線」による対外貿易構造の議論は、最近の議論を始めるスタートラインとして位置付けることができる。

参考文献

石田修（2011）「分類と分析指標」『グローバリゼーションと貿易構造』文眞堂，第2章

石戸・伊藤・深尾・吉池（2005）「垂直的産業内貿易と直接投資：日本の電機産業を中心とした実証分析―」『日本経済研究』No. 51, March

加納・浅子・竹内（2011）『入門経済のための統計学』第3版，日本評論社

高中公男（2000）『外国貿易と経済発展』渡辺利夫監修・東アジア長期経済統計シリーズ第9巻

寺町信雄（2006）「中国の対外貿易政策と貿易構造」京都産業大学ORC中国経済プロジェクト編『中国経済の市場化・グローバル化』晃洋書房，12月，第5章，107-143

寺町信雄（2007）「中国（大陸）・香港・台湾間の貿易構造―カナダ統計局WTAの1990-2002 貿易データを用いて―」京都産業大学大学院経済学研究科 *Open Research Center Discussion Paper Series* no. CHINA-17, 3月

寺町信雄（2008）「1996年～2005年の期間における日中貿易構造」京都産業大学大学院経済研究科 *Open Research Center Discussion Paper Series* no. CHINA-25, 2月

寺町信雄（2009）「日中間の貿易構造の特徴―1996年-2005年―」『経済学研究』（内田和男教記念号）北海道大学大学院経済学研究科紀要，第58巻第4号，3月，65-85

寺町信雄（2014）「純輸出比率曲線について」『京都産業大学経済学レビュー』京都産業大学通信制大学院経済学研究科，No. 1, March, 210-223

渡辺利夫（1982）「日韓貿易関係の構造分析」『現代韓国経済分析―開発経済学と現代アジア』勁草書房，第6章

IDE-JETRO and WTO（2011）, *Trade Patterns and Global Value Chains in East Asia : From Trade in Goods to Trade in Task*

Nguyen, T.M. Huong and N. Teramachi（2012）, "Vietnam-Japan Trade Structure in 1991-2010," *Vietnam's Socio-Economic Development*, No. 72, Dec. 32-46

OECD International Trade by Commodity Statistics, SITC ver2 and SITC ver3 ; http://www.oecd-ilibrary.org/trade/data/international-trade-by-commodity-

---

[22] この分野の最近の研究は多数あるが、IDE-JETRO and WTO（2011）、Stern ed.（2012）をあげることができる。

statistics_itcs- data-en
　Stern, RM ed.（2012）*Quantitative Analysis of Newly Evolving Patterns of International Trade：Fragmentation, Offshoring of Activities, and Vertical Intra-Industry Trade*, World Scientific
　UNCTAD/WTO International Trade Centre（ITC），Statistics for International Trade Analysis：1996-2005（SITC Trade Data）

付録

　本文の3-3で議論している図と表をここに付図1および付表1としてセットで掲載する。2009-13年における日本の主要貿易相手国の純輸出比率曲線群は、基準国をASEANとして描かれる。他の貿易相手国の純輸出比率曲線は、ASEANの純輸出比率曲線の単調な右下がりの階段状の曲線とは異なり、階段状の曲線が上下に凸凹していることが確認できる。

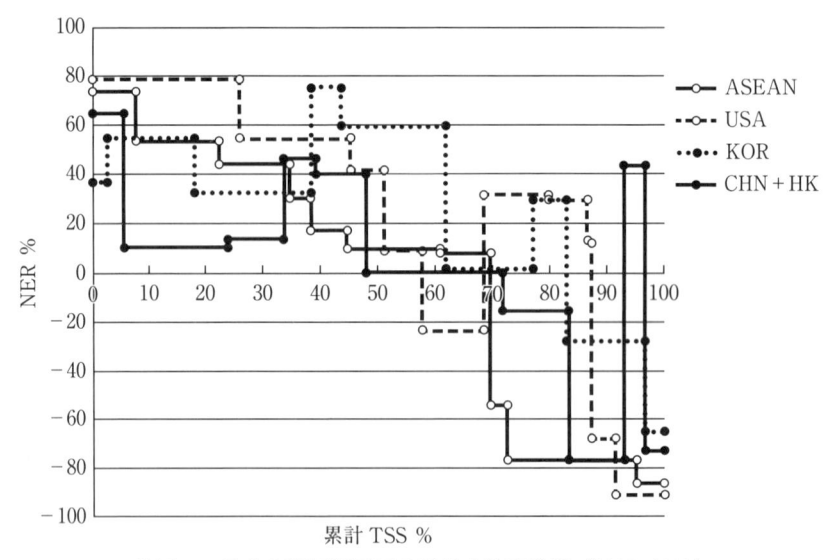

付図1　日本の貿易相手国の純輸出比率曲線（2009-2013）

付表 1　2009-13 年期における主要貿易相手国に対する純輸出比率（NER）と貿易規模シェア（TSS）

NER	ASEAN	CHN+HK	KOR	USA
輸送機械	74.0	64.9	36.8	78.7
一般機械	54.1	10.9	54.7	55.2
原料別製品	44.7	13.6	32.9	42.3
精密機械	30.4	46.3	75.4	9.1
化学製品	17.6	40.1	60.0	−23.5
電気機械	10.2	0.8	1.4	30.7
その他軽工業品	8.5	−14.9	28.5	28.8
繊維・繊維製品	−54.3	−77.7	−25.9	12.1
原油・原材料	−77.0	41.2	−28.5	−68.0
食料品	−86.4	−72.6	−64.7	−91.2

TSS	ASEAN	CHN+HK	KOR	USA
輸送機械	7.6	5.5	2.3	26.0
一般機械	14.8	18.4	15.8	19.5
原料別製品	12.3	10.0	20.2	6.0
精密機械	3.3	5.2	5.3	6.1
化学製品	6.6	9.0	18.4	11.0
電気機械	16.2	23.7	15.5	11.4
その他軽工業品	8.8	12.1	6.0	7.0
繊維・繊維製品	2.8	9.5	1.1	0.5
原油・原材料	22.9	3.6	12.9	4.2
食料品	4.6	2.9	2.4	8.2

出所：OECD, ITCS, SITC ver2 貿易データ。ASEAN を基準国とし網かけをしている。

第 10 章　日本の対中貿易構造の特徴：
　　　　　1996 年-2010 年[1]

1　はじめに

　中国は、1992 年の鄧小平による南巡講話以降「社会主義市場経済」に向けた国内企業改革および対外貿易政策を進めてきた。貿易管理体制から貿易自由化へと漸進的に対外貿易政策を押し進め、2002 年 1 月に World Trade Organization（WTO）への加盟復帰を果たした。貿易・国内取引・金融サービスなど WTO と約束したスケジュールは着実に実施されてきたと思われる。他方、外資系企業に対しても、1995 年に対中投資に関する「ガイドライン」および「リスト」が示され、対中直接投資は拡大をみせ、2002 年にはさらに改正が行われてきた[2]。1996 年から 2010 年の期間、中国は国内企業改革に対外的な政策を加えて、高度経済成長の持続を実現してきた。これとは対照的に、日本は 1990 年代において、バブル崩壊からの経済回復という難しい経済運営をやり繰りし、2000 年代には 1980 年代までのサクセス・ストーリーの中心である日本型経済システムを抜本的に見直す試みの途上という不安定な状況にあった。両国はこのような異なる経済状況にあったとはいえ、2 国間の貿易は、ここで議論するように、確実に拡大してきたとともに、貿易構造も漸進的に変化を遂げてきた。

　日本の対中貿易の構造的特徴に関する研究には、すでに関志雄（2002）、熊谷聡（2003）、玉村千治・宇佐美健（2007）、石川幸一（2007）などがある。関論文は、日本と中国が 1990 年・1995 年・2000 年の対米輸出品目において、競合していたか補完していたかについて興味深い分析を行ない、日本と中国

---

[1] 本章の原論文は、寺町（2009）であり、そこで使用した貿易データに新たなデータを追加し、抜本的な見直しをしたものが本章である。2015 年 6 月 13 日に京都大学で開催された中国経済経営学会西日本大会において、本章の内容について発表する機会をえた。討論者の曽根康雄先生（日本大学）には、本章の議論を踏まえた今後の要因分析について貴重なコメントをいただいた。
[2] 中国の対外貿易政策については、寺町（2006）に詳しく述べている。

第10章　日本の対中貿易構造の特徴：1996年-2010年　235

は米国市場において補完的な貿易を行なってきたという結論をえている。また、熊谷論文、玉村・宇佐美論文、石川論文は、いずれも日中貿易の相互補完関係をASEAN諸国との関連で議論を行なっている。

　本章は、1996年から2010年の15年間における日本の対中貿易構造の特徴を明らかにし、上記の論文に新たな議論を加えることを目的としている。先ず第2節では、貿易総額でみた日中貿易の位置付けを概観する。中国の高成長と日本の低成長が進む中で、世界貿易の中国の相対的シェア上昇と日本の相対的シェア低下が起き、さらに、日本の対中貿易シェアの上昇傾向と中国の対日貿易シェアの低下傾向が、また日本の貿易相手国の対日貿易シェアの低下と中国の貿易相手国の対中貿易シェアの上昇がみられることを明らかにしている。第3節から第6節において用いる貿易データは、UNCTAD/WTOのInternational Trade Centre（ITC）が提供するTrade Analysis System on Personal Computer（PC-TAS）のStandard International Trade Classification（SITC）ver3という貿易データであり、扱う期間は1996年-2010年である。第3節では、SITC分類の貿易データより純輸出比率と貿易規模シェアの数値を算出して「純輸出比率曲線」を導出し、産業別6業種でみた日本の対中貿易構造の特徴を明らかにする。第4節では、SITC ver3の5桁番号の貿易データを用いて、対中貿易の「一方向貿易」と「双方向貿易」について、「双方向貿易」をさらに「垂直的双方向貿易」・「水平的双方向貿易」・「単価が異なるあるいは単価計算不明の双方向貿易」の3つについて、業種別で貿易規模・対中輸出・対中輸入の側面からシェア数値を算出する。そして、過半以上のシェアをもつ一方向貿易の輸出・輸入に加えて、重工業品・一般機械・電気機械・輸送精密機械の工業品の業種において、双方向貿易・垂直的双方向貿易のシェアの上昇傾向を見出す。第5節では、SITC ver3の貿易データを用途別分類である国連のBroad Economic Categories（BEC）分類の貿易データにコンバートして、産業用資材等と部品の中間財と資本財と消費財の最終財に区分し、日本の対中貿易において、最終財の消費財の貿易シェアの低下傾向、中間財と資本財の貿易シェアの上昇傾向を明らかにする。第6節では、SITC分類の産業別6業種とBEC分類の用途別4財をクロスさせることによって、対中貿易構造の特徴をさらに詳しく議論す

る[3]。そして最後に、本章の議論のまとめと今後の課題について述べる。貿易データの数値計算による記述統計的な議論から、日本経済と中国経済が相互に補完するように、それぞれの生産工程に投入される産業用資材等・部品・資本財の輸出・輸入が増加していることを強調して議論する。

　本節の最後に、第3節から第6節で使用する貿易データに関連して留意すべきことを述べておきたい。それは、日本の対中輸出額には中国の対日CIF輸入額を、日本の対中輸入額には日本の対中CIF輸入額を用いて計算が行われるということである。中国の貿易データを扱う際に、香港の貿易データの扱いが問題になるからである。できれば適切な統計処理の仕方によって、香港の貿易データも考慮した中国の貿易データを扱うのが望ましいことはいうまでもない。しかしながら、本章では、中国の貿易データに、香港の貿易データを加味しない扱いをし、日本から香港経由で中国へ輸出される貿易額、および中国から香港経由で日本へ輸出される貿易額のみを考慮するとしている。玉村・宇佐美（2007）の55ページ脚注4において言及されているように、輸出FOB統計は、仕向地主義による貿易データの処理が行なわれているのに対して、輸入CIF統計は、原産地主義による貿易データの処理が行なわれている。このことより、日中貿易のデータには、中国および日本のCIF輸入額を用いることは本章の条件を満たしているといえる[4]。

2　日本の対中貿易の輸出・輸入総額から見た特徴

　1996年-2010年の15年間において、日本のGDPの実質平均成長率[5]は0.6％、対世界平均貿易成長率は4.7％であったのに対して、中国のGDPの

---

[3] 石田（2011b）は、日本の産業内貿易の構造について、HS貿易データとBEC貿易データを用いてすでに実証的な分析を行なっている。しかしながら、2つの貿易データをクロスさせた議論はなされていない。本章は、石田論文に依拠する点が多く見られるが、SITC貿易データとBEC貿易データの相互関連も含めた日中間の貿易構造の特徴を詳しく議論している。
[4] 第9章第3節では、中国と香港のFOB輸出額の合計値、CIF輸入額合計値を中国の輸出入額の貿易データとして扱ったが、ここでは異なる扱いをしていることに留意されたい。
[5] 初期時点の数値をY_0とし、比較時点のt期の数値をY_tとし、0期からt期までの成長率gは、次式の関係式：$Y_t = Y_0 e^{gt}$で表される。この式から自然対数lnをとり、$ln(Y_t/Y_0) = gt\, ln\, e = gt$となり、$g = ln(Y_t/Y_0)/t$がえられる。

第10章　日本の対中貿易構造の特徴：1996年-2010年　　237

図表1　日本と中国のGDPおよび輸出入の平均成長率

1996-2010の実質平均成長率（JPN）円	0.6%
1996-2010の名目平均成長率（JPN）円	−0.4%
1996-2010の名目平均成長率（JPN）ドル	1.1%
1996-2010の実質GDP平均成長率（CHN）人民元	9.4%
1996-2010の名目平均成長率（CHN）人民元	12.4%
1996-2010の名目平均成長率（CHN）ドル	13.8%

出所：IMF Mapperのデータより作成

1996-2010の平均輸出成長率 JPN（ドル）	4.5%
1996-2010の平均輸入成長率 JPN（ドル）	4.9%
1996-2010の平均貿易成長率 JPN（ドル）	4.7%
1996-2010の輸出平均成長率 CHN（ドル）	16.8%
1996-2010の平均輸入成長率 CHN（ドル）	16.5%
1996-2010の平均貿易成長率 CHN（ドル）	16.6%

出所：Asian Development Bank, Key Indicators for Asia and the Pacific 2014, Country Tables

図表2　日本と中国のGDPおよび輸出入の規模比較

名目GDP	1996 金額（10億ドル）	倍率	2010 金額（10億ドル）	倍率
日本	4706	5.5	5488	0.9
中国	856	1	5930	1

出所：IMF Mapperのデータより作成

対世界輸出額	1996 金額（10億ドル）	倍率	2010 金額（10億ドル）	倍率
日本	412	2.7	772	0.5
中国	151	1	1580	1
対世界輸入額	金額（10億ドル）	倍率	金額（10億ドル）	倍率
日本	350	2.5	694	0.5
中国	139	1	1394	1

出所：Asian Development Bank, Key Indicators for Asia and the Pacific 2014, Country Tables

実質平均成長率は9.4%、対世界平均貿易成長率は16.8%であった[6]。日本経済に比べて中国経済は驚異的な経済成長を実現してきたことが理解できる。**図表2**[7]は、両国のGDPと輸出入額の規模を1996年と2010年で比較したものである。1996年においては、日本は名目GDPおよび対世界輸出入額は中国のそれより凌駕していたが、15年という決して長くない期間を経た2010年においては、中国は日本の名目GDPおよび対世界輸出入額を超えてしまった。すでに2015年の現在では、中国と日本との開きはさらに拡大しつつある。

名目GDPおよび貿易の輸出入総額において見られる上記の変化に追加して、日本と中国の貿易相手国[8]の輸出シェアおよび輸入シェアにおいても大きな変化が起きていることも確認することができる。**図表3**は、過去15年間の輸出入シェアの推移をグラフに示したものである。日本にとって貿易相手国としての中国の存在は、輸出・輸入のどちらにおいても、アメリカに替わって第1位になってきたことがわかる。他方、中国にとって貿易相手国としての日本の存在は、輸出では日本ではなくアメリカが第1位であり、対日本への輸出シェアは低下傾向にあり、1996年では20%強であったのが2010年には10%を下回る水準にまで落ちていること、輸入では日本が第1位の相手国には変わりはないが、1996年では20%強であったのが2010年には15%を下回る水準にまで落ちていることがわかる。1996年から2010年の15年間の時間の経過とともに、日本に比べて中国の驚異的な経済拡大が実現してきたことを背景にして、貿易面では、日本における中国の存在は相対的に拡大しつつあり、中国における日本の存在は逆に相対的に低下しつつある。

中国と日本の主要な貿易相手国[9]および地域において、対日輸出入シェアと対中輸出入シェアは、過去15年間の3期間[10]、どのように推移したかを図

---

[6] さらに詳しくは**図表1**に掲載している。
[7] 図表1と図表2の貿易関連データに関しては、輸出額はFOB統計を、輸入額はCIF統計を利用している。
[8] 図表3ではASEAN6、図表4ではASEAN5としている。ASEAN5は、シンガポール・タイ・マレーシア・インドネシア・フィリピンの5カ国をさらにベトナムを加えてASEAN6としている。また、いずれの貿易データもCIF輸入統計を利用して輸出入シェアを算出している。
[9] 図表4の台湾の1996-2000年のスペースは空欄になっている。これは、データ入手できなかったことを意味している。

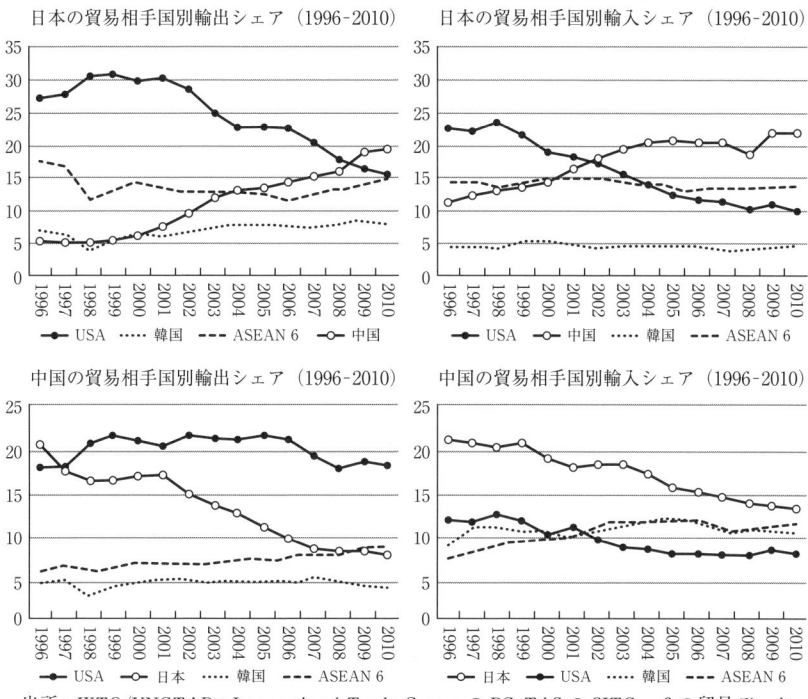

図表 3　日本と中国の貿易相手国別輸出入シェアの推移

日本の貿易相手国別輸出シェア（1996-2010）

日本の貿易相手国別輸入シェア（1996-2010）

中国の貿易相手国別輸出シェア（1996-2010）

中国の貿易相手国別輸入シェア（1996-2010）

出所：WTO/UNCTAD：International Trade Centre の PC-TAS の SITCver3 の貿易データより作成

表4で見ることができる。日本の主要な貿易相手国のほとんどの対日輸入シェアおよび対日輸出シェアは年とともに低下傾向にある。ただし、アメリカの対日輸入シェアに限り2006-10年に上昇している。これに対して、中国の主要な貿易相手国のほとんどの対中輸入シェアおよび対中輸出シェアは年とともに上昇傾向にある。ただし、アメリカの対中輸入シェアに限り2006-10年は低下している。全般的に、東アジア地域における国際貿易の位置関係が大きく変化しつつあることを顕著に示している。日本の輸出入が東アジアで大きな存在であったのが、中国の東アジア地域での輸出入の拡大に伴って、

---

[10] 3期間は1996-2000年・2001-2005年・2006-2010年である。

図表 4　貿易相手国・地域の対日輸出入シェアと対中輸出入シェア

各国の対日輸入シェア	1996-00	2001-05	2006-10
USA	13	13	18
CHINA	20	17	13
KOREA	20	20	15
TAIWAN		25	21
SINGAPORE	17	11	8
MALAYSIA	22	17	13
THAILAND	25	23	20
PHILIPPINES	20	18	13
INDONESIA	17	13	11
ASEAN5	20	16	12

各国の対日輸出シェア	1996-00	2001-05	2006-10
USA	9	7	5
CHINA	17	13	8
KOREA	11	9	7
TAIWAN		8	7
SINGAPORE	7	6	5
MALAYSIA	13	11	10
THAILAND	15	14	11
INDONESIA	22	21	19
PHILIPPINES	16	17	16
ASEAN5	13	12	10

各国の対中輸入シェア	1996-00	2001-05	2006-10
USA	8	9	7
JAPAN	13	19	21
KOREA	7	13	17
TAIWAN		9	13
SINGAPORE	5	9	11
MALAYSIA	3	9	13
THAILAND	4	8	12
PHILIPPINES	3	5	8
INDONESIA	5	9	13
ASEAN5	4	8	12

各国の対中輸出シェア	1996-00	2001-05	2006-10
USA	2	4	6
JAPAN	6	11	17
KOREA	10	18	23
TAIWAN		15	26
SINGAPORE	3	7	10
MALAYSIA	3	6	10
THAILAND	4	7	10
INDONESIA	4	6	9
PHILIPPINES	1	6	11
ASEAN5	3	7	10

出所：WTO/UNCTAD：International Trade Centre の PC-TAS の SITCver3 の貿易データより作成

日本の東アジアにおける相対的な影響力が低下し、中国の東アジアにおける相対的な影響力が上昇していることを示している。

このように東アジアの国際貿易において、日本と中国のプレゼンスに変化が起きている中で、日中間の2国間の貿易構造も大きな変化を伴ってきていることが推察される。本章の以下の節において、日本の対中輸出・対中輸入というように、日本を基点とした「日本の対中貿易構造」について詳しく議

論を進めて行く。

3 SITC分類の産業別6業種による日本の対中国の純輸出比率曲線

3-1 SITC分類の貿易データ6業種

　SITC分類の1桁番号と2桁番号を用いてここで扱う産業別の6業種の貿易データを整理して利用する。6業種は、「一次産品」「軽工業品」「重工業品」「一般機械」「電気機械」「輸送・精密機械」である。一次産品は、SITC分類の1桁番号0番から4番の品目が含まれる。軽工業品は、繊維・アパレル製品とその他軽工業品で構成し、一方の繊維・アパレル製品には、SITC分類6桁の65番の繊維とSITC分類8桁の84番のアパレル製品が含まれる。他方、その他軽工業品には、SITC分類8桁から84番と後述する87番と88番を除いた「雑製品」が含まれる。重工業品は、SITC分類の5桁の化学製品と6桁の原料別製品（65番を除く）から成っている。「機械製品」と言われる部門は、一般機械・電気機械・輸送機械・精密機械の4業種より構成されている。ここでは輸送機械と精密機械をまとめて、業種「輸送・精密機械」とし、一般機械、電気機械、輸送・精密機械の3業種の機械製品部門として議論される。図表5から明らかであるが、SITC分類番号の対応は、一般機械が71番から75番まで、電気機械が76番と77番、輸送・精密機械が78番と79番それに87番と88番となっている[11]。

　SITC分類の産業別6業種の日本の対中国の輸出と輸入のデータを用意する必要がある。日本の対中国輸出額は中国の対日本へのCIF輸入統計を、日本の対中国輸入額は日本の中国からのCIF輸入統計を対応させて利用する。

---

[11] 寺町（2009）では、SITCの71番から74番までを「一般機械」とし、75番から77番までを「電気機械」としたが、本章では、71番から75番までを「一般機械」とし、76番と77番を「電気機械」としている。さらに、寺町（2009）では、SITCの1桁番号8を「軽工業品（除87＋88）」としたが、本章では、「繊維・アパレル製品」と「その他軽工業品」の2業種の合計を「軽工業品」の業種として扱っている。

図表 5　SITC 分類の産業別 6 業種

一次産品				
0	食品・動物	1	飲料・タバコ	
2	非食用原材料	3	鉱物性燃料	
4	動植物性油脂			

軽工業品			
65＋84	繊維・アパレル製品	81-83, 85-86, 89	その他軽工業品

重工業品			
5	化学製品	6	原料別製品（除 65）

機械製品			
71-75	一般機械	76-77	電気機械
78-79	輸送機械	87-88	精密機械

3-2　日本の対中国の純輸出比率曲線

　純輸出比率曲線については、寺町 (2014)[12]で詳しく説明をしているので、簡略的に説明することにする。「純輸出比率曲線 (NER curve)」は、ある国の貿易相手国との貿易構造を図示したものである。縦軸に純輸出比率をとり、横軸に累積貿易規模シェアをとって描いたものである。縦軸の純輸出比率 (Net Export Ratio：NER) は、ある業種 j の純輸出額をその輸出額と輸入額の和で除して算出した数値の百分率であり、算式で示せば、ある業種 j の「純輸出比率 (NER_j)」は、輸出額を EX_j 輸入額を IM_j とすると、

$$NER_j = [EX_j - IM_j] / [EX_j - IM_j] * 100$$

と表すことができる。算式の数値がプラス 100 に近いほど、輸出額は輸入額に比べて大きいことを、数値がマイナス 100 に近いほど、輸入額は輸出額に比べて大きいことを、そして数値がゼロに近いほど、輸出額と輸入額は同程度の大きさであることを意味する。

---

[12]　本書の第 9 章である。

他方、横軸の累積貿易規模シェアの貿易規模シェア（Trade Scale Share：TSS）は、ある業種の輸出額と輸入額の和を輸出総額と輸入総額の和で除した数値の百分率である。算式で示せば、ある業種 j の「貿易規模シェア（TSS_j）」は、輸出総額を$\sum EX_j$輸入総額を$\sum IM_j$とすると、

$$TSS_j = \left\{ \frac{EX_j + IM_j}{\sum_j (EX_j + IM_j)} \right\} * 100$$

と表すことができる。数値は 0 から 100 の間の値を取り、対象とする貿易部門の輸出額と輸入額の和の大小に対応して、その貿易規模シェアの数値も大小となる。また各業種の貿易規模シェアの合計は 100 となる。貿易規模シェアを順に合計したものが累積貿易規模シェアである。

以上の純輸出比率と貿易規模シェアを SITC 分類の産業別 6 業種の貿易データを用いて描いたものが、**図表 6** の日本の対中国の純輸出比率曲線である。1996-00 年・2001-05 年・2006-10 年の純輸出比率と貿易規模シェアを示したものである。図表 6 の 6 業種は無造作に配置しているわけではない。図表 6 の数表の第 4 列目にある 2006-10 年の 6 業種の純輸出比率の数値が高い順に並べられ、それに対応する 2006-10 年の貿易規模シェアの数値が第 7 列目の列に配置されている。他の 2 つの年平均の第 2 列目と第 3 列目の純輸出比率は、2006-10 年の順位の業種に対応する数値が並べられて、第 5 列目と第 6 列目の貿易規模シェアの数値もそれに対応して並んでいる。一目してわかるように、2006-10 年の列の数値は純輸出比率の高い順に数値が並んでいるのに対して、2001-05 年の第 3 列目の数値の順位は変わらないが、1996-00 年の第 4 列目の数値の順位は変化している。これは貿易構造に変化が起きていることを意味している。それを反映するように、図表 6 の純輸出比率曲線の図は描かれている。

図表 6 の図では、純輸出比率の値を縦軸に、それに対応する貿易規模シェアの累積値を横軸にとられる。そして先ず、2006-10 年の数値である純輸出比率が、高い順に左端から右端へ順に並べられ、それに対応する貿易規模シェアの数値の累積値が横軸にとられる。この手順によって描かれた曲線が、2006-10 年の「純輸出比率曲線」である。さらに、他の 2 つの期間の純輸出比

244　第2部　日中貿易の実証分析

図表 6　産業別 6 業種の対中国の純輸出比率曲線

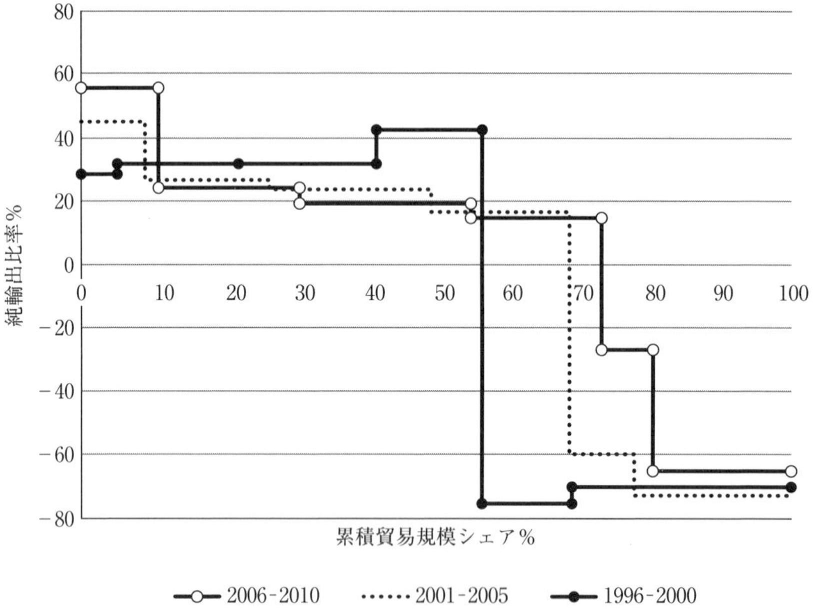

―○― 2006-2010　　……… 2001-2005　　―●― 1996-2000

	純輸出比率			貿易規模シェア		
	1996-00	2001-05	2006-10	1996-00	2001-05	2006-10
輸送・精密機械	29	45	56	5	9	11
重工業品	31	27	24	17	18	20
電気機械	31	23	19	19	23	24
一般機械	42	16	15	15	20	18
一次産品	−76	−60	−27	13	9	7
軽工業品	−70	−73	−66	30	23	20

出所：PC-TAS の SITCver3 より算出まとめる。2006-10 年を基準年とし網かけにしている。

率曲線は、2006-10 年の純輸出比率曲線の際の 6 業種の順位をそのまま維持しながら、それに対応する純輸出比率と貿易規模シェアの累積値のペアをもとに描かれる。以上の説明より、1996 年から 2010 年を 3 期間に区分して、日本の対中国の産業別 6 業種による「純輸出比率曲線」が図表 6 のようにえ

第 10 章　日本の対中貿易構造の特徴：1996 年-2010 年　　245

られる。

3-3　産業別 6 業種の純輸出比率曲線による日本の対中貿易構造

1996 年から 2010 年の 15 年の期間において、SITC 分類の産業別 6 業種の純輸出比率曲線を導いた図表 6 より、日本の対中貿易構造について次のように述べることができる。

第 1 に、日本の対中貿易構造の基本構造は 15 年の期間変わっていない。ある業種の純輸出比率の数値が正値であれば輸出産業、負値であれば輸入競争産業ということにすれば[13]、1996 年から 2010 年を通して、輸送・精密機械、重工業品、電気機械および一般機械の業種は輸出産業であり、軽工業品および一次産品の業種は輸入競争産業であり続けた。

第 2 に、1996-00 年の日本の対中貿易構造と 2001 年以降の日本の対中貿易構造とは少し違いが見られる。それは、1996-00 年の純輸出比率曲線と他の 2 期間（2001-2010）の純輸出比率曲線に違いが見られるからである。

第 3 に、輸送・精密機械の業種以外の 5 業種は、3 期間の経過とともに、産業内貿易化の進行が見られる。それは、5 業種の純輸出比率の正値および負値は小さくなっていることから確認できる。

第 4 に、貿易規模シェアの数値は、3 期間の経過とともに、軽工業品と一次産品の業種では低下しているのに対して（43％→32％→27％）、輸送・精密機械[14]、重工業品、電気機械、一般機械の業種では上昇している（重工業品で 17％→18％→20％、機械製品で 39％→52％→53％）。

以上のことから、1996-2010 の 15 年間に、日本の対中貿易構造は、中国の高度経済成長を背景にして変化してきたと推察される。その変化は、比較優位構造の変化を伴っているといえる。日本と中国の要素賦存状況を眺めると、資本設備・生産技術の豊富な日本と、労働人口・土地自然資源の豊富な中国を想定することができる。すなわち、両国の要素賦存の状況を考慮した

---

[13] 純輸出比率が ＋50 あるいは －50 であれば、輸出額と輸入額は 3 倍の違いがあり、＋80 あるいは －80 であれば、両者は 9 倍の違いがある。
[14] 輸送・精密機械の貿易規模シェアの数値は他の国に比べて低い。輸送機械は日本の対外輸出の主要品目であるが、対中貿易においては小さな存在になっている。これは中国政府の国内自動車産業育成政策とそれに関連する貿易政策が強く影響していると思われる。

生産費用の違いから貿易パターンを説明するヘクシャー・オリーン理論の考え方を適用することができる。輸出産業である輸送・精密機械、重工業品、電気機械および一般機械の業種は資本集約的ないしは技術集約的であり、輸入競争産業である軽工業品および一次産品の業種は労働集約的ないしは土地集約的である。この要素賦存的な比較優位構造は 15 年間継続されてきたということができる。しかしながら、その構造は全く固定的で不変の状態であったわけではなく、少しずつ変化してきていることが同時に確認できる。それは、輸送・精密機械の業種を除く 5 業種の純輸出比率の数値は産業内貿易化の変化と、さらに、輸入競争産業の 2 業種の貿易規模シェアの数値は低下し、輸出産業の 4 業種の貿易規模シェアの数値は上昇する変化が傾向的にみられるということである。

　日本の対中貿易の各業種において、対中輸出だけでなく対中輸入もかなりの取引が同時に起きている意味で「産業内貿易化」が進行していると上記で述べた。各業種の日中間の貿易において、一方向ではなく双方向に同種の製品特に最終財が輸出・輸入されていると考えるには、日本と中国の要素賦存状態は類似しているほどに中国の経済が高度化・多様化してきているとはまだ言い難いと思われる。では各業種の産業内貿易化の中身は何なのであろうか。本節の純輸出比率曲線に関わる議論だけでは不十分であり、1996-2010 年の期間の日本の対中貿易構造の特徴はまだまだ未解明な領域が存在する。SITC 分類の 6 業種を用いた分析から、SITC の細分類の 5 桁番号の貿易データにまでデータを掘り下げて、さらなる詳細な議論を進める必要がある。

4　一方向貿易・双方向貿易と垂直的産業内貿易・水平的産業内貿易

4-1　一方向貿易品目と双方貿易品目の区分

　SITC 分類の産業別 6 業種の純輸出比率曲線の分析だけでは、日本の対中貿易構造の特徴はまだ不明な部分が残されている。先ず明らかにすることは、貿易品目の細分類データを用いて日中間の貿易品目を一方向貿易品目と双方向貿易品目に区分することである。詳細な貿易データとして、同様の

UNCTAD/WTOのITCが提供するPC-TASのSITC ver3の5桁番号データを用いる。既述したようにFOB輸出統計ではなく、CIF輸入統計による貿易データを使用する。PC-TASのSITC ver3の5桁番号の貿易データ[15]の品目数は、3115品目であり、一次産品 (715品目)、軽工業品 (539品目＝繊維アパレル製品318品目＋その他軽工業品221品目)、重工業品 (1081品目＝化学製品474品目＋原料別製品607品目)、一般機械 (411品目)、電気機械 (163品目)、輸送・精密機械 (206品目＝輸送機械80品目＋精密機械126品目) で構成されている。

SITC ver3分類の5桁番号の各品目を一方向貿易品目と双方向貿易品目に区分するには、各品目の貿易データの純輸出比率を算出することが必要である。詳細データの第 j 品目の「純輸出比率 NER_j」の数値が「-80以下あるいは+80以上」であれば、当該品目は「一方向貿易」にある品目」といい、数値が「-80と+80の間」：

$$-80 \leqq NER_j \leqq 80$$

であれば、当該品目は「双方向貿易」[16]にある品目という。

前節図表6の純輸出比率曲線により、1996年から2010年の15年間に日中韓の貿易構造は産業内貿易化を進行させているという結果をえている。本節は、さらに内容を掘り下げるために、1996年-2010年のSITC分類の5桁番号の日本と中国のCIF貿易データを用いて、各品目の純輸出比率の数値から一方向貿易と双方向貿易の品目を区分する作業を行なっている。**図表7**は、その作業による双方向貿易の品目の輸出額と輸入額を、一次産品・軽工業品・重工業品・輸送精密機械・一般機械・電気機械の産業別6業種に整理し、さ

---

[15] PC-TASのデータでは、貿易取引が5万ドル未満の品目については、その貿易品目の貿易額は掲載しないとしている。ただし、各期間内で1年でも5万ドルの値を上回るデータが当該品目にある場合には、その品目の他の年が5万ドル以下の貿易取引であってもすべての年について貿易データが掲載されている。石田 (2011a) および石戸・伊藤・深尾・吉池 (2005) の説明による。

[16] 産業内貿易に関する包括的な議論には、Greenaway and Milner (1986) がある。産業内貿易の程度を指数で表す、グルーベル＝ロイド指数というものもある、ここでの一方向貿易と双方向貿易を区分する算出には、純輸出比率とは異なる貿易重複度というものが一般的である。Greenaway, Hine and Milner (1994), Hu and Ma (1999), 石田 (2011b), 石戸・伊藤・深尾・吉池 (2005) に見ることができる。純輸出比率と貿易重複度の対応関係については本書の第9章で詳しく議論している。

図表 7　日中間の双方向貿易の業種別貿易規模シェアの推移 1996-2010

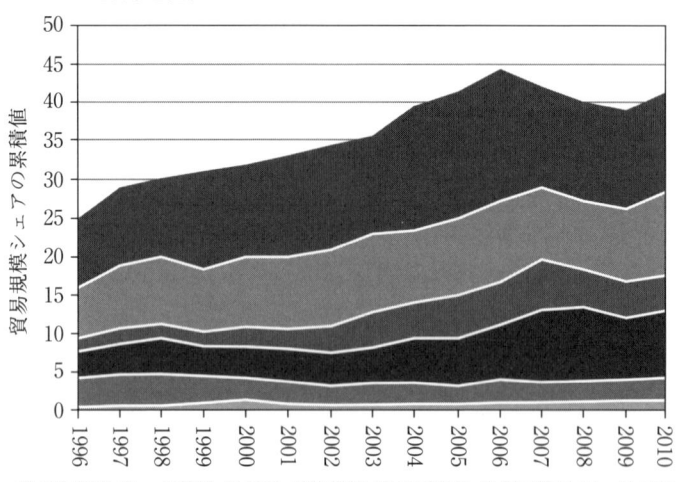

■電気機械　■一般機械　■輸送・精密機械　■重工業品　■軽工業品　■一次産品
出所：PC-TAS の SITCver3 より算出

らに貿易規模シェアを時系列的に算出し、先ほどの業種の順に下から積み上げたグラフとなっている。

4-2　日本の対中貿易における一方向貿易と双方向貿易

　純輸出比率の数値が ±80 以上ということは、当該品目の輸出額と輸入額が 9 倍以上の開きがあることを意味している。日本の対中輸出額と対中輸入額の値が 9 倍以下にある貿易品目を双方向貿易の品目とし、日中間の双方向貿易の貿易規模シェアの合計値は、1996 年では 25％に過ぎなかったが、その後上昇を続け、2010 年には 41％になっている。しかし、2007-9 年では合計値の数値は少し低下している。原因として、リーマン・ショックの影響、統計的不具合などが考えられるが、ここでは特定化していない。また、図表 7 で業種別に見てみると、「電気機械」と「一般機械」の双方向貿易は、産業別 6 業種の中で大きなシェアを継続している。

　図表 8 は、1996 年から 2010 年までを 1996-00、2001-05、2006-10 の 3 期間

図表 8　日本の対中国の業種別一方向貿易と双方向貿易の推移（％）

一方向貿易

貿易規模シェア	一次産品	軽工業品	重工業品	一般機械	電気機械	輸送・精密機械	合計
1996-00	12	28	14	7	6	3	70
2001-05	8	21	11	10	8	4	63
2006-10	6	17	13	10	6	6	58
対中輸出シェア	一次産品	軽工業品	重工業品	一般機械	電気機械	輸送・精密機械	合計
1996-00	2	7	22	16	10	5	62
2001-05	3	4	17	14	12	7	57
2006-10	3	2	19	14	5	11	54
対中輸入シェア	一次産品	軽工業品	重工業品	一般機械	電気機械	輸送・精密機械	合計
1996-00	19	43	7	1	3	2	76
2001-05	13	36	6	6	5	2	69
2006-10	8	32	8	8	7	2	65

双方向貿易

貿易規模シェア	一次産品	軽工業品	重工業品	一般機械	電気機械	輸送・精密機械	合計
1996-00	1	4	4	8	11	2	30
2001-05	0	3	5	10	15	4	37
2006-10	1	3	9	10	14	5	41
対中輸出シェア	一次産品	軽工業品	重工業品	一般機械	電気機械	輸送・精密機械	合計
1996-00	1	4	5	10	15	3	38
2001-05	0	3	6	10	18	6	43
2006-10	0	3	10	10	17	7	48
対中輸入シェア	一次産品	軽工業品	重工業品	一般機械	電気機械	輸送・精密機械	合計
1996-00	1	3	3	7	9	1	24
2001-05	1	3	4	9	12	3	31
2006-10	1	3	8	9	11	3	35

一方向貿易シェア比率

貿易規模シェア	一次産品	軽工業品	重工業品	一般機械	電気機械	輸送・精密機械	合計
1996-00	94	88	77	47	36	62	70
2001-05	95	89	69	50	36	49	63
2006-10	92	86	60	52	29	54	58

出所：PC-TAS の SITCver3 より算出してまとめる。

に区分して、産業別6業種の一方向貿易と双方向貿易の推移をまとめたものである。SITC分類5桁番号の品目の純輸出比率の数値より、一方向貿易と双方向貿易の品目を区分し、産業別6業種に整理している。各業種に属する品目の日本の対中輸出額と対中輸入額を算出して、貿易総額で除した貿易規模シェア、対中輸出総額で除した対中輸出シェア、対中輸入総額で除した対中輸入シェア、業種別の一方向貿易規模シェアを業種別の一方向と双方向の貿易規模シェアの和で除した一方向貿易シェア比率を示した図表である。

図表8よりわかることを以下にまとめることができる。第1に、日本の対中国の貿易構造において「産業内貿易化」の進行が再び確認できる。図表6の純輸出比率曲線の議論で導いた「産業内貿易化」の傾向は、SITC分類5桁番号の品目を用いた方法からも、図表8の一方向貿易の貿易規模シェア・対中輸出シェア・対中輸入シェアの合計欄の数値の低下傾向、双方向貿易の貿易規模シェア・対中輸出シェア・対中輸入シェアの合計欄の数値の上昇傾向、一方向貿易シェア比率の合計欄の数値の低下傾向を見ることによって、産業内貿易の傾向が進行していることが確認できる。

第2に、「産業内貿易化」の進行はあるとはいえ、一方向貿易の方が双方向貿易より貿易額では、依然大きいことも同時に認識しておく必要がある。業種別の一方向貿易シェア比率をみればよくわかるように、2006-10年においても、一次産品、軽工業品、重工業品の業種においては、一方向貿易の貿易額が双方向貿易の貿易額を超過している。しかし、該当するそれらに関係する数値においても低下傾向にあることから、近い将来一方向貿易の貿易額と双方向貿易の貿易額は合計額で見て逆転する可能性は大きいであろう。

第3に、双方向貿易の貿易規模シェア・対中輸出シェア・対中輸入シェアの合計額の数値は確かに上昇傾向にあるが、重工業品、一般機械、電気機械、輸送・精密機械の業種別で見た数値は、単純に上昇傾向にあるわけではなく、一方向貿易の関係数値も見ながら、双方向貿易の議論を慎重に行う必要がある。重工業品は、化学製品および繊維を除く原料別製品を内容としているが、双方向貿易の各シェアの数値は上昇傾向にある。一般機械では、一方向貿易シェア比率が上昇傾向にあることが起きていて、双方向貿易の各シェアの数値には上昇傾向は見られなく、一方向貿易の対中輸入シェアの数値が大きく

上昇している。電気機械では、1996-00年から2001-05年にかけて関係する一方向貿易の数値も双方向貿易の数値も上昇傾向を示していたが[17]、2006-10年数値は双方向貿易の上昇傾向を支持する数値とはなっていない。日本の家電メーカーの停滞を反映した数値であると推察される。輸送・精密機械では、一方向貿易も双方向貿易の関係する各シェアの数値は上昇傾向にある。中国政府の自動車産業に対する輸入障壁があるとはいえ、特に輸送機械の対中輸出シェアの上昇に貢献していると推察される。

一方向貿易と双方向貿易を区分し、さらに業種別の双方向貿易について議論を進めてきた。次にさらに双方向貿易を2つに区分した議論を進める必要がある。

4-3　垂直的双方向貿易品目と水平的双方向貿易品目の区分[18]

貿易相手国との間で輸出もするが輸入もする品目があるとするとき、その要因の一つは、それら品目が相互に補完的な性質をもつ品目であったり、相互に全く異なる性能の品目であったりすることが考えられる。他方もう一つの要因は、それら品目は異なるように見えるが、製品の差別化が行われて、品質および性能は類似し、相互に競合的な品目であると考えられる。前者の品目の価格は大きく異なるのに対して、後者の品目の価格は大きな違いはないと推察される。そして前者の品目を「垂直的双方向貿易品目」というのに対して、後者の品目は「水平的双方向貿易品目」ということができる。

PC-TASのSITC ver3分類の5桁番号の貿易データでは、5年毎の単位価格が入手可能である[19]。したがって、個々の品目の純輸出比率が±80の範囲内にあるという条件を満たした双方向貿易の品目に対して、日本と中国のCIF輸入データからえられる単位価格を用いて「単位価格比率」を算出し、

---

[17] 1996年から2005年の10年間の日中貿易を同様のアプローチで議論した寺町(2009)では、電気機械の双方向貿易が大きなシェアをもち、しかも上昇傾向にあることを示していた。

[18] 寺町(2009)では、垂直的・水平的産業内貿易という用語を用いたが、双方向貿易の内訳として2つを区分することから、垂直的・水平的双方向貿易という用語の方が適していると判断し、後者の用語を用いている。

[19] 毎年のそれぞれの品目に対する単位価格はPC-TASではえられない。1996-00年、2001-05年、2006-10年の各期の単位価格は入手可能になっている。各年の垂直的双方向貿易と水平的双方向貿易の品目をえるには、5年毎の単位価格を当該5年に適用して算出を行なうことにした。

図表 9 貿易規模シェアでみた双方向貿易の内訳（%）1996-2010

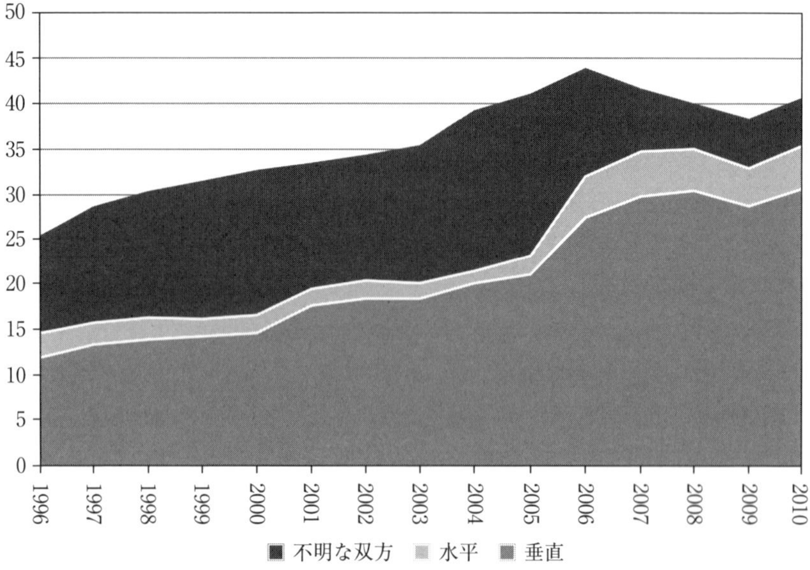

■ 不明な双方　■ 水平　■ 垂直

両国の単位価格の乖離が大きい品目に対しては「垂直的な」品目といい、乖離が小さい品目に対しては「水平的な」品目ということができる。貿易品目 j の自国と貿易相手国の単位価格の比率である「単位価格比率」β_j が、

$$1/1.25 = 0.8 < \beta_j < 1.25$$

の範囲[20]にある場合を「水平的」な品目、その範囲外に β_j がある場合を「垂直的」な品目として、具体的に区分することにする。単位価格比率である β_j の範囲についてであるが、日本と中国の CIF 輸入データを用いていることは乖離の拡大を低める効果があると考えられるが、貿易データがドル表示であり、日本円・人民元・ドルの為替レートの変動要因の影響を受けていることが考えられる。また、SITC 貿易データは、HS 貿易データに比べれば、品目番号の詳しさの点において劣っていることが考えられる。以上のことを考慮し

---

[20] 石戸・伊藤・深尾・吉池（2005）で採用された基準を採用している。石田（2011b）は、β_j の範囲を、$1/1.15 < \beta_j < 1.15$ としている。

て、日本と中国の2国間の品目ごとの単位価格比率の乖離率は、25％にすることが妥当であると思われる。

双方向貿易品目の単位価格比率 $β_j$ を算出して時系列的にまとめたものが**図表9**である。PC-TAS の SITC ver3 の貿易データの単位価格には、どういうわけかマイナスの数値をもつ品目番号が散見される。データの信頼性を損ねる状況であるが、該当する品目については、「垂直的」とも「水平的」とも区分できないという意味で、「不明な双方向貿易品目」として扱うことにした。図表9にはそれを考慮したグラフとなっている。このことは、ここでの議論をする際に留意すべき点である。

4-4　日本の対中貿易の垂直的・水平的双方向貿易の特徴

図表9は、貿易規模シェアで見た双方向貿易の内訳を時系列的に示したグラフである。「垂直的双方向貿易品目」「水平的双方向貿易品目」「不明な双方向貿易品目」のそれぞれの日本の対中国の輸出額と輸入額の和を日本の対中国の輸出総額と輸入総額の和で除した百分率の数値を垂直的・水平的・不明な双方の順に積み上げたグラフとなっている。3つの双方向貿易品目の貿易規模シェアの合計値は双方向貿易の貿易規模シェアとなっている。

図表9をみると明らかなように、第1に、日本の対中国の双方向貿易の内訳として、垂直的双方向貿易は大きな割合を示し、水平的双方向貿易は低い割合に留まっている。第2に、垂直的双方向貿易は15年間の経過とともに上昇傾向にある。垂直的双方向の貿易規模シェアは1996年には12％であったが、2010年には31％となっている。第3に、不明な双方向貿易の貿易規模シェアは、双方向貿易の内訳の1つとして無視できないほどの大きさになっている点は残念である。しかしながら、双方向貿易では垂直的双方向が大きな位置を占め、しかも双方向貿易全体の数値とともに、垂直的双方向貿易の数値も経年的に上昇していることは確かな事実として理解してよいと思われる。

図表10は、1996年から2010年を5年間隔で3期に区分して、産業別6業種の双方向貿易の内訳を、貿易規模シェア・対中輸出シェア・対中輸入シェア別にまとめたものであり、図表8に対応している。図表10より明らかに

図表 10　日本の対中国の業種別一方向貿易と双方向貿易の内訳の推移（％）

貿易規模シェア		一次産品	軽工業品	重工業品	一般機械	電気機械	輸送・精密機械	合計
1996-2000	双方向	1	4	4	8	11	2	30
	垂直	1	2	3	3	4	1	14
	水平	0	1	1	0	0	0	2
	不明	0	1	0	5	7	1	14
2001-2005	双方向	0	3	5	10	15	4	37
	垂直	0	2	4	5	5	2	19
	水平	0	0	1	0	1	0	2
	不明	0	1	0	4	9	2	16
2006-2010	双方向	1	3	9	10	14	5	41
	垂直	0	3	7	8	8	4	30
	水平	0	0	1	2	1	1	4
	不明	0	0	0	1	5	1	7

対中輸入シェア		一次産品	軽工業品	重工業品	一般機械	電気機械	輸送・精密機械	合計
1996-2000	双方向	1	4	5	10	15	3	38
	垂直	1	2	4	4	5	2	18
	水平	0	1	1	0	0	0	2
	不明	0	0	0	5	9	1	17
2001-2005	双方向	0	3	6	10	18	6	43
	垂直	0	2	5	6	7	3	23
	水平	0	0	1	0	1	1	2
	不明	0	1	0	4	11	3	19
2006-2010	双方向	1	3	9	10	14	5	41
	垂直	0	2	8	8	11	5	34
	水平	0	0	1	2	1	1	5
	不明	0	0	0	1	6	1	8

対中輸出シェア		一次産品	軽工業品	重工業品	一般機械	電気機械	輸送・精密機械	合計
1996-2000	双方向	1	3	3	7	9	1	24
	垂直	1	2	3	1	3	1	11
	水平	0	0	0	0	0	0	1
	不明	0	1	0	5	5	1	12
2001-2005	双方向	1	3	4	9	12	3	31
	垂直	0	2	4	5	4	1	16
	水平	0	0	1	0	1	0	2
	不明	0	1	0	5	6	1	13
2006-2010	双方向	1	3	8	9	11	3	35
	垂直	1	3	6	7	6	2	25
	水平	0	0	1	2	1	0	4
	不明	0	0	0	1	5	1	6

出所：PC-TAS の SITCver3 より算出してまとめる。

なった点を以下に述べることにする。第1に、主な業種の垂直的双方向貿易の数値は上昇傾向にある。図表8の産業別6業種の双方向貿易の数値の場合には、上昇傾向であることを明確に述べることはできなかった。しかし図表10の産業別6業種の垂直的双方向貿易の数値の場合には、貿易規模シェア・対中輸出シェア・対中輸入シェアのいずれにおいても、重工業品、一般機械、電気機械、輸送・精密機械の業種では、3期を通じて上昇傾向であることが確認できる。第2に、産業別6業種の水平的双方向貿易の数値は高い値を示していない。規模シェア・対中輸出シェア・対中輸入シェアのいずれにおいても、水平的双方向貿易の数値より垂直的双方向貿易の数値の方が3期を通じて大きいことも確認できる。日本と中国の双方において、双方向貿易の内、垂直的な双方向貿易が重要な役割を果たしつつあることを意味している。第3に、日本の対日輸出シェアの垂直的双方向貿易の数値の方が、対中輸入シェアの垂直的双方向貿易の数値より高い値を示している。このことは、日中間の垂直的双方向貿易において、日本の対中輸出の方が中国の対日輸出より大きな役割をしているといえる。

1996年から2010年の15年間を通じて、日本の対中貿易構造は、全般的には双方向貿易を上昇させるように変化してきた。そしてさらに双方向貿易の内訳の1つである垂直的双方向貿易を伸長させるような変化が起きてきた。このような変化は何を意味するのであろうか？これに対する回答をえるには、これまでのSITC分類の産業別の議論に、BEC分類の用途別の議論を追加する必要がある。

5　BEC分類の用途別による日本の対中貿易構造

5-1　BEC分類による用途別4財と純輸出比率曲線

国連の統計局 Statistics Division より、貿易データを用途別に分類したBEC (Broad Economic Categories) 分類が公表されている。しかも、SITC ver3分類の5桁番号品目をBEC分類にコンバートするための「対応表」も公表されている[21]。BEC分類は全部で19の品目から構成され**図表11**に示される。

図表 11　国連の BEC (Broad Economic Categories) 分類

1 食料・飲料	11 原料	111 産業用
		112 家庭用
	12 加工品	121 産業用
		122 家庭用
2 産業用資材	21 原料	
	22 加工品	
3 燃料および潤滑油	31 原料	
	32 加工品	321 内燃機関燃料
		322 その他
4 資本財	41 資本財	
	42 部品	
5 輸送機	51 乗用車	
	52 その他	521 産業用
		522 その他
	53 部品	
6 消費財	61 耐久消費財	
	62 半耐久消費財	
	63 非耐久消費財	
7 その他		

出所：石田（2011a）が国連の資料より作成した表 2-1（p.45）より引用。

図表 12　BEC 分類の用途別 4 財

中間財	産業用資材等	111, 121, 2, 3
	部品	42, 53
最終財	資本財	41, 521
	消費財	112, 122, 51, 522, 6

　図表 11 の 19 品目をさらに統合して中間財（産業用資材等、部品）、最終財（資本財、消費財）に貿易データを再分類して、**図表 12** のように、「BEC 分類

---

[21] http://unstats.un.org/unsd/cr/registry/regdnld.asp?Lg＝1

による用途別4財」として議論することにする[22]。なお、BEC分類の番号7「その他」は、SITCver3の5 digitの品目でも数品目に過ぎないし、分類不能であることから、図表12では、「その他」の項目は除いて記載している。データ処理計算では、分類合計を行なっているが、「その他」の項目は議論から外して、中間財（産業用資材等、部品）、最終財（資本財、消費財）とする用途別4財について議論をしている[23]。よって、大分類の「中間財」「最終財」の2財、中分類の「産業用資材等」「部品」「資本財」「消費財」の4財を用いて議論を進める。

　日本の対中国の貿易構造を用途別分類でみることにより、これまでの議論に新たな結果が追加される。用途別4財による純輸出比率曲線を描いたものが**図表13**である。

　図表13では、1996-00年、2001-05年、2006-10年の3期に区分して、用途別4財による対中純輸出比率曲線を描いている。その際、対中純輸出比率曲線では、2006-10年の第3期の用途別4財の純輸出比率の大きさの順位にならって、他の期の純輸出比率曲線が描かれている。図表13からは次のことがいえる。第1に、右下がりの階段状になっている純輸出比率曲線は2006-10年と2001-05年の2期である。このことから、産業別6業種による対中純輸出比率曲線を描いた図表での議論と同様に、1996-00年の期とそれ以降の2期との間には日本の対中貿易構造には少しの構造的な変化が起きていたことが推察される。変化しているのは、産業用資材等と資本財の順位が入れ替っている点と消費財の貿易規模シェアの数値が低下傾向にある点である。第2に、3期間の対中純輸出比率曲線は期間を通して、右方向にシフトし、曲線の縦軸の上限と下限の幅が縮まっている。このことは、部品の純輸出比率の数値の低下と消費財のマイナスの純輸出比率の数値の上昇が関連している。第3に、用途別4財の純輸出比率の数値の符号から輸出財と輸入競争財

---

[22] 寺町（2009）では、番号5「輸送機」の1つである番号52をすべて「資本財」扱いとしたが、番号521のみを「資本財」に入れて、番号522である「非産業用輸送機器」は、「消費財」に入れるように修正をしている。

[23] 「用途別」という表現は、石田（2011a）・寺町（2009）にある。これに対して、産業用資材等・部品・中間財・資本財・消費財という用語は、生産工程に関連することから、伊藤（2012）は「生産工程別」分類として使用している。本章では、前者の用語法に沿っている。

258　第2部　日中貿易の実証分析

図表 13　用途別 4 財による対中国の純輸出比率曲線

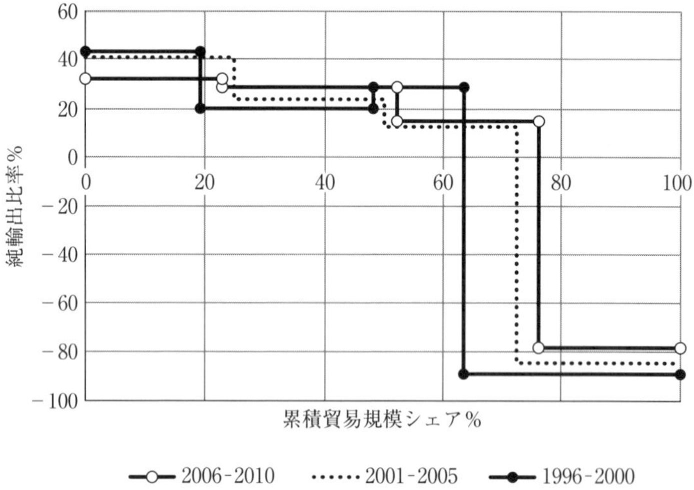

	純輸出比率			貿易規模シェア		
	1996-2000	2001-2005	2006-2010	1996-2000	2001-2005	2006-2010
部品	44	41	33	19	25	23
産業用資材	20	23	29	29	25	30
資本財	28	12	14	15	22	24
消費財	-88	-84	-77	36	28	24

出所：PC-TAS の SITCver3 より算出してまとめる。2006-2010 年を基準年とし網かけにしている。

と呼称すれば、期間を通して、日本の対中輸出財は、部品・産業用資材等・資本財であり、対中輸入競争財は消費財であった。第4に、部品・産業用資材等・資本財の対中純輸出比率の数値から、これらの財には双方向貿易の品目が多く含まれていることが推察される。第5に、貿易規模シェアの数値に注目すると、3期間を通して、4品目の数値の開きは徐々に小さくなっている。これは、日本の対中貿易において、4品目の貿易額が似通ってきたことを意味する[24]。

用途別4財純輸出比率の数値だけでは、用途別4財による日本の対中貿易

第 10 章　日本の対中貿易構造の特徴：1996 年-2010 年　　259

図表 14　用途別 4 財の対中輸出シェアと対中輸入シェアの推移
(%)

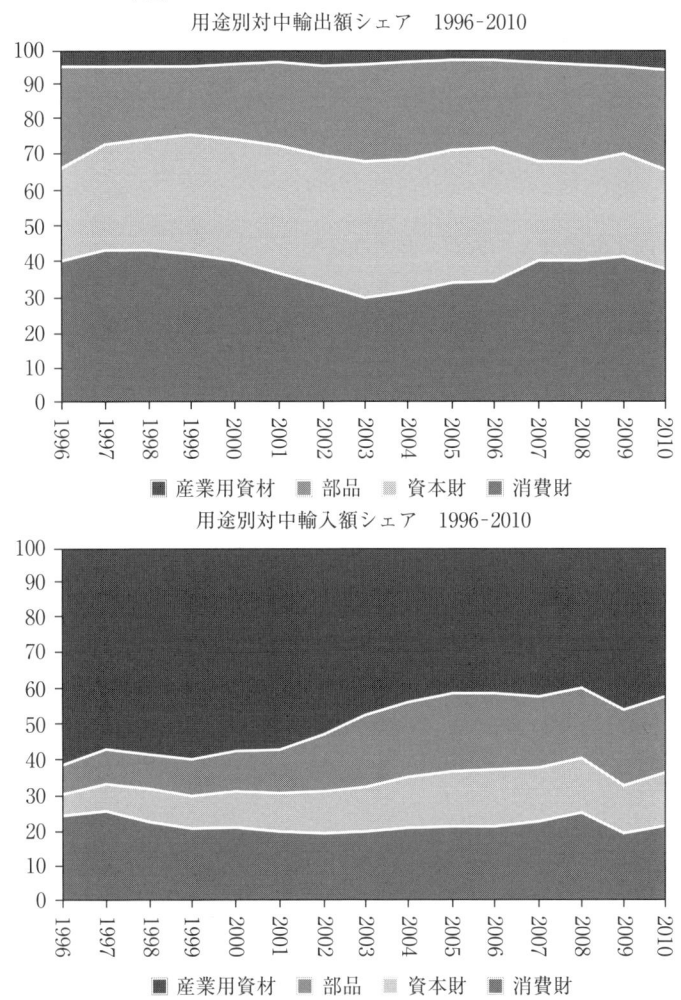

用途別対中輸出額シェア　1996-2010

用途別対中輸入額シェア　1996-2010

■ 産業用資材　　■ 部品　　　資本財　　■ 消費財

出所：PC-TAS の SITCver3 より算出してまとめる。

構造の内容は不十分である。それを補う意味で、用途別4財の対中輸出と対中輸入のそれぞれのシェアを示したものが**図表14**である。下方から産業用資材等・部品・資本財・消費財と上に積み上げている。対中輸出においては、消費財が少なく産業用資材・部品・資本財が主な財であることが、対中輸入においては、消費財が大きな割合を占めているがわかり、年の経過とともに産業用資材等・部品・資本財のシェアが伸びてきていることもわかる。

5-2 用途別4財貿易と一方向・双方向貿易

産業用資材等・部品・資本財・消費財という用途別4財に、「total・一方向・双方向・垂直的・水平的など」の項目を考慮して、日本の対中貿易構造の特徴について追加すべき点を議論する。1996年から2010年の15年間を3期に区分して、用途別4財の各項目について、貿易規模シェア、対中輸出シェア、対中輸入シェアの数値統計表をまとめたものが**図表15**である[25]。

対中貿易規模シェアでみると、期間を通して、中間財と最終財のシェアは大体半々で推移し、しかも、中間財のシェアは上昇傾向、最終財のシェアは低下傾向で推移している。そして、中間財と最終財の両方の一方向と双方向のシェアは、大よそ前者が減少、後者が上昇している。中間財の内訳である産業用資材等と部品のシェアについては、産業用資材等は一方向のシェアが、部品は双方向のシェアが高く、いずれの双方向の数値と垂直的双方向の数値も上昇している。また、最終財の内訳である資本財と消費財のシェアについては、どちらも一方向のシェアの方が高いが、消費財の一方向のシェアは減少傾向が見られる。

対中輸出シェアでみると、期間を通して、中間財と最終財のシェアは7対3で推移している。そして、中間財の一方向と双方向のシェアは、双方向の方が一方向を上回るように推移し、最終財の一方向と双方向のシェアは、一方向の方が双方向を上回る状態で推移している。中間財の内訳である産業用

---

[24] 2006-10年には、それぞれ4分の1前後の数値になっている。しかし、各4財の貿易額が似通っているのであって、対中輸出額、対中輸入額もそうだというわけではない。
[25] 石田 (2011b) は、OECDのHS分類の品目を用い、本節と同様な議論を日本の対14カ国の貿易相手国について行なっている。しかし特定国である中国を取り上げ、さらにその対輸出・対輸入の貿易構造にまで深く立ち入る議論は行っていない。

図表 15　用途別4財と一方向・双方向貿易の各シェアのクロス統計

	1996-00	中間財	産業用資材	部品	最終財	資本財	消費財	合計
貿易規模シェア	total	48	29	19	52	16	36	100
	一方向	27	21	5	42	9	33	68
	双方向	22	8	14	10	7	3	32
	垂直	11	6	5	4	2	2	15
	水平	2	1	1	1	0	1	3
	不明	9	1	9	5	4	1	15
	2001-05	中間財	産業用資材	部品	最終財	資本財	消費財	合計
	total	50	25	25	50	23	27	100
	一方向	22	16	6	37	12	25	59
	双方向	28	9	19	13	10	2	41
	垂直	18	7	11	2	1	1	20
	水平	2	1	0	0	0	0	2
	不明	8	1	7	11	10	1	18
	2006-10	中間財	産業用資材	部品	最終財	資本財	消費財	合計
	total	54	27	27	46	23	23	100
	一方向	21	16	5	35	14	21	56
	双方向	33	10	22	12	9	2	44
	垂直	23	8	15	4	3	2	28
	水平	3	1	2	2	2	0	5
	不明	7	1	6	5	5	1	12
	1996-00	中間財	産業用資材	部品	最終財	資本財	消費財	合計
対中輸出シェア	total	72	40	32	28	23	5	100
	一方向	43	31	11	17	15	2	60
	双方向	30	9	21	10	7	3	40
	垂直	14	7	7	5	3	1	18
	水平	3	1	1	1	0	1	4
	不明	13	1	12	4	4	0	18
	2001-05	中間財	産業用資材	部品	最終財	資本財	消費財	合計
	total	69	33	37	31	26	4	100
	一方向	34	23	11	19	16	2	53
	双方向	36	10	26	12	10	2	47
	垂直	21	8	13	2	1	1	23
	水平	2	1	1	0	0	0	2
	不明	13	1	12	9	9	1	22
	2006-10	中間財	産業用資材	部品	最終財	資本財	消費財	合計
	total	71	33	38	29	25	4	100
	一方向	30	21	8	17	15	2	47
	双方向	41	12	29	12	10	2	53
	垂直	28	10	18	4	3	1	32
	水平	3	1	2	2	1	0	5
	不明	10	1	9	6	5	1	16

図表15 つづき

<table>
<tr><td rowspan="19">対中輸入シェア</td><td>1996-00</td><td>中間財</td><td>産業用資材</td><td>部品</td><td>最終財</td><td>資本財</td><td>消費財</td><td>合計</td></tr>
<tr><td>total</td><td>30</td><td>21</td><td>9</td><td>70</td><td>10</td><td>60</td><td>100</td></tr>
<tr><td>一方向</td><td>15</td><td>14</td><td>1</td><td>60</td><td>4</td><td>56</td><td>75</td></tr>
<tr><td>双方向</td><td>15</td><td>7</td><td>8</td><td>10</td><td>6</td><td>4</td><td>25</td></tr>
<tr><td>垂直</td><td>8</td><td>6</td><td>3</td><td>3</td><td>1</td><td>2</td><td>12</td></tr>
<tr><td>水平</td><td>1</td><td>1</td><td>0</td><td>1</td><td>0</td><td>0</td><td>1</td></tr>
<tr><td>不明</td><td>6</td><td>0</td><td>6</td><td>6</td><td>5</td><td>1</td><td>12</td></tr>
<tr><td>2001-05</td><td>中間財</td><td>産業用資材</td><td>部品</td><td>最終財</td><td>資本財</td><td>消費財</td><td>合計</td></tr>
<tr><td>total</td><td>33</td><td>19</td><td>14</td><td>67</td><td>19</td><td>48</td><td>100</td></tr>
<tr><td>一方向</td><td>12</td><td>11</td><td>1</td><td>54</td><td>8</td><td>46</td><td>66</td></tr>
<tr><td>双方向</td><td>21</td><td>8</td><td>13</td><td>13</td><td>11</td><td>2</td><td>34</td></tr>
<tr><td>垂直</td><td>16</td><td>6</td><td>10</td><td>2</td><td>0</td><td>1</td><td>17</td></tr>
<tr><td>水平</td><td>2</td><td>2</td><td>0</td><td>0</td><td>0</td><td>0</td><td>2</td></tr>
<tr><td>不明</td><td>4</td><td>0</td><td>3</td><td>12</td><td>11</td><td>1</td><td>15</td></tr>
<tr><td>2006-10</td><td>中間財</td><td>産業用資材</td><td>部品</td><td>最終財</td><td>資本財</td><td>消費財</td><td>合計</td></tr>
<tr><td>total</td><td>37</td><td>20</td><td>17</td><td>63</td><td>21</td><td>41</td><td>100</td></tr>
<tr><td>一方向</td><td>13</td><td>11</td><td>2</td><td>51</td><td>12</td><td>39</td><td>64</td></tr>
<tr><td>双方向</td><td>24</td><td>9</td><td>15</td><td>12</td><td>9</td><td>3</td><td>36</td></tr>
<tr><td>垂直</td><td>19</td><td>7</td><td>12</td><td>4</td><td>2</td><td>2</td><td>23</td></tr>
<tr><td>水平</td><td>2</td><td>1</td><td>1</td><td>2</td><td>2</td><td>0</td><td>4</td></tr>
<tr><td>不明</td><td>3</td><td>1</td><td>2</td><td>5</td><td>4</td><td>1</td><td>8</td></tr>
</table>

出所：PC-TASのSITCver3より算出してまとめる。

資材等と部品のシェアについては、貿易規模シェアと同様に、産業用資材等は一方向のシェアが、部品は双方向のシェアが高く、いずれの双方向の数値と垂直的双方向の数値も上昇している。また、最終財の内訳である資本財と消費財のシェアについては、両財とも一方向と双方向のシェア、それに垂直的双方向のシェアに、大きな変化がないままに推移している。

対中輸入シェアでみると、期間を通して、中間財と最終財のシェアは最終財が中間財を上回ってきたが、3対7から4対6へと推移している。そして、中間財の双方向のシェアは上昇し、最終財の一方向のシェアは減少している。中間財の内訳である産業用資材等と部品のシェアについては、部品の双方向と垂直的双方向のシェアが上昇している。また、最終財の内訳である資本財と消費財のシェアについては、資本財のtotalと一方向のシェアに上昇傾向が、消費財の一方向のシェアに減少傾向が見られる。

第5節は、BEC分類の用途別4財に関連する貿易統計を用いて日本の対

中貿易構造について議論を行った。貿易規模・対中輸出・対中輸入での消費財の一方向貿易のシェアは徐々に低下し、それに代わって貿易規模・対中輸出・対中輸入での中間財および資本財の双方向貿易のシェアは徐々に上昇していることを確認した。その背景には、中国の高度経済成長により、中国国内の多部門の製造業分野の生産が活発に行われ、ある品目は国内供給だけでなく輸出が可能になり、ある品目は一層の国内需要の拡大のために輸入増加が起きていて、日本と中国の相互依存関係が中間財および資本財の多分野において深まってきていると見ることができる。

6　SITC 分類産業別 6 業種と BEC 分類用途別 4 財のクロス

　SITC 分類の産業別 6 業種に、BEC 分類の用途別 4 財をクロスさせた貿易データを、SITCver3 の 5 桁の 3115 品目から算定して行列表を作成することは容易である[26]。具体的には、1996-00 年、2001-05 年、2006-10 年の 3 期における、日中間の貿易規模シェアの行列表、対中輸出シェアの行列表、対中輸入シェアの行列表をえることができる。図表 16a、図表 16b と図表 16c がそれぞれ対応している。各図表の数値に対して注意をうながす桝目には、網かけを付けている。なお、図表の列の産業別を平面図横軸に、図表の行の用途別を平面図縦軸にとり、3 次元図の縦軸にクロス・データの数値をとることによって、3 次元の図表を思い描くことができる[27]。

　図表 16a は、3 期における日中間の貿易規模シェアの数値を示している。主な業種・財に注目すると、中間財では、軽工業品・重工業品の産業用資材等のシェア、一般機械・電気機械の部品のシェア、最終財では、一般機械・電気機械の資本財のシェア、一次産品・軽工業品の消費財のシェアは、高い数値を示している。この内、軽工業品の産業用資材等のシェア、一次産品・

---

[26]　産業別各 6 業種を、一方向・双方向・垂直的・水平的・不明な双方向と細分化して、より詳細な表を作成することは可能であるが、これまでの議論から、各産業別業種・各用途別財の双方向・垂直的双方向の性質を推察することは可能であるので、さらなる細分化はしていない。

[27]　図表 16（a, b, c）をもとに 3 次元のグラフを視覚的に表示することは可能であるが、図表 16 と重複するので掲載はしていない。図表 16 の各桝目の数値から、数値の高低によって 3 次元上での棒グラフの高低が表示されることを想起されたい。

図表 16a 産業別と用途別でとらえた貿易規模シェア　%

<table>
<tr><th colspan="2">1996-2000</th><th>中間財</th><th>産業用資材</th><th>部品</th><th>最終財</th><th>資本財</th><th>消費財</th><th>ALL</th></tr>
<tr><td rowspan="24">貿易規模シェア</td><td>一次産品</td><td>4</td><td>4</td><td>0</td><td>6</td><td>0</td><td>6</td><td>10</td></tr>
<tr><td>軽工業品</td><td>6</td><td>6</td><td>0</td><td>26</td><td>0</td><td>26</td><td>32</td></tr>
<tr><td>重工業品</td><td>17</td><td>17</td><td>0</td><td>1</td><td>0</td><td>1</td><td>18</td></tr>
<tr><td>一般機械</td><td>6</td><td>0</td><td>6</td><td>9</td><td>9</td><td>0</td><td>16</td></tr>
<tr><td>電気機械</td><td>13</td><td>1</td><td>11</td><td>4</td><td>4</td><td>1</td><td>18</td></tr>
<tr><td>輸送・精密機械</td><td>3</td><td>2</td><td>1</td><td>3</td><td>2</td><td>1</td><td>6</td></tr>
<tr><td>合計</td><td>48</td><td>29</td><td>19</td><td>52</td><td>16</td><td>36</td><td>100</td></tr>
<tr><th>2001-2005</th><th>中間財</th><th>産業用資材</th><th>部品</th><th>最終財</th><th>資本財</th><th>消費財</th><th>ALL</th></tr>
<tr><td>一次産品</td><td>4</td><td>4</td><td>0</td><td>4</td><td>0</td><td>4</td><td>8</td></tr>
<tr><td>軽工業品</td><td>4</td><td>4</td><td>0</td><td>19</td><td>1</td><td>19</td><td>23</td></tr>
<tr><td>重工業品</td><td>16</td><td>15</td><td>0</td><td>1</td><td>0</td><td>1</td><td>17</td></tr>
<tr><td>一般機械</td><td>7</td><td>0</td><td>7</td><td>13</td><td>13</td><td>0</td><td>20</td></tr>
<tr><td>電気機械</td><td>17</td><td>1</td><td>16</td><td>7</td><td>5</td><td>1</td><td>23</td></tr>
<tr><td>輸送・精密機械</td><td>4</td><td>2</td><td>2</td><td>5</td><td>4</td><td>1</td><td>9</td></tr>
<tr><td>合計</td><td>50</td><td>25</td><td>25</td><td>50</td><td>23</td><td>27</td><td>100</td></tr>
<tr><th>2006-2010</th><th>中間財</th><th>産業用資材</th><th>部品</th><th>最終財</th><th>資本財</th><th>消費財</th><th>ALL</th></tr>
<tr><td>一次産品</td><td>3</td><td>3</td><td>0</td><td>3</td><td>0</td><td>3</td><td>6</td></tr>
<tr><td>軽工業品</td><td>3</td><td>3</td><td>0</td><td>16</td><td>1</td><td>15</td><td>20</td></tr>
<tr><td>重工業品</td><td>21</td><td>20</td><td>1</td><td>1</td><td>0</td><td>1</td><td>22</td></tr>
<tr><td>一般機械</td><td>7</td><td>0</td><td>7</td><td>13</td><td>13</td><td>0</td><td>20</td></tr>
<tr><td>電気機械</td><td>12</td><td>1</td><td>11</td><td>8</td><td>6</td><td>2</td><td>20</td></tr>
<tr><td>輸送・精密機械</td><td>6</td><td>2</td><td>4</td><td>6</td><td>4</td><td>2</td><td>12</td></tr>
<tr><td>合計</td><td>52</td><td>30</td><td>23</td><td>48</td><td>24</td><td>24</td><td>100</td></tr>
</table>

出所：PC-TAS の SITCver3 より算出してまとめる。

軽工業品の消費財のシェアは 1996-00 年から低下傾向にある。

　図表 16b は、3 期における日本の対中輸出シェアの数値を示している。主な業種・財に注目すると、中間財では、軽工業品・重工業品の産業用資材等のシェア、一般機械・電気機械・輸送精密機械の部品のシェアが、最終財では、一般機械・電気機械・輸送精密機械の資本財のシェアは、高い数値を示している。この内、軽工業品の産業用資材等のシェアは 1996-00 年から低下

図表 16b　産業別と用途別でとらえた対中輸出シェア　%

	1996-2000	中間財	産業用資材	部品	最終財	資本財	消費財	ALL
対中輸出シェア	一次産品	0	0	0	1	0	1	1
	軽工業品	9	9	0	2	0	2	11
	重工業品	27	27	0	1	0	0	28
	一般機械	10	0	10	16	16	0	26
	電気機械	21	1	20	5	4	1	26
	輸送・精密機械	5	3	2	4	3	1	8
	合計	72	40	32	28	23	5	100
	2001-2005	中間財	産業用資材	部品	最終財	資本財	消費財	ALL
	一次産品	3	3	0	0	0	0	3
	軽工業品	5	4	0	1	0	1	6
	重工業品	22	22	0	1	0	1	23
	一般機械	8	0	8	16	16	0	24
	電気機械	25	1	24	5	5	0	30
	輸送・精密機械	6	3	4	7	5	2	13
	合計	69	33	37	31	26	4	100
	2006-2010	中間財	産業用資材	部品	最終財	資本財	消費財	ALL
	一次産品	3	3	0	0	0	0	4
	軽工業品	3	3	0	1	0	1	5
	重工業品	28	27	1	1	0	1	29
	一般機械	8	0	8	15	15	0	23
	電気機械	16	1	15	6	5	0	21
	輸送・精密機械	9	3	6	10	6	3	18
	合計	68	38	30	32	27	5	100

出所：PC-TASのSITCver3より算出してまとめる。

傾向にある。

　図表16cは、3期における日本の対中輸入シェアの数値を示している。主な業種・財に注目すると、中間財では、重工業品の産業用資材等のシェア、一般機械・電気機械の部品のシェアが、最終財では、一般機械・電気機械の資本財のシェア、一次産品・軽工業品の消費財のシェアは、高い数値を示している。この内、重工業品の産業用資材等のシェア、一般機械・電気機械の

図表 16c 産業別と用途別でとらえた対中輸入シェア　%

	1996-2000	中間財	産業用資材	部品	最終財	資本財	消費財	ALL
対中輸入シェア	一次産品	6	6	0	11	0	11	17
	軽工業品	3	3	0	45	1	44	48
	重工業品	9	9	0	1	0	1	11
	一般機械	4	0	4	4	4	0	8
	電気機械	6	1	5	6	5	2	12
	輸送・精密機械	1	0	1	3	1	1	4
	合計	30	21	9	70	10	60	100
	2001-2005	中間財	産業用資材	部品	最終財	資本財	消費財	ALL
	一次産品	4	4	0	8	0	8	12
	軽工業品	3	3	0	36	1	35	39
	重工業品	10	9	0	2	0	2	11
	一般機械	5	0	5	11	10	0	16
	電気機械	9	1	8	8	6	3	17
	輸送・精密機械	2	1	1	3	2	1	5
	合計	33	19	14	67	19	48	100
	2006-2010	中間財	産業用資材	部品	最終財	資本財	消費財	ALL
	一次産品	3	3	0	6	0	6	9
	軽工業品	3	3	0	32	2	30	35
	重工業品	14	13	0	2	0	2	15
	一般機械	6	0	6	12	11	1	17
	電気機械	8	1	8	10	7	3	18
	輸送・精密機械	3	1	2	3	2	0	5
	合計	37	21	15	63	21	42	100

出所：PC-TAS の SITCver3 より算出してまとめる。

　部品のシェア、一般機械・電気機械の資本財のシェアは、1996-00 年から上昇傾向にあり、一次産品の産業用資材等のシェアと一次産品・軽工業品の消費財のシェアは、1996-00 年から低下傾向にある。

　第 4 節の 6 業種のみの貿易構造では、どの用途別財で輸出あるいは輸入が多いのか不明である。また、第 5 節の 4 用途財のみの貿易構造では、どの産業別業種で輸出あるいは輸入が多いのか不明である。6 業種・4 用途財で 24

の組合せの可能性の中で、ある偏りをもった貿易が行われ、しかもそれが変化してきたと考えることができる。上記の3表の説明と前節までの議論を踏まえて、日本の対中貿易構造としてどのような特徴が浮かび上がっているかについてさらに議論する。

　農産物・食品加工品・非食用原材料・鉱物性燃料等を含む一次産品は、産業用資材等と消費財において、日本の一方向的な対中輸入の特徴をもつ。そして、対中輸入の中で、他の業種の貿易額の増加が起きたために、一次産品の対中輸入シェアは低下してきた。

　繊維アパレル製品とその他軽工業品を含む軽工業品は、産業用資材等に双方向的な貿易は見られるが、消費財において日本の一方向的な対中輸入の特徴が顕著にみられる。そして、軽工業品も他の業種の貿易額の増加が起きたために、軽工業品の対中輸入シェアは低下してきた。

　薬品・肥料等の化学製品と、プラスティック等の非金属製品・鉄鋼等の金属製品などの原料別製品を含む重工業品は、産業用資材等において、日本の対中輸出の方が対中輸入より多く、一方向の貿易額の方が多い特徴をもつ。しかし、徐々に日本の対中輸入が増加してきたことにより、双方向的なシェアは上昇してきた。

　一般機械は、用途別の部品と資本財を主に含み、貿易規模シェア・対中輸出シェア・対中輸入シェアの数値において、資本財の方が部品より高い特徴をもつ。

　電気機械は、用途別の部品と資本財を主に含み、貿易規模シェア・対中輸出シェア・対中輸入シェアの数値において、資本財よりは部品の方が高い特徴をもつ。また、一方向的な貿易より双方向的な貿易の方がシェアの数値が高い[28]。

　輸送・精密機械は、主に産業用資材等、部品と資本財において、貿易規模シェア・対中輸出シェア・対中輸入シェアの数値をみることができるが、貿易規模はまだ低く、日本の対中輸出が対中輸入を超過している特徴をもつ。

---

[28]　もちろん一方向貿易と双方向貿易を区分する基準は、輸出額と輸入額が9倍以上の開きがあるか否かであり、双方向的な品目といえども、輸出額と輸入額には相当に開きがあり、双方向的な品目について過大評価をし過ぎないように留意する必要がある。

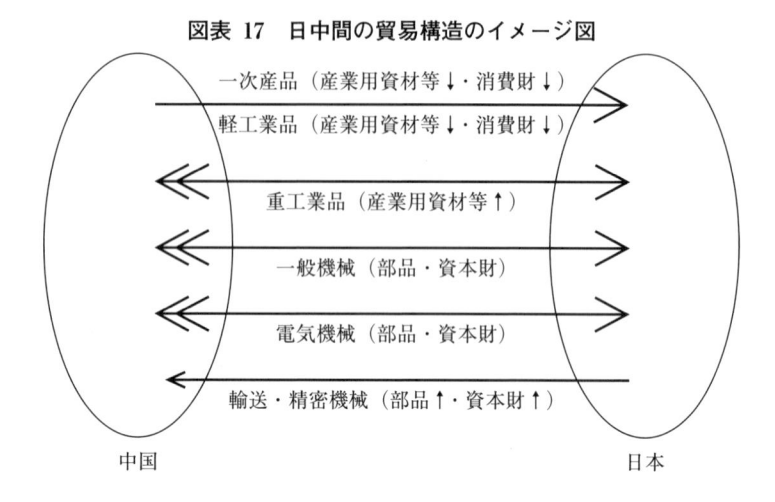

268　第2部　日中貿易の実証分析

図表 17　日中間の貿易構造のイメージ図

```
            一次産品（産業用資材等↓・消費財↓）
       ────────────────────────────────────→
            軽工業品（産業用資材等↓・消費財↓）
       ────────────────────────────────────→
            重工業品（産業用資材等↑）
   ←←←──────────────────────────────────→
            一般機械（部品・資本財）
   ←←←──────────────────────────────────→
            電気機械（部品・資本財）
   ←←←──────────────────────────────────→
            輸送・精密機械（部品↑・資本財↑）
       ←───────────────────────────────────
  中国                                    日本
```

　以上のことをイメージ図で表すならば、**図表 17** のようになる。水平な一方向の矢印は一方向的な貿易を、水平な両方向の矢印は双方向的な貿易を表し、1つあるいは2つの矢印を付けて、双方向的な貿易の輸出入額の大小を表し、上下の矢印↑↓は、15年間を通して貿易規模シェアの上昇傾向・低下傾向を表している。

7　おわりに

　1996年から2010年の15年間に、日本に比べて中国の経済発展は驚異的な伸長を達成してきた。世界経済の中での中国の存在は顕著に拡大してきた。中国の高い経済成長とともに対世界貿易も拡大してきた。東アジア地域の日本と中国の貿易相手国は、対日本への輸出・輸入シェアを低下させてきたのに対して、中国へのそれらは上昇させてきた。日本と中国との間でも変化があり、日本の中国への輸出・輸入シェアは上昇してきたのに対して、中国の日本への輸出・輸入シェアは低下してきた。→第2節

　貿易総額で見た日本と中国の貿易関係はこのような展開をしてきたのであるが、日本と中国の詳細な品目別の貿易データからは、両国貿易の相互依存

関係が一層深まってきたというのが,本章での議論からえられた結果である。それは,産業別業種でみても用途別財でみても産業内貿易化が進行し,一方向的な貿易の一部が少しずつ双方向的な貿易へ移行しつつあることが確認されたからである。

　日本の中国への輸出産業の業種は,輸送・精密機械,重工業品,電気機械,一般機械であり,輸入競争産業の業種は,軽工業品,一次産品であり,日本の対中貿易構造は表面的には変化はなかった。これは,資本・技術が豊富な日本と土地・労働力が豊富な中国という要素賦存状態を背景とした,「ヘクシャー・オリーン的な産業間貿易」を支持する貿易パターンでもあった。また,日本の中国への用途別の輸出財は,部品,産業用資材等,資本財であり,用途別の輸入財は消費財であり,これも日本の対中貿易構造は表面的には変化はなかった。しかし,1996-00 年と 2001-05 年の産業別 6 業種および用途別 4 財の純輸出比率の数値の順位に少しの変化があったこと,さらに純輸出比率の数値が「産業内貿易化」の動きをともなったことに注意を喚起する必要があると確認された。→第 3 節と第 5 節

　PC-TAS による SITCver3 の 5 桁番号による 3115 品目の貿易データを用いて,産業別 6 業種に属する品目は,一方向貿易,双方向貿易,さらには垂直的双方向貿易と水平的双方向貿易の特徴をもつかを調べた。その結果一方向貿易の割合は依然高いけれども,全般的に双方貿易の品目が増加傾向にあり,特に電気機械・一般機械の双方向貿易は顕著であった。そして双方向貿易の数値が増加するということは同時に垂直的双方向貿易の数値も高いことも確認できた。→第 4 節

　同じく,PC-TAS による SITCver3 の 5 桁番号による 3115 品目の貿易データを BEC 分類にコンバートして,用途別 4 財に整理し,日本の対中貿易構造の別の側面を明らかにした。日本と中国との貿易は,貿易規模では中間財が上昇傾向で,最終財が低下傾向で推移してきたが,対中輸出では中間財と最終財が 7 対 3 で,対中輸入では中間財と最終財が 3 対 7 から 4 対 6 で推移してきた。さらに,産業用資材等・資本財・消費財では一方向の数値が双方向の数値を上回ってきたが,部品では双方向の数値が一方向を上回り,他の用途別の産業用資材等と資本財でも双方向の数値が上昇傾向にあること

から、双方向的な貿易の動きを用途別4財においてもとらえることができた。そのことより、中国から日本へ、部品および資本財の対日輸出の増加が起きてきたといえる。→第5節

　産業別6業種と用途別4財の貿易データの組合せにより、日本の対中貿易構造の内容をより深くとらえることが可能になった。例えば、重工業品は一方向・双方向・垂直的・水平的に関する情報をえるだけでなく、中間財である産業用資材等・部品、最終財の資本財・消費財の内、産業用資材等にシェア数値が集中していることなどが新たに加わることになるのである。ここで繰り返すことになるが、特に、一次産品・軽工業品の産業用資材等と消費財のシェア数値は低下傾向を、重工業品の産業用資材等のシェアは高い数値を、一般機械・電気機械の部品と資本財のシェアは上昇傾向を示した。これらのシェアの数値は、日本と中国の経済が最終財のレベルだけでなく、中間財のレベルにおいても、産業用資材等や部品の輸出入を双方向に一層行うようになったことを意味している。中国は軽工業部門だけでなく、原料別製品・化学製品・一般機械・電気機械・輸送機械・精密機械など重工業・機械部門の多段階の生産工程の分野において、活発な生産活動が行われるようになり、日本経済と中国経済の相互関連が川上分野から川下分野まで幅広く拡大してきたことを意味している。その状況を反映した結果が、産業用資材等や部品の中間財、最終財の資本財の双方向の輸出・輸入が競合的というよりは相互補完的に行われてきたと推察される。→第6節

　以上のように、過去15年間、日本の対中国貿易は構造的な変化を伴いながら推移してきた。特に、産業用資材等と部品を含む中間財のシェアは上昇傾向にあること、そして双方向貿易、特に垂直的双方向貿易のシェアも上昇傾向にあることが明らかになった。ここでの議論は、日本の対中貿易構造の特徴という事実確認が主であった。次の課題は、このような構造的な変化が、どのような要因によってもたらされたのかという要因分析を行なうことである。一つの有力な要因は、日本企業および世界の多国籍企業の中国への直接投資が深く関わっていることである。中国の豊富な土地および労働力等の生産要素の存在、それに大きな生産・販売市場の存在が、日本企業だけでなく世界の多国籍企業の中国への直接投資をもたらしてきた。日本企業を含めて

国際的に事業展開をしている企業は、生産する製品をすべて自国内で生産するような自己完結的な生産構造からは脱却するようになり、国際的な生産効率の視点から、生産する製品の生産工程の一部を海外へ生産移転配置をしたり、海外企業にアウトソーシングをしたりするようになってきた。いわゆる国際的な生産および販売ネットワークを形成することによって事業を展開するようになってきたのである[29]。このような国際的な取引の中に、日本経済も中国経済も、そして日中間の貿易構造の変化も深く関わりをもつようになってきたと考えられる。このようなグローバルな動きの中で、日中間の貿易構造を改めてとらえ直す必要がある。

　ここでの議論は15年という短い期間を対象にしてきたに過ぎない。今後5年先、10年先において、20年間、25年間の日本の対中貿易構造がどのように推移したかについて、国際的な生産・販売ネットワークの中でとらえ直すことは興味あるところである。

参考文献
　Greenaway, D. and C. Miller（1986）*The Economics of Intra-Industry Trade*, Blackwell；小柴徹修・栗山規矩・佐竹正夫訳（2008）『産業内貿易の経済学』文眞堂
　Greenaway, D.R. Hine and C. Miller（1994）"Country-Specific Factors and the Pattern of Horizontal and Vertical Intra-Industry Trade in the UK," Weltwirtschaftliches Archiv, vol. 130, 77-100
　Hu, Xiaoling and Yue Ma（1999）"International Intra-Industry Trade of China," Weltwirtschaftliches Archiv, vol. 135, 82-101
　IDE-JETRO and WTO（2011）*Trade Patterns and Global Value Chains in East Asia：From Trade in Goods to Trade in Task*
　石川幸一（2007）「主要産業にみる日中間の競合と補完」玉村千治編『東アジアFTAと日中貿易』アジア経済研究所、アジ研選書4, 第3章, 57-78
　石田修（2011a）「分類と分析指標」『グローバリゼーションと貿易構造』文眞堂, 第2章
　石田修（2011b）「双方向貿易の構造」『グローバリゼーションと貿易構造』文眞堂,

---

[29] S.W. Arndt & H. Kierzkowski（2001）は国際的な生産工程の分割と配置に関わるフラグメンテイション理論と実証分析を扱っている。また、若杉（2007）は、日本企業の対世界および対東アジアへの直接投資とオフショアアウトソーシング・垂直的双方向貿易との関係について詳しい実証分析を行なっている。IDE-JETRO and WTO（2011）は、企業の直接投資による生産工程の国際的な配置と各国の付加価値との関連について、国際産業連関表を使った実証分析を行なっている。また、冨浦英一（2014）は、本章の議論の背景として示唆に富んでいる。

第4章

石戸・伊藤・深尾・吉池(2005)「垂直的産業内貿易と直接投資：日本の電機産業を中心とした実証分析―」『日本経済研究』No.51, March

Arndt, S. W. and H. Kierzkowski eds. (2001) *Fragmentation : New Production Patterns in the World Economy*, Oxford University Press

関志雄(2002)「中国の台頭とIT革命の進行で雁行形態は崩れたか―米国市場における中国製品の競争力による検証―」*RIETI Discussion Paper Series* 02-J-006

熊谷聡(2003)「中国と日本、アジアの貿易補完関係」伊藤元重・財務省財務総合政策研究会編著『日中関係の経済分析』東洋経済新報社，第5章, 125-162

玉村千治・宇佐美健(2007)「日本・中国・ASEAN間の貿易構造と日中間貿易自由化の意味―貿易統計分析による考察」玉村千治編『東アジアFTAと日中貿易』アジア経済研究所，アジ研選書4，第2章, 27-56

寺町信雄(2006)「中国の対外貿易政策と貿易構造」京都産業大学ORC中国経済プロジェクト編『中国経済の市場化・グローバル化』晃洋書房, 12月, 第5章, 107-143

寺町信雄(2008)「1996年～2005年の期間における日中貿易構造」京都産業大学大学院経済学研究科 *Open Research Center Discussion Paper Series* no. CHINA-25, 2月

寺町信雄(2009)「日中間の貿易構造の特徴―1996年-2005年―」『経済学研究』(内田和男教授記念号) 北海道大学大学院経済学研究科紀要，第58巻第4号, 3月, 65-85

寺町信雄(2014)「純輸出比率曲線について」『京都産業大学経済学レビュー』京都産業大学通信制大学院経済学研究科, No.1, March, 210-223

冨浦英一(2014)『アウトソーシングの国際経済学―グローバル貿易の変貌と日本企業のミクロ・データ分析―』日本評論社

UNCTAD/WTO International Trade Centre (ITC), Statistics for International Trade Analysis on Personal Computer : SITC Revision 3, PC-TAS SITC ver3, 1996-2000, 2001-2005 & 2006-2010

若杉隆平(2007)『現代の国際貿易―ミクロデータ分析―』岩波書店

編著者紹介

寺町信雄（てらまち のぶお）

1945年生まれ。経済学博士（名古屋市立大学）
京都産業大学名誉教授（2015年）
名古屋商科大学専任講師、京都産業大学専任講師、助教授、教授を歴任。

主 著

『貿易政策の分析』（成文堂、1983年）
『中国経済の市場化・グローバル化』（共著、晃洋書房、2006年）
『日本経済論講義』（共著、成文堂、2009年）

国際貿易論の理論と日中貿易

2015年9月20日　初版　第1刷発行

編著者	寺　町　信　雄
発行者	阿　部　成　一

〒162-0041　東京都新宿区早稲田鶴巻町514番地

発行所　株式会社　成　文　堂

電話 03（3203）9201代　http://www.seibundoh.co.jp

製版・印刷　三報社印刷　　　製本　弘伸製本

© 2015　N. Teramachi　　Printed in Japan
☆乱丁・落丁は、お取り替えいたします☆　　検印省略
ISBN978-4-7923-4256-2　C3033

定価（本体4200円＋税）